中国社会科学院国情调研丛书

转型：建设创新型国家问题调研

Transformation: An Investigation on Building the Innovative Country

黄速建　王　钦　贺　俊　等/著

经济管理出版社

图书在版编目（CIP）数据

转型：建设创新型国家问题调研/黄速建，王钦，贺俊等著.—北京：经济管理出版社，2012.9

ISBN 978-7-5096-0570-7

Ⅰ.①转… Ⅱ.①黄… ②王… ③贺… Ⅲ.①国家创新系统—研究—中国 Ⅳ.①F204 ②G322.0

中国版本图书馆 CIP 数据核字（2012）第 238855 号

组稿编辑：张永美
责任编辑：张永美
责任印制：杨国强
责任校对：陈　颖

出版发行：经济管理出版社
（北京市海淀区北蜂窝 8 号中雅大厦 A 座 11 层　100038）
网　　址：www.E-mp.com.cn
电　　话：(010) 51915602
印　　刷：北京广益印刷有限公司
经　　销：新华书店
开　　本：720mm×1000mm/16
印　　张：19
字　　数：315 千字
版　　次：2013 年 1 月第 1 版　2013 年 1 月第 1 次印刷
书　　号：ISBN 978-7-5096-0570-7
定　　价：49.00 元

·版权所有　翻印必究·

凡购本社图书，如有印装错误，由本社读者服务部负责调换。
联系地址：北京阜外月坛北小街 2 号
电话：(010) 68022974　　邮编：100836

课题主持人：黄速建

课题组成员及作者：

王　钦　　刘湘丽　　张小宁

贺　俊　　刘建丽　　肖红军

王　欣　　叶振宇　　邓　洲

赵剑波　　黄阳华　　林　智

胡　玲　　赵　欣

目　录

总论 ·· 1
 一、本研究的意义 ·· 1
 二、本研究的理论视角 ··· 2
 三、调研的内容和方法 ··· 3
 四、本研究的主要发现 ··· 5
 五、本研究的主要政策建议 ·· 10

第一章　电力装备制造业部门创新系统的建设和完善 ················· 13
 一、国家电网电力装备制造业务的特点分析 ······························ 14
 二、装备制造业部门创新体系完善的路径 ································ 28
 三、进一步促进装备制造业部门创新体系完善的政策建议 ·········· 32

第二章　电子信息产业科技基础设施建设的经验 ······················· 37
 一、电子信息产业发展概况 ·· 38
 二、电子信息产业科技基础设施建设概况 ································ 41
 三、电子信息产业科技基础设施建设的经验与挑战 ··················· 48
 四、进一步促进电子信息产业科技基础设施完善的政策建议 ······ 55

第三章　乳制品行业的结构调整和升级 ···································· 57
 一、乳制品行业发展概况 ··· 57
 二、"三聚氰胺事件"与乳制品行业转型升级 ··························· 59
 三、对"三聚氰胺事件"调研的主要结论 ································ 74
 四、促进我国乳制品行业转型升级的政策建议 ························· 76

第四章 现代中药产业与新兴技术的融合发展 …… 91
- 一、我国现代中药产业发展现状 …… 92
- 二、现代中药产业结构调整与技术变迁 …… 94
- 三、现代中药产业技术创新模式 …… 96
- 四、产业未来发展思路及政策建议 …… 102

第五章 游艇产业的制造与服务互动发展 …… 107
- 一、天津滨海新区发展游艇产业的条件与机遇 …… 108
- 二、游艇产业链分析 …… 113
- 三、天津滨海新区游艇产业的业态选择 …… 115
- 四、游艇产业培育思路与措施 …… 132

第六章 浙江玉环传统产业的现代化发展 …… 139
- 一、区域工业产业发展的基本状况 …… 139
- 二、土地、劳动力要素约束下的结构调整 …… 145
- 三、需求导向的科技创新模式 …… 150
- 四、玉环未来工业发展的政策建议 …… 154

第七章 北京战略性新兴产业创新体系建设 …… 159
- 一、北京市战略性新兴产业发展面临的障碍 …… 160
- 二、北京市战略性新兴产业的成长路径 …… 162
- 三、北京市战略性新兴产业的培育机制 …… 167
- 四、北京市发展战略性新兴产业的组织保障和政策措施 …… 174

第八章 苏南地区产业转型升级的经验 …… 179
- 一、经济发展的总体情况和特点 …… 180
- 二、经济发展的特点和制约因素 …… 184
- 三、转变发展方式的总体思路和原则 …… 194
- 四、产业转型升级的思路 …… 197
- 五、加快平台建设、提升区域软实力的政策建议 …… 201

第九章　浙江余姚以市场转型驱动区域创新体系建设 …… 205
一、中国塑料城转型升级的外部环境 …… 206
二、中国塑料城转型升级的目标与路径 …… 217
三、建设区域创新系统，推动转型升级 …… 220
四、关于加快中国塑料城转型升级的政策建议 …… 227

第十章　江苏常州无锡地区的集群网络创新系统建设 …… 231
一、调研计划与研究方法 …… 232
二、江苏常州无锡光伏产业集群特点分析 …… 234
三、产业集群网络创新构建理论分析 …… 244
四、江苏光伏产业集群网络创新政策启示 …… 249

第十一章　加快战略性新兴产业培育发展的政策措施 …… 253
一、当前战略性新兴产业培育政策重点 …… 254
二、未来战略性新兴产业培育政策措施 …… 256

第十二章　进一步发挥国有企业在建设创新型国家中的带动引领作用 …… 259
一、明确国有企业在国家创新体系中的定位和作用 …… 259
二、依靠制度创新增强国有企业自主创新动力 …… 261
三、发挥国有企业自主创新活动的带动引领作用 …… 263

第十三章　区域共性技术供给模式的选择与政策建议 …… 267
一、区域共性技术供给的基本模式 …… 267
二、不同共性技术供给模式的效率比较 …… 269
三、区域共性技术平台建设的政策建议 …… 272

第十四章　加快企业跨国经营方式转变、提升对外开放水平的政策建议 …… 275
一、建立鼓励性对外投资管理体制，推动企业国际化 …… 276
二、加强对外投资立法，规范和保护企业海外投资 …… 276

三、加大对中小企业海外投资的融资支持 …… 277

四、加强对境外经贸合作区的宏观指导，提高企业抱团出海的
成功率 …… 277

五、建立完备的对外直接投资风险担保体系 …… 278

六、针对某些国家的贸易保护主义和投资保护主义，实施必要的反制
措施 …… 278

七、充分发挥行业协会等社会化服务组织的作用，推动企业有序"走
出去" …… 279

八、增强政府对企业海外投资的信息咨询服务 …… 279

第十五章 以企业为技术创新主体、加快创新驱动发展的
政策建议 …… 281

一、"企业是创新主体"切勿矫枉过正 …… 281

二、企业成为创新主体的关键是形成内在创新动力 …… 283

三、政策建议 …… 284

第十六章 完善国家创新体系、建设创新型国家的政策建议 …… 287

一、推动企业成为技术创新主体，增强企业创新能力 …… 287

二、提高自主创新能力，大力培育和发展战略性新兴产业 …… 288

三、发挥区域优势，构建特点鲜明的区域创新体系 …… 290

四、深化科技体制改革，建立科技资源开放共享机制 …… 291

五、优化创新环境建设，创造公平开放的市场环境 …… 292

主要参考文献 …… 295

总 论

我国经济发展的要素特征、外部环境和约束条件正在发生深刻的变化，这些变化要求必须加快转变经济发展方式，建设创新型国家。经济发展方式转变的本质，是在适度快速的增长过程中实现经济效率的加速提升。

一、本研究的意义

转变经济发展方式是新时期我国经济发展的中心任务，建设创新型国家是转变发展方式的核心内容。经过几十年的积累和发展，我国已经具备了转型升级、建设创新型国家的基础和能力，应当牢牢把握全球经济技术突破式发展形成的难得机遇，加快推进科学发展和跨越发展。

转变经济发展方式是破解我国经济社会发展中存在的诸多深层次问题的必由之路。一方面，劳动力供给相对于劳动力需求的相对增速正在快速下降，我国经济发展的"劳动力无限供给"条件正在消失，必须通过经济发展方式转变和科技进步来快速提高劳动生产效率，从而缓解经济社会中日益突出的劳资矛盾。另一方面，日益严峻的资源环境约束，对中国产业结构调整和经济增长方式转变提出迫切的要求。我国在经济发展、工业化进程的同时伴随着自然资源的迅速削减、自然环境的恶化。随着我国经济实力的进一步提高和社会进步，资源存量已经不能满足传统的发展模式高耗能的要求，对环境的更高需求要求转变经济发展方式。

建设创新型国家是转变经济发展方式的核心内容。在新一轮的科技革命浪潮中，各个国家都在根据自身的技术禀赋和研发优势制定优先发展的产业和科技领域。这些产业和领域将引领各国未来产业发展的方向，并重新界定各国在全球价值链的分工地位,以技术为特征的新的世界产业发展格局将在不久的将来替代目前以资本、劳动和自然资源禀赋差别为特征的格局。在这种情况下,中国必须发掘自身的技术优势,确定科技创新的方向和路径,加快创新型国家建设的步伐。

我国正面临转变发展方式、建设创新型国家的重大机遇。新一轮技术革命的特点是技术和知识的周期大大缩短,不断涌现的新技术和新知识使得技术窗口增多,这为中国通过科技创新实现产业结构调整和经济增长方式转变提供了历史机遇。在全球科技要素加速流动重组的过程中,创新活动逐渐突破了原来以发达国家为核心的散点布局,呈分散化的网络状发展态势,我国正面临通过整合全球科技创新资源、实现产业结构和经济增长方式转变的重大机遇。

经过改革开放三十多年的发展和积累,我国已经具备了转变发展方式、建设创新型国家的基础和能力。目前,我国在信息技术、生物技术、新材料技术、能源技术、资源环境技术、先进制造技术、农业技术、人口健康技术和公共安全技术方面取得了诸多突破性进展,在某些技术领域甚至已经超过发达国家水平。随着我国经济实力的进一步增强,对研发活动投入的进一步加大,我国技术进步的速度将得到进一步的提高,技术本身对我国科技创新、产业结构调整所产生的瓶颈正在逐渐消失。

二、本研究的理论视角

要素特征、外部环境和约束条件的深刻变化要求我国必须加快推进经济发展方式转变,而经济发展方式转变的本质是在适度快速的增长过程中促进经济效率的加速提升。基于此,本研究把创新能力提升的经济效率改进作为研究的出发点和基本规范判断标准。

首先,与劳动力供需结构的变化相适应,要求加快提高全社会劳动生产效率,进一步改善全社会福利。新时期,经济发展对于改善全社会福利的核心作用,已经不能仅仅局限于通过快速扩大的经济规模来创造就业机会和吸收农业部门的剩余劳动力,而是要在配合分配机制完善的基础上重点通过提高劳动生产率,提高劳动者的报酬,进一步提升居民的收入水平和消费能力。2000年以来，相对于劳动生产年率增速，工资增长速度越来越快。"十一五"期间，我国工业部门的工资增长平均增速超过劳动生产率增长平均速度约10个百分点。因此，未来的经济发展必须通过进一步加快劳动生产率的增长速度来不断消化劳动成本上升形成的压力。

其次，与外贸环境的变化相适应，提高全要素生产率，形成产业的综合国际竞争优势。外贸增长的基础，不能仅仅局限于单一的低成本劳动力优势，而是要通过大幅提高全要素生产率，提高贸易品在国际市场的综合竞争力，在构建多元国际竞争优势的基础上，改善我国在全球产业链条中的分工地位，提高外贸的经济效益。劳动密集型产品爆发式增长的时代已经过去，通过压低价格和扩大出口产品数量提升国际市场份额的空间越来越小，全要素生产率将是决定未来我国产品国际竞争力最根本的因素。然而，尽管2000年以来，我国工业的全要素生产率整体上出现不断提升的态势，但也要看到，在2003年以来的一轮工业高速增长过程中，我国工业生产效率的增速却出现了下降的趋势，通过产业结构优化提升经济发展的配置效率和通过技术创新提高经济发展动态效率的任务还很艰巨。

最后，与资源、环境约束的变化相适应，提高资源能源利用效率，实现可持续发展。根据测算，2000年以来我国的工业增加值率在28%~30%的水平，较美、日等工业发达国家相比低10~15个百分点，这表明工业总产出结构中之间投入的比重太高。因此，从驱动经济增长的需求结构看，要通过完善投资机制，保持适度的积累率和投资增速，通过控制投资过快增长减少资源和能源的过度消耗，通过启动国内消费市场促进经济的适度快速增长；从增长的产出结构看，要通过完善资源和能源价格机制、加强环境保护，大幅降低高耗能行业在经济结构中的比重，积极发展资源节约、环境友好的技术密集型产业，提高资源利用的结构效应，同时通过技术创新提高资源的转化效率，减少经济增长对环境的影响，促进可持续增长和发展。

三、调研的内容和方法

在对我国转变发展方式、建设创新型国家的环境条件和内涵提出以上理解的基础上,我们确定本国情调研研究的主要目的是:①提炼典型事实,明确科技创新对产业结构调整和经济增长方式转变的作用机理。自熊彼特以来,学术界对创新与经济增长的相互关系研究很多。但是,针对发展中国家,特别是像中国这样的发展中大国在特殊全球技术背景和国民经济发展阶段的研究却比较少。科技创新以何种方式作用于经济发展,又最终影响产业结构调整和经济增长,需要细致的调研观察和经验事实归纳。②从管理部门和企业等微观主体的视角准确描述和分析我国经济发展、科技创新的"真实"过程。目前国内外关于转变经济发展方式和科技创新的宏观性、总量性研究较多,但对于经济发展方式转变和科技创新的微观分析不够。我们认为,经济发展方式转变和企业自主创新实际上是政府和企业等微观主体的决策环境和目标函数的转变过程,对中国经济发展方式转变的描述和分析需要更多的微观层面的经验支持。③通过此项调研建立科技创新和工业发展案例和数据库,为进一步的理论研究提供重要的基础设施和平台。虽然从整体上看,我国技术转化率以及高新产业的发展与发达国家比较存在较大差距,但从微观上看,也不乏在研究开发、创新管理、科技转化方面走在前面的地区和企业。这些地区和企业的经验常常被湮没在总量和宏观研究中。本次调研的成果之一是建立案例库和数据库,以总结和归纳某些地区和企业在转变增长方式、促进科技进步过程中的成功经验。

根据调研目的,课题组进一步讨论确定以下四类调研对象:①经济发展和科技创新的主要管理部门和行业协会。②作为科学资源供给的大学和其他公共研究机构。③促进科技创新和科技创新成果转化的中介组织。④作为科技创新活动主体的企业。其中,对于相关政府部门和行业协会调研的主要内容是了解经济发展和科技政策的实施效果、分析影响产业政策和科技政策实施效果的主要因素;对于大学与其他公共研究机构调研的主要内容是了解目前大学与科研院所对产业技术创新的作用以及与企业的主要合作机制;对技术市场等中介组织调研的主要内容是了解我国技术市场和中介组织培育发展的政策环境和现实效果;对典型企业调研的主要内容是探讨企业通过产品技术和工艺创新实现产品结构转换升级的动力机制、效果以及企业科技创新的政策需求。

为了保证调查研究的客观性和科学性,本研究主要采取了以下研究方法:一是基于大样本的问卷调查法。具体而言,包括对问卷设计、问卷发放对象的选择、问卷发放途径的选择、问卷的回收、问卷的处理和分析。二是基于典型对象的深度访谈法。具体而言，包括确定调研提纲、安排访谈时间和地点、选择访谈对象、进行访谈记录和访谈分析等。访谈对象包括主要政府管理部门、企业、社会中介组织、专业院所的主要负责人、技术专家和行业专家。三是针对典型对象的现场观察法。具体而言，既包括非系统化的观察、结构程度较低的观察，也包括中等结构程度的分类观察和高结构化程度的活动抽样。通过，观察法有利于对企业内部活动行为的深入研究。四是针对典型对象的案例法。针对企业发展过程中的典型问题展开研究，重点回答"是什么"和"为什么"的问题。案例对象包括行业案例、区域案例、企业案例和项目案例。

在调研实施方面，我们采取了五步骤研究方法：第一步为基础调研阶段。主要通过资料收集、小组讨论、一对一访谈、座谈会、发放问卷等调研方法，初步掌握主要管理部门和企业的基本情况，该阶段的调研主要侧重定性调研。第二步为总体调研阶段。在掌握政府管理部门和企业基本情况的基础上，设计针对性更强的访谈计划，进行针对性更强的访谈和问卷调查。第三步为专题调研阶段。在深入调研的基础上，针对发现的问题，重点展开专题调查和研究。采取案例研究方法和关键事件法，回答"是什么"和"为什么"的问题。第四步为成果形成阶段，包括调研资料的整理和调研报告的撰写。前期调研的每一个阶段，都涉及对调研资料的整理。我们强调在对调研资料进一步整理和分析的基础上，进行调研报告的撰写。第五步为调研的评估和补充阶段。针对前期开展调研活动，进行总结，并进行必要的补充调研和报告修改。

四、本研究的主要发现

第一章"电力装备制造业部门创新系统的建设和完善"的调研目的是分析我国电力装备制造业部门创新系统的建设和完善途径，调研的对象包括国家电网公司以及相关的业务部门。通过调研研究，我们发现：首先，国家电网的电力装备制造业务通过产业集群的方式进行组织，例如许继集团和平高集团分别是当地产业集群中的核心企业，国家电网在武汉和南京以国网电科院为主体,有目的地在当地创造电力装备制造业产业集群形成的各种条件。这些产业集群的存在有力提升了国家电网公司电力装备制造业务的竞争力。其次,网络结构是知识和技术创新的有效形式。国家电网公司为电力装备制造业务提供了巨大的内部市场,国家电网公司在电网建设与运营业务方面的经验和巨大的市场需求,能够分别从技术推动和需求拉动两个方面提升电力装备制造业的创新能力。例如在市场开拓中,电科院、能源院等技术设计和咨询业务先行,带动电力装备业务的市场应用和发展。最后,以国家电网为平台的创新战略实施。实施"厂网分离"政策之后,国家电网公司剥离了发电业务。但利用国家电网这一巨大的产业平台,可以在平台的两边有效整合用户和服务提供者资源,提升实施平台战略的有效性。针对我国电力装备制造业部门创新系统的完善,课题组提出如下建议:第一,实施平台和协同创新战略的实现模式。要求装备制造业企业能够成为行业领袖,主导产业链的发展。第二,模块化创新要素体系的网络化结构。以网络结构联系各个模块和主体,促进技术在部门内部的学习和流动。第三,国际化和品牌战略。形成著名的集群和产品品牌,才能够提升部门的全球影响力建设水平和赢得市场空间。

第二章"电子信息产业科技基础设施建设的经验"的研究目的是了解我国电子信息产业科技基础设施建设的实际情况,挖掘科技基础设施建设过程中存在的主要问题,并提出有针对性的政策建议。在调研过程中我们发现,"十一五"以来,我国电子信息产业基础设施建设取得了显著的进展,这直接带动了整个产业的迅速发展,尤其是产业自主创新能力有了明显的提升。其建设经验表明,加强产业发展规划引导,强强联合实现优势互补,建立行业公共服务平台,创新管理体制机制,是科技基础设施建设取得成功的有效之举。但是,与此同时,也遇到了严峻的挑战:一是核心技术缺失阻碍行业发展;二是全球产业变革带动国际竞争加剧;三是行业利润空间不断被压缩;四是绿色发展要求更加迫切;五是科技基础设施管理体制和管理规范不健全。基于调研和分析,课题组提出以下几点政策建议:一是提高原始创新能力;二是加强科技成果转化;三是防范基础设施重复建设;四是研发产业绿色发展技术;五是完善管理体制和管理规范。

第三章"乳制品行业的结构调整和升级"是在食品安全问题的背景下研究我国乳制品行业结构调整和产业升级的调研成果。通过课题组的调研,我们发现,"三聚氰胺事件"是中国乳制品行业一次重新洗牌和结构调整的过程,也是企业变得更加自律和诚信、消费者变得更加理性和挑剔的过程。政府主管部门和监管机构以此为契机,加强了食品安全控制,并通过各种手段引导行业转型升级。面对导致乳制品食品安全事故的诸多深层次原因,政府、企业、行业协会和消费者应共同努力,通过采取加强奶源控制、提升奶业产业化水平和推广合作饲养模式、鼓励企业技术创新、提高政府监管水平、完善乳制品安全的社会监督体系等举措,从根本上改善中国乳制品行业的食品安全状况。中国乳制品行业走过艰难的阵痛期以后,通过优化质量控制和创新生产组织方式,可以实现持续、健康发展。

自20世纪90年代以来,中药产业作为我国的特色产业和优势行业,日益受到国家、政府和医药企业的重视。特别是我国加入WTO以后,面对科学技术的迅猛发展和我国医药产业的现状,中药产业的现代化、国际化成为一个十分紧迫的课题。第四章"现代中药产业与新兴技术的融合发展"以中药产业的结构调整和管理模式创新为调研对象,研究我国现代中药产业与新兴技术融合发展的路径和特点。通过实地调研考察,课题组发现,针对现代中药产业的发展现状和结构特征,要实现现代中药产业结构调整升级,企业在技术创新过程中,适合选择一种开放性与系统性相结合的技术创新模式——"开放式系统创新"模式。天士力集团在15年的发展历程中,成功实践了开放式系统创新模式,大大加快了技术创新步伐,并显著提升了技术创新能力。展望我国现代中药产业未来的发展方向,最核心的任务还是尽快实现中药产业现代化和国际化。为了顺利实现这一目标,提出以下政策建议:第一,制定产业规划明确产业发展重点;第二,牵头重大专项引导技术创新方向;第三,促进产业技术联盟实现联合攻关;第四,搭建公共平台推进中药国际化。

游艇产业具有产业链条长、产业联动性强、消费拉动作用明显等优点,成为近年来一些沿海城市重点打造和培育的朝阳产业。第五章"游艇产业的制造与服务互动发展"重点研究如何通过制造与服务的互动实现双轮驱动的产业发展。为此,课题组考察了天津滨海新区游艇产业发展的基础条件和业态选择,总结提出,滨海新区的经验在于,坚持高端定位和错位发展,加大政策扶持力度,完善配套设施,加强服务功能,培育世界级游艇品牌,促进游艇产业的跨越发展。课题组建议,在发展游艇产业的过程中,要特别注意通过集聚产品、零部件、人才、技术和信息,形成制造、服务和消费良性互动的集群效应。

转型：建设创新型国家问题调研

传统产业集群转型升级是我国工业转变发展方式过程中的典型问题，对这类问题开展深入的调研研究对于推进我国工业创新发展具有重要的意义。浙江玉环是汽摩配、普通机床、眼镜配件等传统产业的重要集聚区。近年来，玉环县工业发展遇到了一系列问题：如何在保持传统产业优势的同时，改造传统产业，发展新兴产业，实现传统产业的现代化发展，构建新型的工业体系。第六章"浙江玉环传统产业的现代化发展"希望通过对玉环企业和政府管理部门的实地调研，总结提炼这类产业集群转型升级的一般做法和基本经验。经实地调研发现，玉环在发展过程中重视土地的分区规划和人力资本的培育，通过结构调整减少了土地、劳动力要素约束对工业进一步发展的影响。同时，需求导向的科技创新模式弥补了地方基础科技研发能力的不足，对实现玉环工业的技术升级起到了推动作用。

战略性新兴产业具有独特的成长路径和培育机制，要求政府培育和促进战略性新兴产业发展的产业政策必须适应新兴技术和新兴市场的要求。北京在发展战略性新兴产业方面具有独特的科技优势和产业优势，在发展战略性新兴产业方面积累了丰富的经验，取得了显著的成绩。对北京市培育发展战略性新兴产业的经验进行系统的总结和梳理，对于促进我国战略性新兴产业发展，具有重要的理论意义和实践价值。第七章"北京战略性新兴产业创新体系建设"的调研发现，北京培育发展战略性新兴产业的基本思路是，围绕"策源地"、"产业高地"、"应用示范先行区"和"全球对接窗口"四个战略定位的要求，按照"控制基础专利，加快科技转化；加强精致制造，形成综合优势；培育多元主体，增强产业活力；促进产业融合，优化产业层次"的指导思想，促进北京市战略性新兴产业由局部科技优势向系统科技优势、由单一研发优势向综合产业优势、由区域竞争优势向全球竞争优势不断提升。同时，针对决定战略性新兴产业发展的技术和产业两个层面的关键环节，北京市全面推进前沿/下一代技术、工程集成技术和共性技术三个技术领域的突破，有针对性地选择市场拉动、优势企业带动、创新集群整体提升、高技术创业创新和产业融合五条产业发展路径，构建"战略性新兴技术培育"、"战略性新兴企业培育"和"战略性新兴市场培育"三大机制。针对北京市战略性新兴产业进一步提升发展面临的挑战和机遇，课题组提出未来完善北京市战略性新兴产业政策的重点是加强对基础专利获取的知识产权政策支持、构建技术服务体系、加强知识型员工培育、建设现代化制造工厂和提高产业政策执行效率。

经济开发区已经成为推动地方产业集聚和经济增长的重要载体，成为各地高新技术产业、先进制造业和现代服务业的重要基地和核心集聚区。作为区域经济发展平台，经济开发区通过产业集聚和产业链延伸，带动地方传统产业逐步升级，不断提高自主创新水平，有力地推动产业结构优化升级和经济结构调整，提升了综合竞争力。通过研究开发区产业结构优化调整的特征观察苏南地区转变经济发展方式的路径和机制，是"苏南地区产业转型升级的经验"一章研究的主要目的。调研发现，对于溧阳经济技术开发区这样一个中等规模的开发区、重工业型的开发区、半开放型的开发区、高速成长的开发区、"通过型"的开发区和生态型的开发区，产业结构调整的核心任务，是从本地的比较优势出发，加快促进传统产业转型升级和战略性新兴产业培育发展。针对区域经济发展面临的障碍和瓶颈，溧阳市的基本政策思路是，以中心商务区建设为平台发展区域性总部经济和服务经济，提升地区的高端要素集聚能力，加强城市化对工业化的支撑，促进新型工业化和现代城市化建设双轮驱动；以战略性新兴产业为先导、先进制造业为主体、现代服务业为支撑、功能性农业为补充构建多元化、多层次的现代产业体系；通过做多中型企业、做强大型企业、做活小微企业，优化产业组织结构；通过增量优化和存量调整，双管齐下地突出南北两个园区的功能定位和错位发展。为加快产业结构调整，我们建议在加快资金等各种要素集聚的同时，重点是全面优化溧阳经济开发区的投资和经营环境，提升地区承接产业转移、促进产业转型升级的"软实力"。

第九章"浙江余姚以市场转型驱动区域创新体系建设"以浙江宁波余姚塑料城的转型升级为调研内容，重点研究市场结构调整与产品结构调整的互动关系。调研发现，中国塑料城的可持续发展以体制机制创新和科技进步为动力，充分发挥中国塑料城作为专业市场的辐射广泛性、效率倍增性和产业关联性特点，着力推进产品创新和产业转型升级，延伸产业链条，推动涉塑产业集群与塑料专业市场的融合发展，促进塑料专业市场与塑料生产制造业、涉塑生产性服务业的整体提升和互促共荣，实现中国塑料城的发展由塑料交易与流通的单轮驱动向塑料交易与流通和生产制造并举的双轮驱动转变，进一步增强中国塑料城对拉动余姚经济发展的贡献能力。课题组经研究建议，要加快中国塑料城转型升级的步伐，需要政府从体制创新、平台搭建、产业培育和产业链打造、要素集聚和环境优化四个方面加以推进。

第十章 "江苏常锡地区的集群网络创新系统建设"通过对于江苏无锡和常州光伏产业集群的调研,提出产业集群的创新机制和创新绩效来自产业集群的社会关系和市场关系网络。正是由于这种网络结构的缺失,使得我国产业集群呈现出"重聚集、轻联合"的特点,集群内部产业链分工程度不高,企业间缺乏有效的合作。课题组认为,集群创新能力是创新主体在集群网络中学习能力和机制的体现,以企业合作为基础的集群创新网络有效性决定了产业集群的竞争力,以核心技术企业为中心形成的合作网络创新体系能够有效提升集群企业的学习能力,并最终提高集群整体的创新能力。产业政策的目标在于提升集群内部企业知识获取、吸收、扩散和创新的能力与渠道。通过本次调研和分析,我们得到如下政策启示:第一,产业集群的创新环境的提升,关键在于政策从实质上贴近企业的需求,进一步加强公共服务,完善多方位的交流平台体系建设。第二,集群创新持续发展的目标,在于增加基础研究和知识存量,建立集群企业在开放环境中的学习机制。第三,产业集群"重聚集、轻联合"的特点改变,关键在于构建以领军企业为技术核心的合作网络。第四,集群的创新竞争力最终体现在互相支撑的产业体系的建立和完善。

五、本研究的主要政策建议

对加快我国战略性新兴产业发展的主要政策建议有以下两个:①加快实施产业创新发展工程。通过组织实施若干重大产业创新发展工程的方式,依托优势企业、产业集聚区和重大项目,统筹技术开发、工程化、标准制定、应用示范等环节,支持商业模式创新和市场拓展,培育一批战略性新兴产业骨干企业和示范基地,加速产业规模化发展。建立健全产业发展的体制和机制保障。进一步推进体制机制创新,消除战略性新兴产业发展中存在的跨部门、跨行业和跨地区障碍。促进与战略性新兴产业发展相关政府管理部门之间的沟通和协调;促进不同行业之间的融合发展;促进不同区域之间的产业分工和合作。②强化产业发展公共创新平台建设。以产业发展创新能力建设为导向,加快战略性新兴产业发展公共创新平台建设。在共性核心技术平台、区域创新平台、创业和风险投资平台建设方面，要发挥中央和地方政府作为产业引导者和公共产品提供者作用。通过搭建公共创新平台营造鼓励产业创新发展的氛围，适应战略性新兴产业"涌现式发展"需要，降低产业发展的风险和不确定性，注重长期、持续创新能力的培育，形成战略性新兴产业发展的创新体系支撑。

为进一步发挥国有企业在建设创新型国家中的带动引领作用，本研究建议：首先，应明确国有企业在国家创新体系中的基本定位和主要作用，即国有企业是国家创新体系的主力军、风向标和驱动器；其次，应依靠制度创新解决国有企业自主创新动力不足问题，重点是完善创新型科技人才激励机制，以及健全自主知识产权保护机制；最后，应发挥国有企业自主创新活动的带动引领作用，为此提出三个方面的政策建议：一是提升国有企业科技资源利用效率；二是推动国有企业广泛开展创新合作；三是加大国有资产出资人的监管力度。

在区域共性技术平台建设方面，课题组建议：目前国内各地区普遍采用的优势企业供给型和外部获取型的共性技术供给方式，无论从共性技术创新还是从共性技术扩散的角度看，都存在严重的缺陷，我国区域共性技术供给策略需要根据竞争环境的要求逐渐向适合自身条件的技术联盟型或独立研发主体型模式转变。从不同的行政区域角度看，省级层面区域在供给和协调技术资源、技术应用领域范围等方面都具有明显优势，因此更加适宜采用独立研发主体的共性技术供给方式。目前，各省正在大力建设的工业技术研究院正是该理论合理性的呼应和践行。在市、县层面，由于可以投入的资金和技术资源有限且产业规模相对有限，因此更应当根据本地区的经济发展阶段采取更加多样、灵活的共性技术供给方式。对于这些地区，地区共性技术机构应该以整合外部科技资源、促进技术扩散和服务本地企业，而不是共性技术研发本身为核心功能。

在加快企业跨国经营方式转变、提升对外开放水平方面，课题组研究建议：①从国家产业长远发展的战略高度，重新审视对外投资管理制度，建立鼓励性对外投资管理体制。②加强对外投资立法，规范和保护企业海外投资。③加大对中小企业海外投资的融资支持，包括简化企业海外直接上市的审批程序，适当降低企业上市门槛，为企业海外融资创造有利条件。④加强对境外经贸合作区的宏观指导，提高企业抱团出海的成功率。⑤应借鉴国际经验，尽早建立海外直接投资风险防范与保障体系。一方面，以官方委托的方式，依托中介组织编制海外投资风险评级报告，并建立基金形式的风险保证金；另一方面，制定引导政策，鼓励商业性保险公司开展海外投资保险业务。⑥针对某些国家的贸易保护主义和投资保护主义，实施必要的反制措施。⑦充分发挥行业协会等社会化服务组织的作用，推动企业有序"走出去"。⑧增强政府对企业海外投资的信息咨询服务，同时积极发展咨询服务机构，广泛开展信息收集、分析研究、咨询和培训服务，为企业和政府有关部门提供专业咨询和法律咨询服务。

就进一步推进和规范"以企业为技术创新主体"的技术创新体系建设工作，课题组提出以下政策建议：①以省级工研院为载体，大力推进省级层面的共性技术供给机构建设。在工研院的体制设计时要注意，既要承认其独立的利益诉求，又要保障其技术服务的公共性，两方面缺一不可。②大力推进国有企业的治理结构改革和完善，提高中央企业运营的透明度，提高国有企业董事会的独立性，发挥国有企业的创新功能。③加快自主创新环境建设，营造全社会协力发展精细制造的政策和舆论氛围。要营造有利的分配、要素环境，坚定民营企业家发展实体经济的决心和信心。在夯实实体经济的背景下，进一步鼓励民营企业大力发展精细制造。④有部署、有步骤地推进我国的知识产权战略，加快制定政策细则，让企业形成加强专利建设和保护的明确预期。我国专利竞争的短板在发明专利的缺乏，而发明专利竞争的短板又在于基础专利的缺乏，基础专利和技术标准一起构成国家间技术竞争的制高点。要以重点产业的技术创新战略和技术路线图为依据，加强专利的战略"布局"，引导重点领域形成基础性专利，建立有利于实现重点产业技术创新突破的专利池和知识产权支撑系统。

在国家创新体系的建设和完善方面，本课题研究特别强调：①发挥区域优势，构建特点鲜明的区域创新体系。加紧研究区域创新体系构建战略，是贯彻落实科学发展观，实现国家中长期科技发展规划的必要举措。具体包括培育产业集群，提升区域创新能力；针对区域特点，构建集群创新体系；企业与政府互动，完善区域创新体系。②深化科技体制改革，建立科技资源开放共享机制。提高科研院所和高等学校服务经济社会发展能力，推动创新体系协调发展，强化科技资源开放共享，深化科技管理体制改革。具体包括强化科技资源开放共享，深化科技管理体制改革；加快共性技术平台建设，促进技术共享和扩散；强化创新活动的分工，建设产学研创新网络。

第一章　电力装备制造业部门创新系统的建设和完善

一般认为，创新型产业集群和网络结构是装备制造业部门创新系统建设的主要手段。装备制造产业技术含量高，研发水平要求高，创新型产业集群是我国装备制造业集群发展的必然选择。由于装备制造业技术存在工艺的紧密衔接、技术创新交叉、技术同源等内在关联性，网络结构成为知识和技术创新在集群内部的快速传播的有效形式。因此，大学、科研机构等创新支撑体与制造业 R&D 协同的网络创新模式成为装备制造业集群技术创新的重要手段。

本章通过对国家电网和其电力装备制造业务分析，认为在产业集群和网络结构创新的基础上，平台市场和平台创新也是装备制造业部门创新系统建设和完善的有效途径。

2012 年上半年，中国社会科学院工业经济研究所对于国家电网公司价值链和业务布局进行了细致的调研，本次调研的目的在于分析我国电力装备制造业部门创新系统的建设和完善途径，调研的对象包括国家电网公司以及相关的业务部门，例如国家电网公司集团总部、中电装备集团及其下属的许继集团和平高集团等电力装备制造业企业。此外，课题组还对于国家电网公司的技术和研发部门进行了调研，包括中国电科院、国网电科院、能源研究院等研究机构。

从部门创新系统建设的研究角度出发，国家电网公司电力装备制造业务具有一定的典型性。国家电网是一个自然垄断企业，代表了电网运营和建设这一部门或行业。电力装备制造业在国民经济中有着非常重要的战略地位，而产业本身对于技术和创新有着较高的要求。通过分析国家电网公司对于我国电力装备制造业务的系统整合过程，能够获得关于建设和完善我国电力装备制造业部门创新系统的经验。

通过课题组的调研研究，主要发现如下：首先，国家电网的电力装备制造业务通过产业集群的方式进行组织，例如许继集团和平高集团分别是当地产业集群中的核心企业，国家电网在武汉和南京以国网电科院为主体，有目的地在当地创造电力装备制造业产业集群形成的各种条件。这些产业集群的存在有力提升了国家电网公司电力装备制造业务的竞争力。其次，网络结构是知识和技术创新的有效形式。国家电网公司为电力装备制造业务提供了巨大的内部市场，国家电网公司在电网建设与运营业务方面的经验和巨大的市场需求，能够分别从技术推动和需求拉动两个方面提升电力装备制造业的创新能力。例如在市场开拓中，电科院、能源院等技术设计和咨询业务先行，带动电力装备业务的市场应用和发展。最后，以国家电网为平台的创新战略实施。实施"厂网分离"政策之后，国家电网公司剥离了发电业务。但利用国家电网这一巨大的产业平台，可以在平台的两边有效整合用户和服务提供者资源，提升实施平台战略的有效性。

课题组认为，我国装备制造业部门创新系统已经初步建立，在系统的完善方面需要注意几个问题：第一，实施平台和协同创新战略的实现模式。要求装备制造业企业能够成为行业领袖，主导产业链的发展。第二，模块化创新要素体系的网络化结构。以网络结构联系各个模块和主体，促进技术在部门内部的学习和流动。第三，国际化和品牌战略。形成著名的集群和产品品牌，才能够提升部门的全球影响力建设水平和赢得市场空间。

一、国家电网电力装备制造业务的特点分析

（一）业务现状

国家电网电工电气设备制造产业板块主要包括中国电科院、国网电科院、中电装备公司，业务内容涉及传统发电设备、新能源发电设备、输变电一次设备、输变电二次设备、用电设备的制造。

中国电科院是国网公司装备总集成商"三驾马车"中最重要的成员，通过对国网公司下属省网公司三产进行整合，并出资成立了多家与电网系统密切相关的产业公司。中国电科院下属企业的业务内容比较分散，主要

第一章 电力装备制造业部门创新系统的建设和完善

涉及输变电二次设备、电缆电线、电力铁塔，以及部分一次设备和用电设备，具体如表1-1所示。

表1-1 中国电科院控制的主要核心企业情况

	核心企业名称	持股比例（%）	主营业务
一次设备	电科院东芝避雷器有限公司	50	特高压避雷器的研发和生产
	重庆市东亚集团变压器有限公司	78.995	油浸式和干式电力变压器、特种变压器
二次设备	北京科东电力系统控制有限责任公司	55	电网调度自动化、电力市场运营系统
	北京国电智深控制技术有限公司	46.85	电厂自动化系统
	北京电研华源电力技术有限公司	51	城乡新型用配电自动化系统和节电技术应用
用电设备	中电普瑞科技有限公司	100	大功率电力电子产品
	北京国电富通科技发展有限责任公司	35.1	电力工业节能、节水、环保产品
电线及铁塔	重庆渝能泰山电线电缆有限公司	100	电线电缆
	重庆市顺泰铁塔制造有限公司	100	电力铁塔
	江苏华电铁塔制造有限公司	80	1000kV及以下铁塔
	江苏振光电力设备制造有限公司	80	输变电铁塔
	北京国网富达科技发展有限责任公司	100	主电线路导线、杆塔和地基基础等工程
其他	北京中电普华信息技术有限公司	48.26	电力企业管理咨询

2009年国家电网通过中国电科院实施并购了许继集团，许继集团是我国集电力系统自动化、继电保护和直流输电设备于一身的大型企业，主要从事二次设备（或称自动化设备）和中压一次设备，产品涵盖智能电网、工业电气、轨道交通、新能源，也是国内唯一一家具备110kV以下电压等级一次设备、二次设备设备自主成套的企业。

表1-2 许继集团主营业务以及主要产品

主营业务		主要产品	分公司或子公司（持股比例）
新能源设备	新能源发电	风机电控及电气系统、光伏电控及电气系统	许昌许继新能源有限公司（49%）
一次设备	变压器	箱式变电站	工业电气自动化分公司
		干式变压器、电抗器	许继变压器有限公司（75%）
	EMS加工	电子制造服务	许昌许继电子有限公司（43.45%）

续表

	主营业务	主要产品	分公司或子公司（持股比例）
一次设备	配网产品	12/24kV SF6 环网柜	许昌许继德里施尔电气有限公司（65%）
		12~40.5kV 开关及成套	许继智能开关公司
		配电自动化系统、终端及一次设备	珠海许继电气有限公司（75%）、珠海经纬电气有限公司（75%）
二次设备	电网及发电系统	变电站成套保护与监控（智能变电站）	电网自动化保护自动化分公司
		发变组成套保护	许继日立电气有限公司（75%）
		调度自动化、故障信息处理、管理信息自动化系统等	上海许继电气有限公司（50%）、北京许继电气有限公司（80%）、深圳许继昌达电网设备有限公司（51%）
用电设备	用电系统设备	继电器	继电器分公司
		智能电表	河南许继仪器有限公司（50.04%）
		充电器	河南许继电源公司
其他	电气化铁路	铁道牵引供电保护系统和运营管理系统、水利自动化系统	成都交大许继电气有限公司（51%）

国网电科院下属的制造企业主要以上市公司南瑞集团为代表，作为专业从事电力二次设备系统集成服务的高科技企业，主要为客户提供电网自动化和智能化产品与服务。二次设备制造是国网电科院电力设备制造业务的重点，也是优势所在。

表1-3　国网电科院及南瑞集团主营业务以及主要产品

	主营业务	主要产品	分公司或子公司（持股比例）
传统发电设备	发电环节系列产品	发电机微机励磁系统、变流器	电网控制系统分公司
新能源设备	新能源发电	风电、光伏发电、核电等相关新能源控制产品	吉电新能源（南京）有限公司（51%）
一次设备	配网产品	断路器、非晶合金变压器等	江苏南瑞帕威尔电气有限公司、安徽继远电网技术有限公司
		高低压开关柜、监控系统、刀闸	泰州开泰电气设备有限公司
二次设备	电网及发电系统	变电站成套保护与监控	成套设备分公司
		发变组成套保护	电网控制分公司
		电网调度自动化	电网控制分公司
		农电/配电自动化及终端设备	配电农电分公司
		电力系统控制工程及相关配套工程设备	南瑞航天（北京）电气控制技术有限公司

续表

	主营业务	主要产品	分公司或子公司（持股比例）
用电设备	用电系统设备	智能用电终端 电动汽车充换电站 信息采集系统	用电技术分公司
其他	轨道交通电气化	轨道交通电气、电力自动化产品及集成业务	南京中德保护控制系统有限公司、国电南瑞（北京）控制系统有限公司（50%）

中国电力装备有限公司成立于2008年，通过全资、控股、合资等方式拥有许继集团有限公司、平高集团有限公司、常州东芝变压器有限公司等近20家单位。

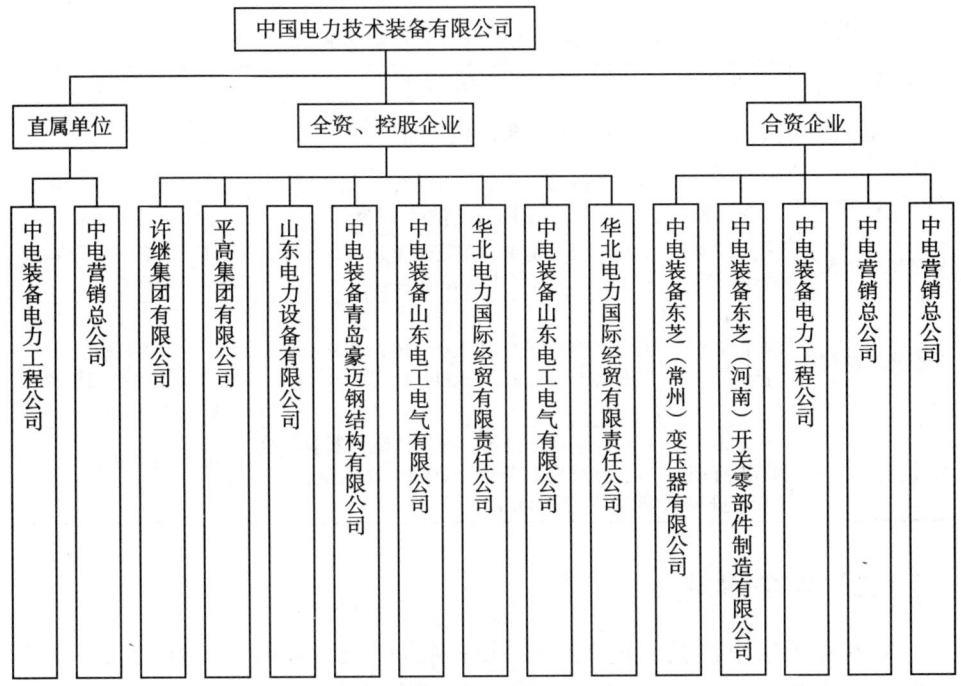

图1-1 中国电力技术装备有限公司下属企业示意图

中国电力装备有限公司已形成完整的输配电设备制造体系，主导产品包括800kV及以下多种变压器，1100kV及以下GIS、断路器和隔离开关，1100kV及以下避雷器、继电保护设备、厂站自动化、风电设备、仪表、铁塔和电线电缆等。业务涵盖发电、输电、配用电等电力系统各环节，横跨一次及二次、交流及直流装备领域。装备公司业务主要以一次设备制造生产为主，是中国电工电气产业领域中资产规模最大、销售收入最多、产品范围最广、电压等级最全的集团公司之一。

总之，从国家电网资产整合的步骤看，基本形成了国电南瑞为主导的二次设备，以常州东芝为主的主干网变压器，以平高电气为主导的开关产品，以许继集团为主导的电力电子和二次设备等核心电力设备产品集群。

其中，国电南瑞是国内电力自动化行业的领先企业，产品丰富、创新能力强，在电网调度、变电站监控、农网自动化等领域竞争力最强。平高电气是我国高压、超高压、特高压开关及电站成套设备的研发和制造基地，交流特高压 GIS 产品竞争力强。

表 1-4　国家电网电力装备制造业务

设备名称	企业名称	下属公司	主要产品
传统发电设备	国电南瑞	南瑞电网控制系统分公司等	发电机微机励磁系统、变流器
新能源发电设备	许继电气、国电南瑞	许昌许继新能源电气有限公司、国电南瑞吉电新能源（南京）有限公司等	风电、光伏发电、核电等相关新能源控制产品
输变电一次设备	平高集团、常州东芝	平高电气、南平高东芝高压开关有限公司和平高安川开关电器公司等	变压器、GIS、断路器、开关、配电柜
输变电二次设备	国电南瑞、许继集团	国电南瑞电网控制等分公司、上海许继电气有限公司、北京许继电气有限公司等	变电站成套保护与监控、电网调度自动化、电力系统控制工程及相关配套工程设备
用电设备	许继集团、国电南瑞、中国电科院	许继继电器分公司、河南许继仪器有限公司、许继电源公司、许继柔性输电公司、南瑞用电技术分公司等	智能电表、继电器、充电机、电动汽车充电站

（二）业务贡献

2009 年国家电网公司电工电气设备制造产业营业收入 269 亿元，其中一次设备产值 193 亿元，二次设备产值 76 亿元。2010 年国家电网公司电工电气设备制造产业营业收入 246 亿元，利润约 17 亿元。

国家电网装备制造业虽然涵盖传统发电设备、新能源发电设备、输变电一次设备、输变电二次设备、用电设备等领域，但是就其经营规模来看在这五个板块表现不尽相同。在传统设备发电领域，国家电网装备制造业

表1-5 国家电网设备制造业务布局现状

设备名称	企业名称	贡献评价
传统发电设备	国电南瑞	规模较小
新能源发电设备	许继电气、国电南瑞	规模较小
输变电一次设备	平高集团、常州东芝、许继集团	规模较大，变压器业务能力不足
输变电二次设备	国电南瑞、许继集团	规模较大，行业龙头地位
用电设备	许继集团、国电南瑞、中国电科院	除部分传统用电设备外，新用电设备还处于起步阶段

侧重二次设备，及发电控制设备和保护系统的生产，规模并不大。在新能源发电领域，国家电网同样也侧重风电、光伏发电、核电等相关新能源控制系统生产，生产规模也很小。在用电设备领域，现有的业务仅仅是相关用电业务的延伸，例如智能电表等设备；新用电设备的生产和制造业务还处于概念化阶段或者起步阶段，例如电动汽车充电等业务。国家电网的装备制造业主要集中在输变电一次设备、二次设备生产制造领域，一次设备如平高集团，二次设备如国电南瑞；许继集团则一次设备、二次设备并重。

表1-6 国家电网主要装备制造企业经营情况

单位：百万元

企业/指标	营业收入	营业收入增长比率	净利润	净利润增长比率
中国电科院（2009）	7352	13.4%	1236	58.7%
国网电科院（2009）	8012	—	1714	—
装备公司（2009）	11276	—	1181	—
许继电气（2010）	3855	26.84%	147	12.65%
国电南瑞（2010）	2482	39.55%	475	89.72%
平高电气（2010）	2040	-13%	500	-96%

2010年电气设备行业共有105家上市公司实现营业收入3174.66亿元，同比增长23.01%，实现归属于母公司净利润244.27亿元，同比增长19.61%，行业上市公司总体毛利率20.81%。

通过对比行业数据，在营业收入增长方面，只有许继电气和国电南瑞的营业收入增长比率大于行业平均水平。平高电气实际上是处于负增长状态。主要的原因在于2010年一次设备行业整体投资需求的减弱，而当年的智能电网试点带动和提升了二次设备需求。

表 1-7　装备制造业对于国家电网的财务贡献

单位：百万元

业务名称	2009 年		2010 年		增长率	
	营业收入	营业利润	营业收入	营业利润	营业收入	营业利润
装备制造业	26639.88	4130.79	24670.86	1666.84	-7.39%	-59.65%
电网主业	1247200	27300	1404700	45000	12.60%	64.84%
对主业贡献	2.14%	15.13%	1.76%	3.70%		

同样，由于受到行业整体不景气的影响，国家电网装备制造业的营业收入和营业利润在 2010 年出现下滑，装备制造业对于国家电网的整体贡献非常小，例如营业收入贡献只有 1.76%，营业利润贡献只有 3.70%。

按照国家电网"十二五"规划要求，金融、直属产业和国际业务对国家电网利润贡献度达到 40%。其中，装备制造业的利润贡献将是重要的支撑和组成部分，国家电网必须有效发展和壮大其此部分业务内容。设备制造业是国家电网公司实施垂直一体化战略的重要步骤，通过整合系统内外输变电设备制造企业，构建自己的"直属设备制造体系"，成为装备总集成商。国家电网的战略发展目标要求，除了一次设备和二次设备之外，其设备制造体系必须加大向产业链两端的新能源发电和用电设备制造领域一体化扩张。

随着新能源技术的发展，以及"十二五"期间特高压和智能电网建设的实施，整个电力行业的发展将带动对于装备制造产品的全面需求。

（三）协同效应

随着国家电网提出建设智能电网，国网电科院也提出了跨越式发展的目标，国网电科院认为这是"二次创业"做大做强的最佳时机。国家电网把战略发展方向投向了输配电设备制造行业，力图打造足以同 ABB、西门子竞争的输配电行业航母。

1. 国家电网层面的协同效应

（1）资源共享与转嫁风险。国家电网进入电工电气设备制造业领域，一方面可以利用电科院相关技术、设备、人员、营销渠道的共享性，以及电网信息通信化的未来发展趋势，可以转向智能电网相关产品的生产；另一方面电力行业正面临传统规模化发展的饱和期，以及其他能源竞争带来低收益的市场竞争环境，通过相关多元化发展，可以达到转嫁经营风险、

表 1-8　国家电网进入装备制造业产生的协同效应

国家电网方面	资源共享与转嫁风险	● 技术、设备、人员、营销渠道的共享性 ● 市场共享 ● 通过多元化降低经营风险
	核心业务能力延伸	● 产品和服务一体化 ● 降低综合成本 ● 规模化优势
	行业知识理解水平	● 掌握行业知识 ● 消除供应风险 ● 增加谈判能力
设备制造企业方面	分享国内高成长市场	● 智能化建设 ● 特高压建设 ● 农网改造
	拓展海外市场	● 国际化是国家电网的未来战略重点
	资产整合优势	● 与原有分散经营的资产相整合

强化核心竞争力的目的。

（2）核心业务能力的延伸。相关多元化战略强调核心能力的延伸和协同效应。国家电网的企业规模较大，同时向社会提供一系列的产品和服务，具有较强的产品研发能力。在此基础上进行技术、产品延伸，可以大大降低单位综合成本，所以国家电网开始实施相关多元化战略。通过相关多元化发展，使企业共享技术、生产设备、原料供应渠道、产品销售与服务网络甚至品牌等，从而提高企业的规模化经济和市场竞争力。

按照相关多元化战略的评价标准，即企业进入新的行业，同市场已有的竞争者相比不会有明显的劣势，在原来行业的核心优势延伸到新行业中。从这一点来看，国家电网有能力和基础实施相关多元化或垂直一体化战略。

（3）提升对上游行业的理解水平。电力装备制造行业企业众多，存在品类繁杂的设备和产品，行业竞争激烈。国家电网后向一体化进入设备制造业领域，可以增加国家电网对于行业知识的掌握和了解，一方面可以通过内部转移价格的方式消除设备市场化供应带来的不确定性，另一方面可以在供应商选择的过程中增加谈判能力。

2. 所属装备制造企业层面的协同效应

国网直属或者控股的电力设备制造企业发展前景广阔，主要是国家电网所带来的协同效应使得这些企业能够在国内市场领先，海外市场拓展能力强，并具有资产整合预期。

（1）分享国内市场高成长。国内电网智能化建设、特高压建设、农网改造即将进入投资高峰期。国网系公司在细分市场中具有技术、市场等方面的领先优势，可以分享国内市场的成长。

（2）"借船出海"拓展海外市场。国网系公司可以"借船出海"，分享国网公司国际化战略带来的收益。加之这些公司自身技术实力强，在产品性能等方面具备竞争力。

（3）保持市场对资产整合预期。国网装备板块的公司正在持续的整合中，把原有经营分散的企业不断整合到上市企业中。由于上市公司规模大，管理好，具有投融资平台功能，是主导整合的载体。

以许继电气为例，国网把拥有雄厚实力的中国电科院与贴近市场运作灵活的许继集团强强结合，充分发挥其各自优势，例如两者在直流输电、数字化变电站技术、新能源联网、智能电表、智能电网控制技术五大业务领域均有广阔的合作前景。许继可以作为装备产业化基地和业务经营主体，中国电科院则成为高端研发基地。

又如，国家电网入主平高集团，对于平高电气的海外市场扩张也有很大的帮助。除了国内市场，国家电网装备公司还承担着国家电网开拓国际电气装备市场的重任。装备公司有望与委内瑞拉国家电力部签署包括400kV输电网络建设的合同，总金额将超过30亿美元，平高集团占比大约在5亿美元，平高电气有望分享其中的开关份额。在国家电网寻找新的利润增长点的背景下，未来装备公司会继续大力拓展海外市场，平高电气将因此受益。

（四）竞争分析

电力装备制造行业企业是"散点式"的状态，产品种类比较多，企业只能选择合适的经营领域，经营比较分散，目前还没有出现寡头垄断企业。

对于整个电力设备行业企业可以采用战略族群的方法进行分类，划分的两个维度分别为营业规模和业绩增幅。营业规模主要考虑电力设备制造企业的营业收入；业绩增幅则综合考虑当前年度企业的业绩增长和在行业中排名的变化情况。

通过分析可以看出，在整个电力设备制造行业存在以下特点：

表1-9 电力设备制造行业及企业

设备名称		代表企业	国网企业是否进入
一次设备	高压变压器	江苏华鹏、特变电工、山东达驰、锦州变压器、南京立业、山东泰开、天威保变	否
	电抗器及消弧线圈	思源电气、北京电力设备总厂、旭辉电气、许继电气、陕西合容	是
	互感器	天威保变、中国西电、思源电气	否
	电容器	桂林电容、上海库柏、中国西电、ABB、思源电气	否
	组合电气	平高电气、山东泰开、中国西电	是
	断路器	ABB、西门子、平高电气、中国西电	是
	隔离开关	山东泰开、平高电气、江苏如高、长高集团	是
	开关柜	东源电气、ABB、南瑞帕维尔	是
二次设备	保护类设备	国电南自、四方股份、深圳南瑞、许继电气、国电南瑞、南京南瑞	是
	变电站自动化	国电南瑞、许继电气、四方股份、南京南瑞、国电南自	是
	电源类设备	许继电源、奥特迅、深圳金宏威、泰昂能源科技	是
	故障滤波	山大电力、中元华电、许继电气、国电南自	是

● 成长速度快：主要的电力设备制造企业成长速度普遍偏高；2010年太阳能和风电设备制造企业的增长速度都超过50%，甚至达130%。

● 状态差别大：各企业业绩增长幅度差异很大，同一公司不同时段相比成长速度有较大差异。一次设备、二次设备制造以及节能设备制造企业需要进行整合。

● 竞争激烈：国家电网下属的许继电气、国电南瑞、国电南自、平高电气都属于同一区域，行业竞争比较激烈，需要进行行业整合，以形成或者成长为接近于三大龙头企业规模，或者在某一细分领域进行专业化和差异化发展。

从图1-2中可以看出，太阳能和风力发电设备制造商作为独立的战略族群。在一次设备、二次设备、节能设备制造领域存在众多的企业，它们的营业收入比较接近，业绩没有东方电气、特变电工、中国西电那样突出，利润增长率容易受到整个行业景气指数的影响。

在电力设备制造领域，行业的三大龙头企业分别为东方电气、特变电工和中国西电。三家企业的业务侧重点分别不同，东方电气主要为电站发电设备制造，特变电工为高压变压器制造，而中国西电则是一体化的一次

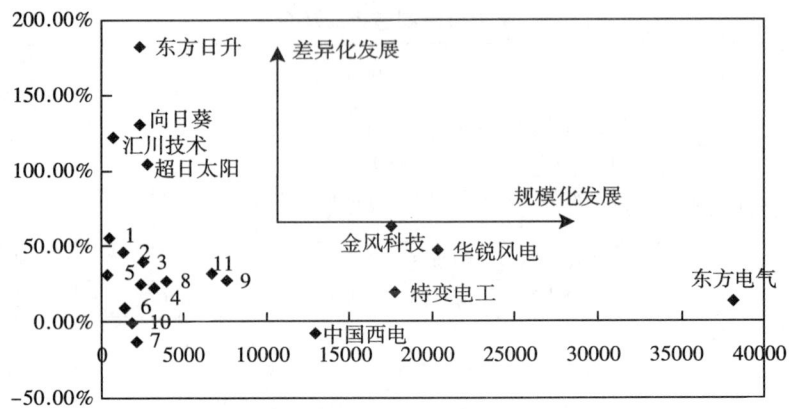

图1-2 电力设备制造行业分析

注：1. 英威腾；2. 荣信股份；3. 国电南瑞；4. 华光股份；5. 合康变频；6. 四方股份；7. 平高电气；8. 许继电气；9. 天威保变；10. 思源电气；11. 湘电股份。

设备制造商。

东方电气超过60%的盈利来自火电、风电以及核电发电设备制造业务。特变电工在变压器领域的综合竞争优势仍然最强，产品主要包括变压器和电抗器。中国西电作为一次设备的一体化企业，将全面受益于特高压，也是电力设备中受益程度最大的企业。从产业链环节进行对比，国家电网在发电环节弱于东方电气，在输变电环节，尤其变压器设备，弱于特变电工和中国西电。

未来的电力行业将以特高压建设、智能电网建设为重点，电网有效需求将带动那些有技术能力企业的发展。特高压建设拉动了电网建设对于一次设备的需求，例如开关类龙头企业平高电气、全产品线企业中国西电、变压器龙头企业特变电工。智能电网的建设有效拉动了对于二次设备的需求，但是不同的企业在二次设备领域也有不同的优势。

（五）优势与劣势

电力行业的发展出现了新的机会，技术变革升级加快，电力投资逐步转型，清洁能源继续快速发展，技术标准逐步形成，智能电网试点示范及推广加快，城乡电网升级改造加速。特高压和智能电网的建设有效刺激了电力设备制造企业的技术创新，产业链不同环节的企业将因为新的电网建设而受益。

通过现有行业分析，以及与整个产业链进行对比，我们可以发现在产业链的不同环节，各个电力设备制造企业具有不同的优势和劣势。

表1-10 电力产业价值链未来发展与企业优势对比

	发电	变电	输电	配电	用电
发展方向	网厂协调关键技术应用，可再生能源发电上网	智能预警监控功能的智能变电站	输变电设备状态监测系统，状态评估与状态检修系统，柔性交输电，特高压工程	城乡配电网建设，灵活、可调、自恢复的智能配电网	智能用电管理体系，智能用电服务体系
主要产品	机组励磁、调速的参数实测、逆变器、无功补偿装置（SVC、SVG、可控串补）	数字化变电站，包括数字化互感器、开关控制、传感器、变电站监控、继电保护、故障记录装置	高压变压器、开关、断路器变压器在线监测系统、智能变电站在线监测系统、柔性交直流输电关键装备	智能配电网、配网自动化（数据采集、配电管理、故障处理）	智能电表、用电管理与采集系统、电动汽车充电设施建设
优势企业	荣信股份 思源电气 国电南瑞	许继电气 思源电气 国电南瑞 国电南自 金智科技 长园集团	平高电气 特变电工 中国西电 理工监测 思源电气 荣信股份	国电南瑞 国电南自 长园集团 思源电气	国电南瑞 许继电气 奥特迅 新联电子 东软载波 科陆电子
国网评价	较弱	弱	强	强	较弱

国家电网电工电气设备制造业务已覆盖了电力系统设备全产业链，但是在一次设备与二次设备制造环节优势明显，发电用电设备制造环节也存在一定的劣势。

1. **优势分析**

（1）电力装备综合配套和系统集成能力突出。国家电网装备制造业务在电力装备领域综合配套及系统集成方面竞争实力突出，产品和业务横跨电力系统交直流和一次设备、二次设备领域，抵御市场风险能力强。以许继电气为例，企业整体实力较强，能够体统电力行业系统解决方案，而行业内的一些企业还停留在单一产品，或者单一业务单元的发展阶段。

（2）在电网自动化的高端领域占据绝对优势。在二次设备制造领域，

转型：建设创新型国家问题调研

国电南瑞是当之无愧的智能电网龙头，业绩持续高增长。国家电网在电网调度自动化、配电自动化以及用电自动化等领域技术领先优势明显。如果考虑到未来电网调度自动化将进一步朝标准化、一体化、网络化、信息化发展，自动化将成为智能电网的重要组成部分，国家电网在电网自动化设备方面的优势将进一步保持，并产生良好的市场绩效。

（3）电气设备制造企业具备良好市场竞争力。在一次设备制造方面，国家电网已经拥有一批有市场竞争力的企业，"NARI"、"许继"、"平高"等商标被认定为"中国驰名商标"，企业品牌影响力逐步增强。

在二次设备制造方面，以国网南瑞为例，网省调市场的市场占有率在78%，一家独大。在县调市场中，主流设备供应商为国电南瑞、东方电子、积成电子和中科院，国电南瑞的市场占有率大约为30%。国家电网设备制造业在高端市场已具备较高技术优势和品牌优势，未来仍将会继续保持较高的市场占有率。

2. 劣势分析

（1）产业链关键环节的缺失。虽然国家电网电工电气设备制造业务已覆盖了电力系统设备全产业链，但是在一些关键价值链环节的不足，制约了企业对于价值链整合效率，以及一体化集成的过程。

国家电网在电气设备制造一体化程度方面比中国西电较弱、缺少有竞争力的变压器制造业务，整体上相对于其他电气制造企业优势不是特别明显，缺乏在行业内占据领先地位的优势产品。例如东方电气的发电设备制造业务、特变电工的变压器业务、中国西电的一次设备一体化业务，这些业务能力正是三者能够成为行业"领头羊"的主要原因。

表1-11 特变电工与中国西电特高压产品对比

	特变电工	中国西电
GIS	—	强
1000kV变压器	强	强
换流变压器	强	强
换流阀	—	强
电抗器	强	强

在未来的发展过程中，国家电网应该加强至少对于行业内变压器制造业务的整合能力，完善自身的产业链条件。例如在2010年国家电网一次

设备的招标中,从产品分类来看,变压器采购金额 95 亿元,占比 55%,是采购金额最大的设备。

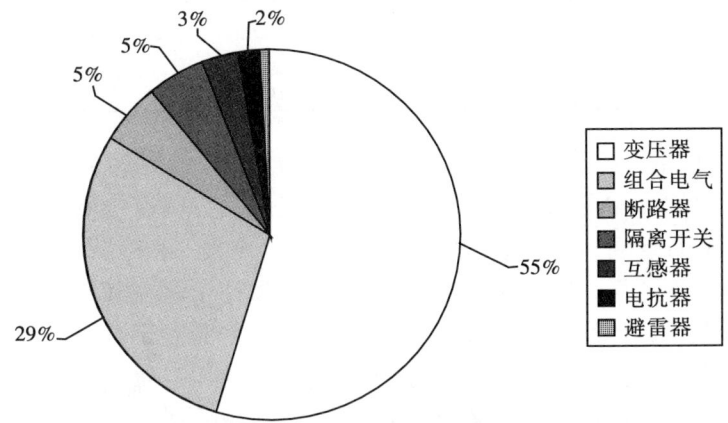

图 1-3 国家电网 2011 年集中招标采购产品比例

从图 1-3 可以看出,一次设备市场主要有变压器和组合电气制造业务构成,国家电网虽然在其他各个设备环节中标,但是很难抵消在一些关键环节的不足。

(2)面对特高压和智能电网建设的市场机遇,企业没有做好准备。2010 年特高压和智能电网建设规模启动,智能电网建设将于 2020 年初步完成。

表 1-12 相关上市企业特高压收益度分析(含非特高压直流部分)

单位:亿元

上市公司			中国西电	特变电工	天威保变	平高电气	许继电气	南瑞继保
2010 年营业收入			128.9	178	76.3	20.5	38.6	30
2010 年净利润			5.9	16.1	6.4	0.1	1.5	8
年受益规模			117.3	42.5	38.6	24.3	57.7	7
占营收比例(%)			91	23.9	50.5	118.9	149.6	23.3
受益净利润			11.7	4.3	3.9	2.4	5.8	0.7
占净利润比例(%)			198.7	26.4	60.3	4864.9	392.6	8.8
交流年均规模	变压器	13.8	33	33	33			
	间隔	73.7	33			33		
	高压电抗器	19.7	30	40	20			
	换流变压器	66.1	33	33	33			

续表

上市公司		中国西电	特变电工	天威保变	平高电气	许继电气	南瑞继保
直流年均规模	换流阀	81.1	50			50	
	直流场	33.8	35			30	
	控制保护	14				50	50
	平波电抗器	27.6	30	30	30		

在 2010 年，电力设备制造企业从特高压和智能电网的建设过程中获益，但是对比与中国西电、特变电工、天威保变，国家电网的设备制造企业，包括平高电气、许继电气、南瑞继保，营业收入和净利润都要低很多。

尤其平高电气，需要特高压的相关受益弥补企业在其他一次设备制造方面的亏损。整体来看，国家电网系设备制造企业对于特高压和智能电网建设的技术和产品储备不足，对于这些企业需要加强研发投入和新产品开发，或者从集团层面通过资本市场的运作并购相关技术和产品。

（3）未来技术和产品储备不足。新能源发电和智能化用电设备是未来的技术发展趋势，尤其随着智能电网的建设，智能化用电服务和设备在未来有着广阔的市场空间。在智能小区建设、智能大客户服务方面，国家电网设备制造企业的技术储备不足，需要加强智能用电方面的能力建设。下属各个企业已经开始引进新技术，并建设新的项目，例如许继电气目前在建设新项目涵盖智能电网（智能变电站、特高压交/直流保护、智能电表、智能配网）、新能源（风电电控设备、光伏电控设备）、轨道交通（箱变、环网柜）、工业电气等。国电南瑞 2011 年计划建设 268 坐充换电站，同时也开始了智能用电试点工程，主要是智能家居和智能楼宇，并逐步推广，未来实现需求侧管理。

二、装备制造业部门创新体系完善的路径

（一）以平台战略的视角拓展装备制造业部门创新体系的构成

装备制造业部门创新一般以掌握核心技术的企业为主体，以企业地域集中为特点的产业集群模式来实施。平台战略的视角将装备制造业部门创

新的内容拓展到上下游行业，并改变了部门创新系统的主体构成，例如电力装备制造业是电网的上游产业，以电网为平台和主体，通过下游产业的需求拉动实施电力装备制造业部门创新战略。

以新能源装备和发电业务为例，我们可以以电网企业为平台构建一个双边网络市场。传统电网的双边网络包括发电（服务提供者）和用户两边。新能源发电作为一种战略性新兴产业，其自身的发展并没有形成一种独立平台的可能。所以，新能源发电企业的发展可以采用"平台包围"战略，利用"智能电网"新平台的发展机遇，同时在发电端和用户端对于智能电网平台进行包围，充分利用平台的用户基础所形成的巨大需求，带动整个行业的发展。通过对于以光伏为代表的新能源发电行业进行分析，仅仅依靠行业内部的"网络创新"模式，已经不能够引领和带动行业的发展。

国家电网公司装备制造业的发展以支撑特高压及坚强智能电网建设为重点，围绕电工电气设备制造产业链实施一体化经营，面向全球提供输变电设备、系统集成及相关服务，培育具有国际竞争力的民族品牌。国家电网公司装备制造业的规划重点在于增强核心竞争力、完善产业链、一体化运营发展模式。设备制造业是国家电网公司实施垂直一体化战略的重要步骤，通过整合系统内外输变电设备制造企业，构建自己的"直属设备制造体系"，成为装备总集成商。国家电网公司的战略发展目标要求，除了一次设备和二次设备之外，其设备制造体系还加大向产业链两端的新能源发电和用电设备制造领域一体化扩张。

随着新能源技术的发展，以及"十二五"期间特高压和智能电网建设的实施，整个电力行业的发展将带动对于装备制造产品的全面需求。特高压和智能电网的建设有效刺激电力设备制造企业的技术创新，产业链不同环节的企业将因为新的电网建设而受益。

（二）产业集群依然是装备制造业部门创新体系的有效组织形式

装备制造业发展的基本趋向是以产业集聚形式表现出的制造业专业化分工。产业集聚在降低生产和交易成本、促进技术创新和组织创新等方面具有难以替代的作用。发挥产业集聚效应，形成若干具有国际竞争力的装备制造基地，是振兴中国装备制造业的必由之路。重点培育特色装备制造业基地，进一步提高产业集聚度，以形成与国际大型装备制造企业相抗衡的局面。

2009年12月，国家电网在南京成立了国内首个围绕智能电网自主技术研发、核心装备制造、关键产品检测为主要内容的科研产业基地——"国家电网公司智能电网科研产业（南京）基地"。

南京是国家电网直属重要科研单位电力科学研究院的大本营，也是国网电科院为促进科研成果产业化而创办的高新技术企业南瑞集团的大本营。国网电科院由国网南京自动化研究院和国网武汉高压研究院重组整合而成立，主要从事电力系统自动化、交直流高电压技术、水利水电工程测控、通信与信息工程、一次设备及其智能化、电力电子、轨道交通及工业控制技术的研究、开发和应用，而南瑞集团扮演的则是产业化和智能一次设备及其他电网设备制造商和系统集成商的角色。

把南京打造成为南方最重要的电气装备产业基地，是国家电网早布下的一步棋。以电科院为主体，国家电网在江苏省内完成了多单并购，麾下有10多家产业公司。仅在2009年，南瑞集团就并购了从事电线电缆制造的江苏银龙电力电缆公司、江苏淮胜电缆有限公司以及从事断路器、非晶合金变压器等电力设备制造的江苏帕威尔电气有限公司、安徽继远电网技术有限公司和继远软件公司。

随着国家电网公司提出建设智能电网，国网电科院也提出了跨越式发展的目标，国网电科院认为这是"二次创业"做大做强的最佳时机。国家电网把战略发展方向投向了输配电设备制造行业，力图打造足以同ABB、西门子竞争的输配电行业航母。

采用产业区集群模式能够有效促进装备制造业创新体系的建立和完善，国内的装备制造业产业集群还有株洲轨道交通装备制造产业集群和长沙工程机械装备制造产业集群。

（三）加强装备制造业创新网络各主体间的模块化耦合

创新体系要素指的是其创新系统中的要素组织，包括大型核心制造企业、配套型中小企业以及大学、科研机构、中介服务机构、教育培训机构、政府相关机构等。前者构成了产业网络层，后者构成社会网络层。在模块化创新系统中，核心制造企业、专用模块和大学、科研机构是促进集群技术创新的主要要素，在技术创新中发挥着重要的作用。装备制造业创新网络的创新绩效产生于各节点组织（模块）的协同与合作。

第一章 电力装备制造业部门创新系统的建设和完善

表1-13 产业网络层创新体系的构成要素

	构成要素	要素性质
产业网络层	核心制造企业	属于系统集成商,由具有影响力的大型制造企业担任,是中间产品需求者或最终产品集成者
	产品开发型配套企业	属于专用模块。在系统内部从事研发型配套产品的生产
	基础技术型配套企业	属于通用模块。在系统内部从事基础技术型配套产品的生产

国家电网公司的优势在于电网建设和运营的经验。在开展业务时,通常技术设计和咨询部门先行,带动电力装备的市场需求;特高压和智能电网建设为电力装备提供了新的市场需求;国际化战略发展也为电力装备制造拓展了市场空间。强力的技术研发和研究机构为实施以上战略提供了有力支撑。

(四) 明确装备制造关键技术的识别和选择

实施装备制造业创新需要明确"核心技术是什么"?例如,提起机床产业,大多数回答是"数控系统",并没有明确具体突破方向、路径和手段。

根据业务经营现状和行业的未来发展,国家电网电力装备制造业务重点发展优势产业,主要集中在一次设备、二次设备和用电设备制造领域。

在一次设备领域,国家电网加强对于行业内变压器制造业务的整合能力,完善自身的产业链条件。发展重点在大型变压器、高压开关、避雷器、直流输电设备等领域。尤其平高电气,需要特高压的相关受益弥补企业在其他一次设备制造方面的亏损。整体来看,国家电网系电力装备制造企业对于特高压和智能电网建设的技术和产品储备不足,对于这些企业需要加强研发投入和新产品开发,或者从集团层面通过资本市场的运作并购相关技术和产品。

智能化用电设备是未来的技术发展趋势,尤其随着智能电网的建设,智能化用电服务和设备在未来有着广阔的市场空间。在智能小区建设、智能大客户服务方面,国家电网公司设备制造企业的技术储备不足,需要加强智能用电方面的能力建设。在二次设备制造领域,除了维持目前的业务优势之外,还需要围绕智能电网建设及其关键设备开发安全可靠的二次设备系统。

在新能源设备制造方面,重点发展可再生能源接入、电动汽车充电设施、新型可再生能源发电设备、大容量储能装置与动力电池、新型电力设备原材料等领域。

在明确核心技术的前提下，对于电力行业来说，以垂直一体化战略"打通产业链"，同时介入产业链上下游多个业务环节，将生产、营销或其他活动置于同一企业控制之下，通过内部化手段来抵御外部市场的不确定性。

三、进一步促进装备制造业部门创新体系完善的政策建议

（一）围绕平台战略制定产业政策

1. 政策思路的转变

在平台视角下，产业科技政策和创新政策的制定需要考虑技术创新的模式、过程、特征，以及科技政策和产业发展政策目标的变化。产业技术创新政策如何更加有效，而企业如何开展对于产业结构的治理，两者的相互作用如何使得产业发展逐渐成熟，这些问题都需要进行理论和实践上的研究。

考虑到在平台视角下政策制定依据发生的变化，科技政策和技术创新政策内容应考虑从财政政策工具支持，向以技术平台为主的生态系统建设政策工具转化，强调平台规则的制定。具体的科技创新政策工具可能包括创新平台治理政策、技术联盟治理政策、创新生态治理政策。

2. 平台企业的选择

平台战略要求以核心企业为主体，构建平台市场。装备制造业创新系统的构建和完善要求行业实施战略性结构重组，优化装备企业组织结构，积极引导和扶持有关企业组建大的企业集团，并使其成为国家装备制造业的中坚力量。

原有部门创新理论认为，企业集团的选择主要是那些掌握核心技术，位于创新网络结构中心的企业。通过国家电网的案例分析，课题组认为装备制造业相关的上下游企业有可能成为构建部门创新体系的平台，例如国家电网作为电力装备的主要用户，可以采用一体化的方式进行行业整合。

此外，平台企业的选择必须适应行业的发展特点。装备制造业具有成套性要求高、技术复杂、生产难度大的特点，有些工程特别是国家重点项目和重点工程，仅靠一个企业是难以单独完成的，必须综合各方面的力量，形成从工艺到软件、从设计到制造、从安装到售后服务的横向结合的企业集团，实现产业升级。例如，特高压电网的建设仅仅依靠电力装备企业的技术力量很难完成，只有以国家电网为平台，在项目实施和需求中不断进行技术创新。

3. 产业链的辐射效应

从调研的情况来看，国家电网公司主业与电力装备制造业务以及电力装备制造业务之间的协同效应还不够。通过平台和一体化战略，产业链的辐射效应能够提高装备制造业重大技术装备成套能力。

装备制造业中的各行业具有很强的关联性，可以通过拉长产业链、增强支柱产业和传统工业的关联效应延伸辐射领域。目前，在市场导向下盘活产业资本存量、吸收外资、组建大型企业或企业集团是中国装备制造业竞争力提升的一项重要任务。结合行业的技术特征，中国装备制造企业组建的方向应是大型工程公司或系统成套公司，所需的行业技术主要包括商品技术和工程技术两个方面：商品技术是指属于用户或项目业主生产所需的特定技术，包括生产流程工艺、装备运行与维护技术以及设备设计制造技术；工程技术是一种综合能力，包括对工艺技术许可的消化，将它转化为工程设计、技术匹配、设备采购、项目管理、土木建设、安装联调、生产试运行等广义的承包活动所需的一系列能力。

国家电网的调研情况说明，工程、技术、市场的有效结合所形成的平台市场和平台效应，是促进我国电力设备制造业发展以及在特高压领域保持技术领先的重要原因。

4. 绿色发展的模式

平台战略的特点还在于绿色发展和可持续发展。国家电网公司的"绿色发展"战略主要体现在"打造绿色平台"和"实施绿色生产"两个方面。国家电网公司对整个电力产业的发展起到带动作用，通过加强沟通合作和优势互补，共同建设绿色电力生产链、电力消费链、电力装备链，最大限度地激发电力产业的绿色发展潜力。

通过发挥坚强智能电网的能源配置绿色平台功能，推动清洁能源规模集约发展，推动煤炭资源清洁有效开发，推动电力资源高效节约利用。特高压电网的重大突破、智能电网的全面建设，推进了绿色平台建设，充分发挥电网优化资源配置的平台功能。

（二）提升装备制造业系统创新能力

1. 构建网络创新体系，加强主体间合作

首先在产业网络层面，注重各个业务之间的合作与协同关系。创新网络的目的是形成合作的能力，以增强创新能力。企业竞争本质上是价值链之间的竞争，企业必须树立价值链合作理念。

国家电网公司价值链的核心能力在于电网建设和运营。在电网建设和运营方面的经验使得国家电网的技术咨询业务实力较强，尤其在电力行业积累了较强的行业和技术经验。技术咨询业务面向国内、国际进行发展，带动了装备制造业务的发展。

其次，进一步提升集群配套企业技术创新的协作力。国家电网公司本身就代表了一个行业，而中电装备公司下属的许继、平高等电力装备制造领先企业都是大型国有企业，由于经济基础强、资源丰富，且拥有自身的研发机构，而成为集群技术创新扩散的主要源泉。配套企业往往是中小企业，由于各方面条件的限制，自主创新能力较弱，通过加快推动企业间建立多种形式的合作联盟，以进一步提升集群跟进企业的技术创新协作能力。

2. 重大技术装备国产化

通过实现重大技术装备国产化，能够提升核心技术自主创新的领先力。从长远利润和竞争优势来看，核心技术又是促进装备制造产业发生根本性变革，刺激其他技术、产品市场走向成熟和成功的基础。因此，基于核心技术的重要性，应进一步提升集群领先企业核心技术自主创新的领先力，以持续提高装备制造产业集群竞争力。

特高压输电和智能电网技术是现代电网技术的核心。"十一五"期间，我国特高压输电技术已达世界第一水平，智能电网建设也开始进行了一些探索性实验项目。"十二五"期间，特高压技术将由示范性阶段进入成熟发展阶段，通过国内市场将技术优势转化为生产优势从而进军国际市场，智能电网关键技术研发、设备研制和示范应用等将被提到更高位置。随着"十二五"期间特高压和智能电网建设的实施，整个电力行业的发展将带动对于装备制造产品的全面需求。

国家电网公司在特高压输电技术方面已经取得领先优势，并且开始在

智能电网技术领域进行探索和研发。特高压和智能电网建设带动了国家电网公司电力装备制造业务的技术能力和创新能力。

(三) 提升装备制造业系统国际竞争力

1. 制定装备制造业国际化发展战略

市场需求对于电力装备制造业企业技术创新有着重要的拉动作用。我国电力装备制造业在特高压和智能电网设备制造方面的优势建立,国内电力装备制造业企业的快速发展,这些都与近几年我国在特高压和智能电网建设方面的巨大投资相关。国家电网公司国际化业务发展目标在于扩大和利用公司在电网运营、工程承包和装备制造等业务领域的核心技术优势,达到业务互相促进发展的目标。

通过不断提高企业国际化经营水平和能力,主动融入经济全球化进程,充分利用各国各地比较优势,开展全球化经营,进行全球采购、全球销售、设立境外研发中心和生产基地,不断提高国际竞争力。

2. 培植具有较强国际竞争力的装备企业

要发展装备制造业,关键是培养一批能够带动装备制造业发展的具有国际先进水平的大型装备企业集团,积极运用高新技术和先进管理手段改造传统装备产业。运用现代物流技术、信息技术等先进技术,改造业务流程,以提高生产效率和企业管理水平。例如,国际化业务的发展加快了国家电网公司国际采购平台的建设,整合了集团内部物流系统。

3. 提升知名行业品牌全球的影响力

我国装备制造企业对于国外市场的开拓意识还不够强烈,品牌的全球影响力建设和打造仍有很大的提升空间。品牌竞争已经成为国际市场竞争的主旋律,品牌知名度的高低成为产品竞争力强弱的衡量标准。中国装备制造业国际竞争力的提升应该通过产品结构调整,开发一批科技含量高、市场前景好、竞争力强、关联性强、经济效益好的名牌产品,并给予重点扶持。

国家电网电力装备制造业以支撑特高压及坚强智能电网建设为重点,围绕电工电气设备制造产业链实施一体化经营,面向全球提供输变电设备、系统集成及相关服务,培育具有国际竞争力的民族品牌。通过在国内市场和国际市场的努力,"国家电网"品牌跻身世界百强品牌,公司入选"共和国60年最具影响力品牌60强"企业,荣获2010年"中国500强最具价值品牌"第 2 名。在一次设备制造方面，国家电网公司已经拥有一批有市场竞争力的企业，"NARI"、"许继"、"平高"等商标被认定为"中国驰名商标"，企业品牌影响力逐步增强。

第二章 电子信息产业科技基础设施建设的经验

国家重大科技基础设施是国家基础设施的重要组成部分，其核心功能是有效整合有限的科技资源，提高科技资源利用效率，主要形式包括国家（重点）实验室、国家工程技术研究中心和公共技术服务平台等。在当今知识经济时代和信息时代，科技基础设施的重要性更加凸显。它不仅是我国取得科学技术前沿重大突破的重要载体，更是我国转变经济发展方式、建设创新型国家的重要保障。而电子信息产业是典型的高技术产业，在整个国家创新体系中占据着相当重要的地位，完善产业科技基础设施建设的意义更加重大。为了深入了解电子信息产业科技基础设施建设的实际情况，挖掘科技基础设施建设过程中存在的主要问题，并提出有针对性的政策建议，2012年3~6月，课题组一行5人先后走访了国家科技部、工业和信息化部、国家发展和改革委员会等主管部门，并实地调研了部分国家重点实验室和国家工程技术研究中心。在调研过程中我们发现，"十一五"以来，我国电子信息产业基础设施建设取得了显著的进展，这直接带动了整个产业的迅速发展，尤其是产业自主创新能力有了明显的提升。其建设经验表明，加强产业发展规划引导，强强联合实现优势互补，建立行业公共服务平台，创新管理体制机制，是科技基础设施建设取得成功的有效之举。但是，与此同时，也遇到了严峻的挑战：一是核心技术缺失阻碍行业发展；二是全球产业变革带动国际竞争加剧；三是行业利润空间不断被压缩；四是绿色发展要求更加迫切；五是科技基础设施管理体制和管理规范不健全。基于调研和分析，本书提出以下几点政策建议：一是提高原始创新能力；二是加强科技成果转化；三是防范基础设施重复建设；四是研发产业绿色发展技术；五是完善管理体制和管理规范。

一、电子信息产业发展概况

电子信息产业是我国国民经济的重要支柱产业，可以分为硬件和软件两个细分行业，即电子信息制造业和软件业。近年来，随着信息时代发展的需要，在我国政府的高度重视和大力支持下，电子信息产业规模持续扩张，结构不断优化，产业竞争力和自主创新能力大幅提升。尤其是"十一五"以来，在国际金融危机的强烈冲击下，电子信息产业仍然保持了较快的增长速度，在很短的时间内便出现了明显的"V"形反弹。这表明，我国电子信息产业已经步入相对成熟的发展阶段，具备较强的发展基础，能够抵御一定的产业风险。

2011年，中国电子信息产业总体规模保持稳步快速增长，主要电子信息产品产量持续占据全球第一的位置，在全国工业中的支柱地位和带动作用更加明显；企业经济效益出现较大波动，产业结构调整不断深化，科技创新成果十分显著，迎来了规模、质量同步提升的"十二五"良好开局。

一是产业规模稳步增长，全球产业大国地位不断凸显。"十一五"期间，中国电子信息产业规模稳步扩张，2010年电子信息制造业增加值达到14043亿元（见图2-1）。2011年，中国电子信息产业实现销售收入9.3

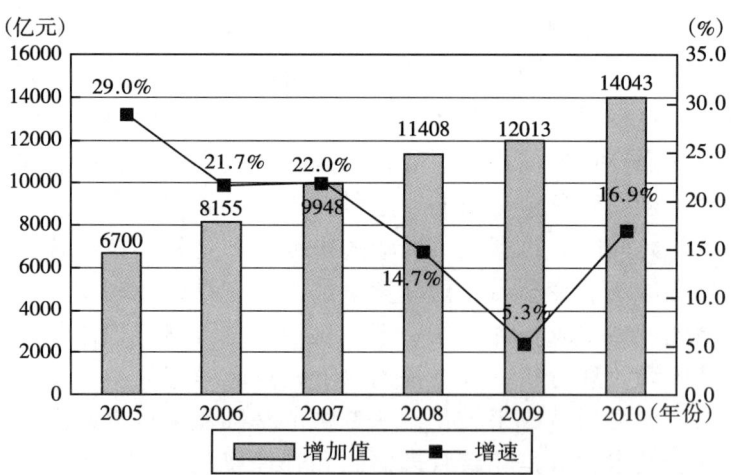

图2-1　规模以上电子信息制造业增加值变化情况

资料来源：工业和信息化部。

万亿元，比上年增幅超过 20%。其中，规模以上电子信息制造业实现销售产值 75445 亿元，比上年增长 21.1%。规模以上电子信息制造业全年累计增加值增速达到 15.9%，增加值、投资增速分别高于工业平均水平 2.0 和近 20 个百分点，行业收入、利润占全国工业比重分别达到 8.9%和 6.1%，电子信息制造业在整体工业中的领先和支柱作用日益凸显（见图 2-2）。彩电、手机、计算机等主要电子产品产量占全球出货量的比重分别达到 48.8%、70.6%和 90.6%，均名列世界第一。软件业收入占全球软件企业收入的比重超过 15%。

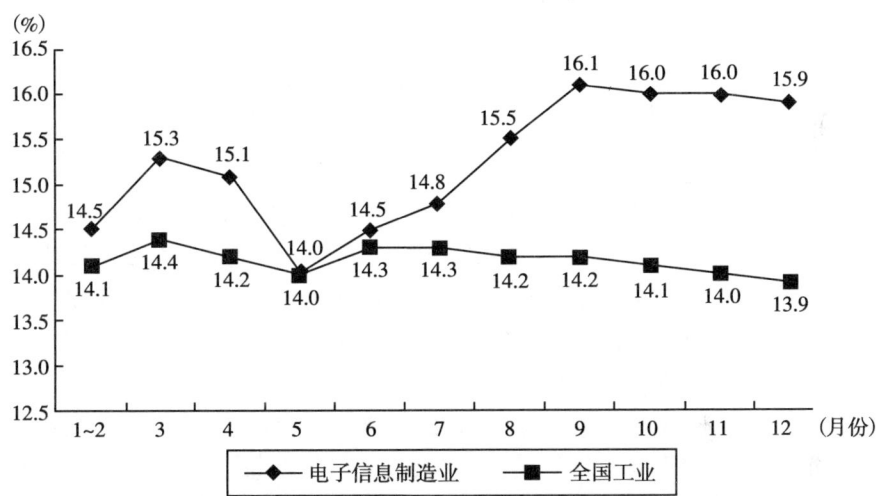

图 2-2　2011 年电子信息制造业与全国工业增加值累计增速对比

资料来源：工业和信息化部。

二是软硬件比例趋于合理，行业产品结构不断改善。2011 年，我国电子信息产业中软件业收入比重接近 20%，与上年的 17.5%相比有明显提高，与"十五"末的 9.2%相比有大幅提升（见图 2-3）。在制造业中，电子元、器件和电子材料行业收入比重达到 36.7%，比上年提高 1.2 个百分点；在细分行业中，液晶电视机、笔记本电脑等高端产品比重不断提高，分别占彩电行业和微型计算机行业的 76.7%和 74.5%。在软件业中，服务化趋势明显，信息技术咨询服务、数据处理和运营服务实现的业务收入所占比重分别达到 10.1%和 16.4%，比上年提高 0.7 个和 1.1 个百分点。

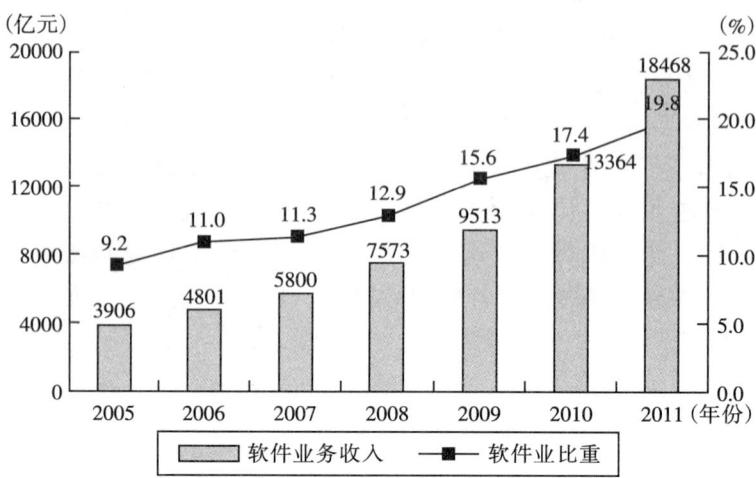

图 2-3 电子信息产业软硬件结构变化情况

资料来源：工业和信息化部。

三是投资保持快速增长，电池行业成为新增长点。2011 年 1~11 月，电子信息产业 500 万元以上项目完成固定资产投资 8183 亿元，比上年增长 56%，高于工业固定资产投资增速 29.2 个百分点。其中，电池行业完成投资达 1505 亿元，占全行业投资比重 18.4%，同比增长 111.7%，成为电子信息产业中投资最密集、增长最快的领域。

四是科技创新成果显著，领军企业实现技术突破。2011 年，我国电子信息产业科技创新成果显著，专利申请总量和新增量均居于各工业行业首位，产业发展质量进一步提升。截至 2011 年底，全国信息技术领域专利申请总量达到 136.4 万件，占工业行业专利申请量的 35.7%，比上年增长 20.2%，专利申请总量和新增量在各工业行业中均居于首位。其中，产业内领军企业华为和中兴的专利申请量分别达到 3.04 万件和 2.48 万件，明显领先于其他企业。在 2011 年度国家科学技术奖励大会上，武汉邮电科学研究院、海尔集团和华为技术有限公司等多家企业荣获国家科学技术进步奖，在新型显示技术、移动宽带、光通信等多个领域取得新突破，为促进产业结构调整，推进产学研体系健康发展发挥了积极作用。

五是外贸增速逐步趋稳，对外依存度有所降低。2011 年，电子信息产品进出口增速呈前高后低态势，全年进出口总额达到 11292.3 亿美元，比上年增长 11.5%，占全国外贸总额的 31.0%。其中，出口 6612.0 亿美元，比上年增长 11.9%，增速比 2010 年同期下滑 17.4 个百分点，占全国外贸出口额的 34.8%；进口 4680.3 亿美元，同比增长 11.0%，增速比 2010 年同期下降 23.0 个百分点，占全国外贸进口额的 26.8%。

与此同时，电子信息产品内销产值实现较快增长，产业对外依存度有所下降。2011 年，我国规模以上电子信息制造业实现内销产值 34165 亿元，同比增长 31.0%，比行业销售产值增速和出口交货值增速高 9.9 个和 17.1 个百分点。电子制造业对外依存度（54.7%）比上年下降 3.5 个百分点。

二、电子信息产业科技基础设施建设概况

（一）电子信息产业科技基础设施建设进展

新中国成立之后，特别是改革开放以来，我国政府不断加大投入，促使国家重大科技基础设施规模持续增长，覆盖领域不断拓展，技术水平显著提升，为科学前沿探索和国家重大科技任务的开展提供了有力支撑，使我国部分学科领域在国际上占有一席之地。从发展历史来看，我国重大科技基础设施经历了从无到有、从小到大、从学习跟踪到自主创新的过程。

进入"十二五"的关键时期，我国政府更加意识到科技基础设施对于建设创新型国家的重大意义，因此，更加重视科技基础设施建设工作。《国民经济和社会发展第十二个五年规划纲要》特别指出："围绕增强原始创新、集成创新和引进消化吸收再创新能力，强化基础性、前沿性技术和共性技术研究平台建设，建设和完善国家重大科技基础设施，加强相互配套、开放共享和高效利用。在重点学科和战略高技术领域新建若干国家科学中心、国家（重点）实验室，构建国家科技基础条件平台。在关键产业技术领域建设一批国家工程实验室，优化国家工程中心建设布局。"

电子信息产业是一个高度技术密集型的产业，其发展依赖于对基础性、前沿性和共性信息技术的持续跟踪与研发。近年来，电子信息产业的科技基础设施建设也获得了较大进展，无论是国家重点实验室建设、国家工程技术中心建设，还是科学数据资源平台建设，都取得了明显的成效。

1. 国家重点实验室建设

国家重点实验室作为国家科技创新体系的重要组成部分，是国家组织

高水平基础研究和应用基础研究、聚集和培养优秀科技人才、开展高水平学术交流、科研装备先进的重要基地。国家重点实验室是依托大学和科研院所建设的科研实体，另有建在企业（中央企业为主体）的企业国家重点实验室，实行人、财、物相对独立的管理机制和"开放、流动、联合、竞争"的运行机制。这些实验室主要分布在制造、资源、材料、医学、信息、工程、农业、能源等领域，以开展行业应用基础、前沿技术、共性技术、关键技术研究和重大技术集成研究及制定行业标准为主要任务。

"十一五"期间，我国共新建了44个院校国家重点实验室。截至2010年，正在运行的院校国家重点实验室共212个，试点国家实验室6个，分布在全国22个省、市、自治区。其中，生物科学领域32个，医学科学领域26个，工程科学领域35个，地球科学领域37个，信息科学领域27个，化学科学领域24个，材料科学领域19个，数理科学领域12个。2011年，我国又批准建设49个国家重点实验室，使我国院校国家重点实验室总数上升至261个。"十一五"时期，中央财政共拨付国家重点实验室专项经费86.44亿元，另外投入10.16亿元国家（重点）实验室运行补助费支持试点国家实验室建设。目前，院校国家重点实验室固定人员达到1.4万余人，约占全国基础研究人员总数的9.4%。表2-1列出的是电子信息产业的国家重点实验室。

表2-1 电子信息产业国家重点实验室

序号	实验室名称	依托单位	主管部门
1	传感技术国家重点实验室	中国科学院上海微系统与信息技术研究所、中国科学院电子学研究所	中国科学院
2	电子薄膜与集成器件国家重点实验室	电子科技大学	教育部
3	发光学及应用国家重点实验室	中国科学院长春光学精密机械与物理研究所	中国科学院
4	复杂系统管理与控制国家重点实验室	中国科学院自动化研究所	中国科学院
5	工业控制技术国家重点实验室	浙江大学	教育部
6	毫米波国家重点实验室	东南大学	教育部
7	红外物理国家重点实验室	中国科学院上海技术物理研究所	中国科学院
8	机器人学国家重点实验室	中国科学院沈阳自动化研究所	中国科学院
9	集成光电子学国家重点实验室	吉林大学、中国科学院半导体研究所	教育部
10	计算机辅助设计与图形学国家重点实验室	浙江大学	教育部

续表

序号	实验室名称	依托单位	主管部门
11	计算机科学国家重点实验室	中国科学院软件研究所	中国科学院
12	计算机软件新技术国家重点实验室	南京大学	教育部
13	精密测试技术及仪器国家重点实验室	天津大学、清华大学	教育部
14	量子光学与光量子器件国家重点实验室	山西大学	山西省科技厅
15	流程工业综合自动化国家重点实验室	东北大学	教育部
16	模式识别国家重点实验室	中国科学院自动化研究所	中国科学院
17	区域光纤通信网与新型光纤通信系统国家重点实验室	上海交通大学、北京大学	教育部
18	软件工程国家重点实验室	武汉大学	教育部
19	软件开发环境国家重点实验室	北京航空航天大学	工业和信息化部
20	生物电子学国家重点实验室	东南大学	教育部
21	瞬态光学与光子技术国家重点实验室	中国科学院西安光学精密机械研究所	中国科学院
22	网络与交换技术国家重点实验室	北京邮电大学	教育部
23	微细加工光学技术国家重点实验室	中国科学院光电技术研究所	中国科学院
24	现代光学仪器国家重点实验室	浙江大学	教育部
25	信息安全国家重点实验室	中国科学院研究生院、中国科学院软件研究所	中国科学院
26	信息光子学与光通信国家重点实验室	北京邮电大学	教育部
27	虚拟现实技术与系统国家重点实验室	北京航空航天大学	工业和信息化部
28	移动通信国家重点实验室	东南大学	教育部
29	应用光学国家重点实验室	中国科学院长春光学精密机械与物理研究所	中国科学院
30	专用集成电路与系统国家重点实验室	复旦大学	教育部
31	综合业务网理论及关键技术国家重点实验室	西安电子科技大学	教育部

资料来源：国家科技部。

2. 国家工程技术研究中心建设

国家工程技术研究中心是国家科技发展计划的重要组成部分，是研究开发条件能力建设的重要内容。国家工程中心建设是在"创新、产业化"方针指引下，探索科技与经济结合的新途径，加强科技成果向生产力转化的中间环节，促进科技产业化；面向企业规模生产的需要，推动集成、配套的工程化成果向相关行业辐射、转移与扩散，促进新兴产业的崛起和传统产业的升级改造；促进科技体制改革，培养一流的工程技术人才，建设一流的工程化实验条件，形成我国科研开发、技术创新和产业化基地。

"十一五"时期，我国共新建120个工程技术研究中心；共有51个工程中心通过验收进入运行阶段，其中20个中心以优秀成绩通过验收。2010年，我国新批准组建了33个工程技术研究中心。其中，依托大学和科研院所组建的中心占51.52%，依托企业组建的中心占48.48%。截至2010年底，我国共有国家工程技术研究中心264个，包含分中心在内为277个，分布在全国29个省、市、自治区。2010年，国家工程技术研究中心批准计划投资103.89亿元，实际完成投资104.84亿元，同比增长21.15%和34.36%。目前，国家工程技术研究中心拥有固定人员近5万人。以下列出的是信息与通信领域的国家工程技术研究中心。

表2-2 信息与通信领域国家工程技术研究中心

序号	实验室名称	依托单位
1	国家并行计算机工程技术研究中心	中科院计算技术研究所、江南计算技术研究所
2	国家多媒体软件工程技术研究中心	武汉大学
3	国家高性能计算机工程技术研究中心	中科院计算所、曙光天演信息技术有限公司
4	国家宽带网络与应用工程技术研究中心	上海未来宽带技术及应用工程研究中心有限公司
5	国家平板显示工程技术研究中心	中国电子科技集团公司第五十五研究所
6	国家企业信息化应用支撑软件工程技术研究中心	清华大学、华中科技大学
7	国家数据广播工程技术研究中心	西安通视数据有限责任公司、西安交通大学
8	国家数据通信工程技术研究中心	兴唐通信科技股份有限公司
9	国家数字交换系统工程技术研究中心	解放军信息工程大学
10	国家网络新媒体工程技术研究中心	中国科学院声学研究所
11	国家卫星定位系统工程技术研究中心	武汉市工程科学技术研究院、武汉大学、中国地震局地震研究所、中国科学院测量与地球物理研究所
12	国家现代物流工程技术研究中心	交通部公路所
13	国家信息安全工程技术研究中心	江南计算技术研究所
14	国家遥感应用工程技术研究中心	中国科学院遥感应用研究所
15	国家移动卫星通信工程技术研究中心	熊猫电子集团有限公司
16	国家专用集成电路设计工程技术研究中心	中国科学院自动化研究所
17	国家专用集成电路系统工程技术研究中心	东南大学

资料来源：国家工程技术研究中心。

3. 国家科技基础条件平台建设

科技基础条件平台是在信息、网络等技术支撑下,由研究实验基地、大型科学设施和仪器装备、科学数据与信息、自然科技资源等组成,通过有效配置和共享,服务于全社会科技创新的支撑体系。《国家中长期科学和技术发展规划纲要(2006~2020)》指出:"科技基础条件平台,是科技创新的物质基础,是科技持续发展的重要前提和根本保障"。平台建设是国家创新能力建设的重要举措,对于提高我国科技创新能力、建设创新型国家有重要作用。

"十一五"期间,国家科技基础条件平台建设围绕落实《2004~2010国家科技基础条件平台建设纲要》,按照《"十一五"国家科技基础条件平台建设实施意见》总体部署,大力推动研究实验基地和大型科学仪器设备、自然科技资源、科学数据、科技文献、科技成果转化、网络科技环境六大共享平台建设,组织实施了24项重点任务,为科技创新和经济社会发展发挥了重要的支撑、保障作用。"十一五"期间,中央财政累计投入科技平台建设专项经费约为14.84亿元,地方、部门配套经费约为3.75亿元。目前,科技资源调查已经建立了包括大型仪器设备、研究实验基地、生物种质资源、高层次人才等在内的16个分类资源信息数据库,共收录单台套原值50万元以上大型仪器设备29000余台套,研究实验基地5402个,生物种质保藏机构481家,生物种质资源信息113万条。

(二)电子信息产业科技基础设施建设的特点

1. 跨学科趋势日益明显

从电子信息产业科技基础设施建设的发展情况来看,跨学科的趋势越来越明显,信息技术与先进装备制造、工程学、物理学、生物学等领域的融合日益紧密,大多数科技创新都需要来自多个学科领域的专家配合完成。尤其是近年来产业研发重心逐渐转向新一代信息技术,这种趋势就更加凸显。新一代信息技术可以细分为六个方面,分别是下一代通信网络、物联网、三网融合、新型平板显示、高性能集成电路和以云计算为代表的高端软件。这些技术创新所需的信息、仪器、装备等科技基础设施,都会涉及多个学科领域。

2. 资源开放共享程度提高

为促进科技基础设施的资源得到最优配置和高效利用,同时培养青少年的科学意识,推动社会科学普及工作,国家重点实验室、国家工程技术研究中心和国家科技基础条件平台都纷纷加强资源开放和共享。由于电子信息技术与各学科发展和人民生活品质提升密切相关,其科技基础设施的开放性和共享性意义显得更为重要。从2004年起,我国就启动实施了"国家重点实验室公众开放"活动,实现了科技发展和科技普及工作的同步发展,提升了国家创新能力和全民科技素质。

3. 联合研究成为主流模式

电子信息产业科技基础设施一般依托于高校和科研院所,研究方向以基础研究和应用基础研究为主。但是,科技创新活动的最终目标是实现新技术的产业化,从而促进整个产业发展和创新能力提升。为此,产学研合作成为一种必然选择。电子信息产业是一个应用性非常强的产业,近年来,国家重点实验室和国家工程技术中心在建设过程中,都非常重视提高企业的参与度。由于在研发过程中充分了解市场需求和产业化特点,促使新技术的产业化成功率明显提高。与此同时,科技基础设施还非常注重加强国际交流与合作,通过与国际知名高校以及领先研究机构采取多种合作方式,实现了资源共享、信息共享和人才共享,有效推动了我国科技进步的速度。

4. 基础设施体系逐渐健全

科技基础设施体系一般由三部分构成:一是物质和信息资源,包括仪器、装置、信息等介质载体;二是组织机构,包括国家重点实验室、国家工程技术研究中心、科学数据中心、科技文献中心等;三是人文环境,包括管理体制、管理机制、文化氛围等。经过多年的发展,我国电子信息产业科技基础设施已经建立起一个完整的体系,并且覆盖了原始创新、技术开发、成果转化和创新服务整个创新过程。最初,科技基础设施建设更侧重于组织机构的硬件设施,现在越来越重视制度体系和人才队伍等软实力建设,基本形成了有效的人才引进和激励机制、科技成果共享机制以及积极的创新文化氛围。

(三) 电子信息产业科技基础设施建设的成效

1. 产业创新活动更加活跃

电子信息产业科技基础设施的持续改善,带动了产业内企业研发活动不断增强。2010年,电子及通信设备制造业研发机构数达到1439个,占所有高技术产业的 45.2%；研发人员达到 211512 人，占所有高技术产业的 53.0%；研发经费内部支出 572.4 亿元，占所有高技术产业的 59.1%；研发项目数为 17290 个，占所有高技术产业的 46.1%；研发项目经费为 524.7 亿元，占所有高技术产业的 62.1%（见表 2-3）。

表 2-3　2010 年电子及通信设备制造业大中型企业研发活动情况

行　业	R&D 机构数（个）	R&D 人员（人年）	R&D 经费内部支出（万元）	R&D 项目数（项）	R&D 项目经费（万元）
合计	3184	399074	9678300	37518	8452799
电子及通信设备制造业	1439	211512	5724094	17290	5247011
1. 通信设备制造	296	98510	3047068	5062	2917922
2. 雷达及配套设备制造	25	4425	56977	542	44528
3. 广播电视设备制造	37	2130	40771	157	36422
4. 电子器件制造	333	31929	933299	3558	752936
5. 电子元件制造	505	47274	870798	4504	759099
6. 家用视听设备制造	142	21422	635762	2788	623652
7. 其他电子设备制造	101	5822	139420	679	112453

资料来源：国家科技部。

2. 产业创新成果更加丰硕

电子信息产业科技基础设施的不断完善，也促使产业技术创新成果更加丰富。2010 年，电子及通信设备制造业专利申请数达到 35575 件，其中发明专利申请数为 21753 件；有效发明专利数达到 33677 件；新产品产值达到 8873.7 亿元；新产品销售收入达到 9071.5 亿元（见表 2-4）。

表 2-4　2005~2010 年电子及通信设备制造业大中型企业研发活动情况

年　份	专利申请数（件）	有效发明专利数（件）	新产品产值（万元）	新产品销售收入（万元）
2005	11022	4268	38812363	38520369
2006	16708	3807	43431944	41734821
2007	24680	6532	62349265	60130164
2008	29942	17335	71152494	71664132
2009	40499	24562	86639421	86981738
2010	35575	33677	88737027	90714882

资料来源：国家科技部。

三、电子信息产业科技基础设施建设的经验与挑战

（一）电子信息产业科技基础设施建设的主要经验

1. 加强产业发展规划引导

产业发展规划的作用是引导产业向健康的方向发展，规划内容一般涉及产业规模、产业结构、产业组织、产业技术创新等方面。电子信息产业科技基础设施建设的一个重要经验是，其主管部门工业和信息化部在国家总体部署基础上，深入分析当前产业面临的国内外环境，及时出台了一系列具有可操作性的产业发展规划，并且具体到每一个细分行业。规划在明确未来一段时间产业发展重点的同时，都特别指出了科技基础设施的重要性，强调进一步完善产业基础和共性技术研发平台以及公共服务平台。这为产业科技基础设施建设指明了方向，并给予了有力的政策支持，极大地促进了科技基础设施建设。

进入"十二五"以来，在国家大力发展新一代信息技术的背景下，工业和信息化部充分发挥产业发展规划引导作用，牵头制定了一系列产业发展规划，包括电子信息产业整体发展规划和细分行业发展规划。这些规划主要包括《电子信息制造业"十二五"发展规划》及其三项子规划《电子基础材料和关键元器件"十二五"规划》、《电子专用设备仪器"十二五"规划》、《数字电视与数字家庭产业"十二五"规划》，以及《软件和信息技术服务业"十二五"发展规划》。

《电子信息制造业"十二五"发展规划》提出的主要任务之一是"完善公共服务体系，优化产业发展环境"，要求"围绕基础产业和战略性新兴产业的发展，着力构建集成电路、平板显示、数字家庭、云计算、物联网、太阳能光伏、绿色照明等专业性公共服务平台，提供技术研发、成果转化、资本运作、知识产权、标准制定、产品检测、资质认证、人才服务、企业孵化和品牌推广等专业服务；加强产用合作，依托行业组织，推动重点工业领域信息技术应用平台建设，提供共性技术支持和公共服务；

依托产业基地和专业园区,建设特色的区域性公共服务体系,引导和加强电子信息产业聚集区配套服务体系建设。"

《软件和信息技术服务业"十二五"发展规划》提出的八项重大工程之一是"公共服务体系建设工程",要求"继续完善国家软件和信息服务业公共服务支撑平台,推动与指导地方平台的建设,面向产业发展需求,不断丰富平台资源和内容,创新服务运营模式,形成覆盖全国、资源共享、互联互通的服务平台网络,促进产业公共服务体系的专业化、网络化、一体化建设。扶持一批面向软件企业的知识产权、投融资、产权交易、人才服务、企业孵化和品牌推广等专业服务机构,建立支持企业实施'走出去'战略的服务平台。在有条件的地区和园区部署一批产业创新平台和工程技术中心,加快共性技术研发和成果转化。"

2. 强强联合实现优势互补

在电子信息产业国家重点实验室中,有几家实验室采取了"强强联合"的运行方式,即由两家或两家以上的高校或科研机构建立"国家重点联合实验室"。例如,传感技术国家重点实验室由中国科学院上海微系统与信息技术研究所和中国科学院电子学研究所联合运行,集成光电子学国家重点实验室由吉林大学和中国科学院半导体研究所联合运行,精密测试技术及仪器国家重点实验室由天津大学和清华大学联合运行,区域光纤通信网与新型光纤通信系统国家重点实验室由上海交通大学和北京大学联合运行,信息安全国家重点实验室由中国科学院研究生院和中国科学院软件研究所联合运行。

其中,以集成光电子学国家重点实验室为例,中国科学院半导体研究所通过与吉林大学联合,共同建立了集成光电子学"国家重点联合实验室"。早在1984年底,王启明院士就曾代表中国科学院半导体研究所与清华大学、北京大学和北京邮电大学一起就申办"国家重点实验室"进行了商洽。但是,由于种种原因,最终未能成功。1985年,清华大学与吉林大学再次向国家计委提出了建立"国家重点联合实验室"的申请,基本获得计委认可,并提议在团队中加入中科院半导体所。1987年,"集成光电子学国家重点联合实验室"正式批准成立。大家分别就各自的优势进行分析,彼此进行"强—强"耦合,力求达到"1+1>2"的共赢格局,实现资源的最优化配置和最高效利用。

然而,当时国家计委考虑到部门的界限一时难以突破,为了保证实验室运行管理的有效性，希望尽量把联合的范围局限在本部门内，如国家教委、中科院或工业部门等。这种跨部门的联合实验室还很难为人们所接受，很多人认为他们只是为了金钱利益而联合，难以实现长期的发展繁荣。实际上，这三家单位的联合由来已久，彼此早已相互了解各自的优势，而且都具备较高的素质，这些也成为后来实验室"联合"成功的关键要素。事实证明，集成光电子学国家重点实验室取得了一系列重大前沿技术突破，为整个产业的自主创新能力提升做出了非常卓越的贡献。他们最深切的体会是，"联合"既要有分工又要有覆盖，才能实现强强互补，在彼此借鉴、互相支援中找到共同语言。

目前，这种"强强联合"建立国家重点实验室的方式越来越多，并且真正实现了优势互补，取得了突出的成绩。成功的关键在于：一是联合之前加强对外交流与合作，不仅局限于国内的高校和研究机构，而且包括与海外机构的广泛交流与合作，从中才能发现一些掌握自己所需的核心资源的潜在合作对象；二是设计好资源共享与利益分配机制，降低合作行为的不确定性，减少产生利益冲突的可能性，确保联合研发工作的顺利开展；三是建立和完善合作管理机制，制订好分工合作计划，并定期进行审核与修正，保证联合研发工作能够按部就班地开展下去。

3. 建立行业公共服务平台

建设较为完善的公共服务支撑平台，能够整合社会各界资源，形成功能完善、适用性强、满足国际化发展要求的平台服务保障体系，提供多种具有针对性的公共服务，从而优化产业发展环境，促进我国电子信息产业整体发展水平的提升。

为进一步建立健全行业公共服务体系，提升产业聚集区公共服务能力，在财政部的支持下，工业和信息化部设立了国家软件公共服务平台专项，并在已有工作的基础上，授予北京中关村软件园发展有限责任公司等六家地方单位承建的软件公共服务平台为"国家软件与信息服务公共服务示范平台"，示范期为两年。

该平台定位是兼顾产业整体发展和地方特色发展的双重需求，满足国家和地方产业发展的多种决策支撑服务要求。一方面，作为我国软件与信息服务外包公共支撑平台体系的重要组成部分，专注提供决策支撑服务，推动国家平台体系健全，助力产业决策和管理水平的提升；另一方面，立足国家层面为各地方提供服务，增强各地方平台服务功能，提升各地方产业发展决策水平。因此，项目在定位方面坚持"政府引导、广泛服务、公共开发、资源共享、可持续发展"的原则。

平台的主要工作内容包括：适应国内外软件与信息服务外包产业发展趋势，以产业需求、市场需求为导向，以满足行业科学管理需求为中心，面向工业和信息化部、各地软件与信息服务外包主管部门、服务外包示范城市、服务外包产业基地（园区）、服务外包产业相关机构、服务外包企业的行业发展决策支撑需求，建设专业化的产业发展决策支撑平台和服务网站，提供产业政策发布与解读、政策建议征求、政策效果评估、重大项目决策支撑、产业资讯提供、产业规划咨询等服务，助力提升我国软件与信息服务外包管理部门的决策水平和管理能力，推动我国软件与信息服务外包产业的健康快速发展。

中关村软件园作为国家自主创新示范区核心区的中高端专业科技园区，致力于为园区企业提供专业化的科技、人才和资本服务，建设园区公共服务平台体系。园区已经成为软件与信息服务业的重要创新基地，国内重要的软件与信息服务业人才集聚地，还与全球20多个国家的40多家相关产业机构进行交流与合作，为园区企业海外上市、融资、投资、项目合作等方面提供服务。

未来，工业和信息化部将以示范平台为依托，进一步推进面向软件服务业中小企业的共性服务，探索市场化平台运营模式，避免重建设、轻运营，加强追踪问效；以示范平台为切入点，支持公共服务标准化，促进平台互联互通和资源共享互用，加快形成布局合理、功能完善、效益明显、可持续发展的公共服务平台体系；将其作为"中国软件名城"创建试点工作的重要考评指标之一，充分调动地方力量，加快建设。

4. 创新管理体制机制

科技基础设施的管理体制和运行机制，直接关系到技术研究与开发的效果。在多年的实践中，国家及各地科技主管部门、科技基础设施依托单位大胆创新管理体制机制，形成了形式多样、因地制宜的宝贵经验。

一是探索院地合作组织创新。这是指一些地方政府在缺乏国家级科技基础设施的情况下，通过积极开展与中科院合作，共建实验室或者工程技术研究所的组织形式。这种形式的优点在于，解决一些地区科技基础设施建设不足的问题，扩大国家级科技资源的利用范围和利用效率。

二是建立学术委员会制度。一些国家重点实验室为了提升管理水平，特别建立了学术委员会，对实验室建设发挥了重要的监督与指导作用。学术委员会的委员不仅包括德高望重的院士，其他大部分来自奋斗在单位研发工作一线的中青年骨干，因为它们更加接近技术前沿，并且大多有过海外留学经历。这些学术委员对实验室建设提出了十分中肯的意见和建议，大大促进了实验室的长期、健康发展。

三是高端人才引进和激励机制。人才是科技创新活动取得成功的最关键要素，因此，科技基础设施建设离不开具有专业素养的高端人才。近年来，国家重点实验室、国家工程技术研究中心、科技资源共享平台等都十分重视人才引进和激励机制设计。从当前的趋势来看，尤其是注重吸引海外学子的回归。这些高素质人才的加入，为科技基础设施发展带来了强劲的动力。其中的重点在于，通过设计有效的物质和精神激励机制，留住这些稀缺的人力资源，为科技基础设施建设发挥长期的驱动作用。

四是建立与企业的长期合作机制。企业是我国自主创新活动的最重要主体，科技基础设施的研发工作必须紧紧围绕企业的需求来开展，尤其是侧重技术产业化导向的科技基础设施。从许多重点实验室和工程技术研究中心的经验来看，在研究与开发过程中，加强与企业之间的交流合作是非常有必要的，也是非常有效的方式。

（二）电子信息产业科技基础设施建设面临的挑战

1. 核心技术缺失阻碍行业发展

尽管中国电子信息制造业规模处于国际领先地位，但企业自主创新能力不强、核心技术缺失，仍然是制约行业发展的主要障碍，并且已经威胁到产业安全。中国电子信息产业的发展严重依赖引进外国技术，产业总体技术自给率不足20%，尤其在核心技术和关键环节上落后于国际先进水平5~10年。产业链中的重要环节，包括基础软件、高端芯片、专用设备、测试仪器、关键工艺等基本上不为本土企业所掌控，核心技术受制于人，产业难以自主可控。与此同时，中国企业与大型跨国公司相比，研发投入相对不足，使得中国企业陷入"投入不足—产业链低端锁定—无利或微利—低研发投入"的恶性循环。从研发投入占企业主营收入的比例来看，近10年全国电子信息百强企业平均仅为4%左右，而相比之下，同期，英特尔、微软等企业约为15%，差距悬殊。只有加大研发投入力度，掌握核心技术的自主知识产权，才能使中国电子信息产业摆脱在核心领域受制于人的被动局面。

2. 全球产业变革带动国际竞争加剧

全球电子信息产业正处于结构调整和技术进步的深刻变革期。目前，新一代信息技术集成化、融合化、多样化演进趋势日益突出，技术和产品升级换代速度快，新兴增长点多且拉动性大。这突出体现在产业创新进程的加快：集成电路进入纳米时代，多核 CPU 成为竞争制高点，物联网、传感网正在形成新兴战略产业，云计算、普适终端加快推进，基于三网融合的数字智能终端产品开始面世。与此同时，国际贸易保护主义抬头，技术壁垒加剧，竞争层次和竞争力度不断提高，以知识产权和标准为主要形态的壁垒性竞争手段增多。跨国公司凭借市场垄断地位以及深厚的技术和资本积累，围绕产业新兴增长点扩张业务领域、设置技术壁垒、提升市场竞争门槛，给后发国家的企业进入国际市场带来了空前的竞争压力。由于电子信息产业本身具有技术密集、资金密集的特性，企业之间的差异会随着发展进程而逐渐扩大，产业发展的"马太效应"已逐步显现。在这种情况下，中国电子信息产业面临的国际竞争越来越激烈。如何积极有效地应对新兴领域的新兴垄断势力，是中国电子信息产业在较长一段时期内将要面临的挑战，否则将会一直依附于发达国家，无法突破"跟随发展"模式。

3. 行业利润空间不断被压缩

随着劳动力、原材料、能源、土地等要素成本的攀升，国际市场的持续低迷以及人民币对美元的稳步升值，使中国电子信息制造企业的利润空间不断受到"双向"挤压，原本以低成本实现快速扩张的发展模式受到冲击。2011 年，中国规模以上电子信息制造业主营业务成本比上年增长 19.6%，尽管增速比 2010 年的 28% 有所回落，但企业仍然面临越来越大的成本上升压力。与此同时，由于被锁定在产业价值链的中低端，电子信息产业的平均利润率一直处于较低水平。代表中国电子信息产业发展最高水平的全国电子信息百强企业，虽然主营业务收入合计从 2001 年的 4980 亿元迅速扩大到 2010 年的 15354 亿元，但平均利润率始终在 4% 左右。中国电子信息产业的平均利润率仅为 2% 左右，与英特尔公司高达 20% 的利润率形成鲜明对比。2011 年，中国规模以上电子信息制造业亏损企业个数比上年增长 36.7%，亏损企业亏损额比上年增长 52.9%。从中国经济社会发展的趋势来看，要素成本的上升几乎是刚性的、不可逆转的。在日益加剧的成本压力之下，一些电子信息制造企业开始向越南、缅甸、印度等制造成本更低的东南亚国家转移，中国电子信息产业可能会面临"空心化"的危险。解决这一问题的根本在于，加强自主创新能力，加快向高附加值的产业价值链中高端转移。

4. 绿色发展要求更加迫切

随着电子信息产品对能源和环境影响的日益突出，"绿色革命"成为全球电子信息制造业发展的趋势。目前，信息设备能耗已经占到英国能源账单的10%，相当于4个核反应堆；美国信息产品的能耗占全国能耗的8%，占电力消耗的15%。与此同时，废旧电子产品对环境污染问题日益突出，使得废旧电子污染治理、电子信息产品能耗降低和生态设计的要求越来越高，走绿色发展道路是未来中国电子信息制造业顺应国际低碳发展趋势、增强产业可持续发展能力的必然选择。

5. 科技基础设施管理体制和管理规范不健全

目前，我国电子信息产业科技基础设施管理体制和管理规范还有待健全。一方面，科技基础设施建设阶段的管理相对比较受关注，但是，在从建设向运行的过渡期和运行阶段，还存在一定程度上的管理缺失。由于国家层面对于过渡期和运行阶段的管理体制不够明确，导致主管部门和依托单位在后续管理中缺乏有力的依据。同时，我国也缺乏对科技基础设施在运行过程中的监督、检查和评估，如果有偏离设立初衷或者发展目标的现象发生，没有办法及时制止和纠偏。另一方面，现行管理规范不能完全适应科技基础设施的特点。目前，我国重大科技基础设施建设基本上都是沿用项目管理的一般管理规范，难以反映出科技基础设施的特点以及特定产业科技创新的特点。例如，科技基础设施建设具有高投入、高风险等特点，而电子信息产业也是典型的技术和资金密集型产业，科技基础设施建议必须建立在这些特点基础上，才能最大限度地发挥其效用。同时，科技基础设施建设是一项长期性、系统性工程，目前缺乏对基础设施建设全生命周期的整体评估，这不利于科技基础设施的后续发展，也不利于产业技术创新的连续性。

四、进一步促进电子信息产业科技基础设施完善的政策建议

(一) 提高原始创新能力

一般而言,自主创新包括三个层次,即原始创新、集成创新和引进消化吸收再创新。其中,原始创新是指前所未有的重大科学发现、技术发明、原理性主导技术等创新成果。原始创新意味着在研究开发方面,特别是在基础研究和高技术研究领域取得独有的发现或发明,是一个产业不断向高技术水平、高附加值层次发展的核心驱动力。2012年3月5日上午,十一届全国人民代表大会第五次会议在人民大会堂举行开幕式,国务院总理温家宝在政府工作报告中谈到2012年政府主要任务时表示,将推动基础研究和前沿技术研究,提高原始创新能力。这也充分表明了我国政府对原始创新的重视,但是,与主要发达国家相比,投入力度仍然有待加强。只有保证必要的原始创新投入,才能有效提升自主创新能力。

(二) 加强科技成果转化

科技成果转化是指技术成果的转化,即将具有创新性的技术成果从科研单位转移到生产部门,使新产品增加,工艺改进,效益提高,最终经济得到进步。鉴于电子信息技术应用范围十分广泛,产业科技基础设施建设过程中,在注重基础研究的同时,应当特别关注科技成果转化,尽快实现新技术的产业化和工程化,真正为经济社会发展创造价值。在具体转化形式的选择上,应当灵活运用直接转化和间接转化两种方式。例如,通过专门机构或科技咨询公司等实施科技成果转化等。

(三) 防范基础设施重复建设

重复建设是一个众多领域都面临的普遍问题,这会造成大量资源的浪费,制约经济社会发展的步伐。在我国科技基础设施建设领域,同样也要高度重视和严密防范重复建设问题,以免造成科技资源的浪费。解决这一

问题的重点在于，针对投入巨大、公共性强的前沿技术研发，加强中央政府的统一发展规划和资源集中利用，限制地方政府和各级单位私自成立该领域的实验室和工程中心，确保有限的资源能够产生最好的应用效果。与此同时，还应出台政策意见促进这些科技基础设施的开放性和共享性，鼓励企业梳理共建共享意识，而不是追求"大而全"的建设模式。

（四）研发产业绿色发展技术

鉴于电子信息产业绿色发展趋势的需要，建议在科技基础设施立项时，更加重视产业绿色发展技术的相关选题。具体领域可以涉及：突出"源头控制"与"末端治理"，构建产品全生命周期绿色化发展模式；建设产业绿色发展技术支持和公共服务平台，加强节能清洁生产技术和工艺的研发；针对各行业特点，建立环境影响评价体系和能效标准体系；提升低碳环保电子产品的标准和检测水平，减少有毒有害物质使用；严格控制"三废"排放，鼓励开展电子产品回收、处理和再利用。

（五）完善管理体制和管理规范

为了促进电子信息产业科技基础设施的长期、健康发展，今后应当进一步完善相应的管理体制和管理规范。一方面，进一步完善管理体制，实现对科技基础设施全生命周期的管理，应建立起一套覆盖规划、建设和运行全过程的系统化管理体系。重点是从国家层面的高度加强监督，并针对重要节点组织开展定期评估，根据评估结果进行限期整改。另一方面，研究制定差异化的科技基础设施管理规范体系，针对不同领域、不同地区、不同类型、不同规模的科技基础设施，提出有针对性的管理规范，主要包括项目审批、工程验收、后续投入、人才培养和考核等方面的内容。

第三章 乳制品行业的结构调整和升级

改革开放以来,乳制品行业成为中国发展最快的产业之一。2000年以来,行业更是保持了每年20%以上的高速增长。然而,高速增长的背后,却是产业结构的单一和食品安全的隐患。2008年,"三聚氰胺事件"全面爆发,引发了中国乳制品行业乃至整个食品工业的食品安全危机。行业长期的高速发展,实际是以牺牲产品质量和食品安全为代价的。通过课题组的调研,我们发现,"三聚氰胺事件"是中国乳制品行业一次重新洗牌和结构调整的过程,也是企业变得更加自律和诚信、消费者变得更加理性和挑剔的过程。政府主管部门和监管机构以此为契机,加强了食品安全控制,并通过各种手段引导行业转型升级。面对导致乳制品食品安全事故的诸多深层次原因,政府、企业、行业协会和消费者应共同努力,通过采取加强奶源控制、提升奶业产业化水平和推广合作饲养模式、鼓励企业技术创新、提高政府监管水平、完善乳制品安全的社会监督体系等举措,从根本上改善中国乳制品行业的食品安全状况。中国乳制品行业走过艰难的"阵痛期"以后,通过优化质量控制和创新生产组织方式,可以实现持续、健康发展。

一、乳制品行业发展概况

中国乳制品行业起步晚,但发展迅速。改革开放以来,乳制品行业成为中国发展最快的产业之一。1978~1992年,中国奶类总产量增加了4.81倍。2000年以来,奶类总产量年增长速度保持在20%~40%。

从市场结构来看,乳制品行业经历了从"原子型"到"中度寡占型"

再到"橄榄形分化结构"的变迁。2004年，CR4和CR8分别达到了43.36%和56.24%，并且在"三聚氰胺事件"以前一直呈现逐步扩大的趋势。2007年，CR4上升到45%左右。"三聚氰胺事件"的发生对乳业寡头企业造成了重创，2008年、2009年寡占度连续下降，CR4降为36.54%。一些地方性品牌再次复苏，一些主打生态、有机概念的区域乳业品牌也开始成长起来，市场结构呈现出"橄榄形分化"的态势。当前，中国乳业的市场集中度远低于一些乳制品大国。例如，近年来，澳大利亚CR3为60%左右，加拿大CR3大概为70%，新西兰CR1大概为96%，CR3接近100%。

与国外相比，中国的乳制品产品结构单一，加工层次较低。在奶制品中，液态奶占据绝对的主导地位，并且在液态奶中，鲜乳品（包括还原奶）的比例远远高于酸奶。例如，2004年，中国城镇居民乳品消费市场中，鲜乳品、酸奶和奶粉各占据75%、11%和14%的份额。而欧盟国家、美国、加拿大用于制作干酪的牛奶比例为65.2%、51%和44.7%，欧美国家仅仅有8%~12%的牛奶用于奶粉生产，用于液态奶生产的牛奶也仅占约1/3。

由于行业的快速扩张和监管体制不健全，多年来，中国乳业存在的食品安全问题并未得到根本解决，而且，某些方面的问题变得更加隐蔽，更加难以监管。在"三聚氰胺事件"发生以前，中国已经发生了多起乳业食品安全事故。换句话讲，"三聚氰胺事件"绝非偶然，是中国乳业当前运作模式和发展理念的必然结果。中国乳业食品安全问题体现在乳业价值链的各个环节。在奶牛的品种上，中国奶牛的良种比例较低。2002年，中国奶牛的数量为513万头，中国的奶牛数量是澳大利亚的2.5倍，但中国牛奶的总产量是澳大利亚牛奶总产量的93%。出现这种情况的主要原因是中国奶牛的单产水平低。2002年，中国奶牛的平均单产为每年2112千克，仅相当于世界平均水平的94%和澳大利亚的39%。如果同世界上奶牛饲养水平很高的国家如美国、荷兰等国相比，其差距将会更大。在奶牛饲料环节，中国奶牛饲料产量不足，搭配不合理。中国目前奶牛饲料主要依靠精料、作物秸秆及天然牧草。其中精料中主要的能量饲料玉米近几年每年都存在大概2000万吨以上的供应缺口；天然牧草也十分缺乏，造成奶牛饲料中蛋白质饲料单一，矿物质、微量元素和维生素严重缺乏，奶牛发生营养代谢病的几率较高。在饲养方式上，中国主要是农户饲养的模式，大规模企业饲养和合作社饲养的比例较低。这就造成在散养模式下出现各种各样的问题。例如，许多农户为提高牛奶检测结果，在牛奶中添加各种化学成分，而奶站或牛奶厂很难检验出牛奶的好坏；奶牛的疾病防疫成为大问题，许多奶牛"带病产奶"，并且抗生素严重超标。实验证明，一般的抗生素对热的稳定性较高，青霉素在62摄氏度下经过30分钟的热处理，其含量仅减少3.2%，在71摄氏度下经过30分钟的热处理，其含量仅减少10.1%，在121摄氏度下经过30分钟的热处理，其含量仅减少59.7%。在物流流通环节，无论是原料奶从农户到企业，还是成品奶制品从企业到消费者，都存在各种各样的安全隐患。尤其是原料奶从农户到企业，目前管理中存在漏洞，有可能出现以次充好、添加化学制剂、原料奶过期变质等一系列隐患。在加工环节，虽然目前蒙牛、伊利等大企业均宣称已经引进了世界一流的加工设备，但是否在使用和管理上存在食品安全隐患，也有待我们进一步的调研。

二、"三聚氰胺事件"与乳制品行业转型升级

"三聚氰胺事件"对我国国民经济造成了重大冲击。受"三聚氰胺事件"影响，2008年第三季度，全国乳制品行业利润大幅下滑，产业链上的各个环节都一度出现产品囤积，亏损严重，严重影响了国民经济的正常健康发展，给国民经济造成了无法估量的损失。"三聚氰胺事件"使"中国制造"的国际声誉受到冲击。近几年，"毒玩具"、"毒衣服"等事件已经开始让"Made in China"的商标沾染了污点，而"毒奶粉"事件无疑是向世人确认了他们对中国产品质量的怀疑。许多国家和地区的政府纷纷采取措施限制进口我国的乳制品。据海关统计，2008年10月，我国出口乳制品1036吨，同比下降91.8%，环比下降94.7%。这表明，"三聚氰胺事件"已经使我国乳制品行业的国际形象恶化，并对企业的经营造成了极大的冲击。"三聚氰胺事件"事件打击了国内消费者的信心和积极性。消费者不但对三鹿集团失去信心，而且对国内整个乳制品行业的厂商都不再信任。当整个行业陷入信任危机而失去了本国消费者的支持之后，想要再提升消费者信心并恢复到事发前的形象，将是一个非常艰巨的任务。另外，大量的

国外乳制品企业纷纷利用这个机会来博取消费者的信任,从而占领消费者市场,很可能导致国内乳制品市场的重新洗牌,这对于本来已经处于信任低谷的本土品牌来说,无疑是雪上加霜。

"三聚氰胺事件"不仅冲击了消费者的消费信心,也重塑了中国乳制品行业的市场竞争格局,改变了企业的经营思路与经营战略,而且对政府的规制和监管行为也产生了重大影响。这些方面综合起来,对中国乳制品行业食品安全控制产生了深远的影响,加速了行业的转型升级。

(一)"三聚氰胺事件"与消费者意识觉醒

"三聚氰胺事件"已过去数年,该事件使我国乳业陷入信任危机,曾经笼罩在人们心头的三聚氰胺阴影仍然存在。尤其是在固体乳市场,消费者对国产奶粉的不信任仍将持续。虽然目前国内婴幼儿奶粉的市场销量已经基本恢复,但中高端市场已经被进口品牌牢牢掌握,国内品牌只能瞄准二、三级市场苦苦挣扎。对国产奶粉厂家来说,仍要不断提高产品质量,重拾消费者对国产奶粉的信心。

在液态奶市场,品牌销量恢复比较快,情况相对比较乐观,但消费者对大品牌的满意度下降也是不争的事实。2009年9月7日,中国质量协会、全国用户委员会公布2009年度液态奶行业用户满意度测评结果,显示伊利、蒙牛、光明三巨头的品牌满意度与2007年相比,均出现大幅下滑。上年度消费者满意度较高的乳业品牌中,只有北京三元的分数和排名出现上升。在市场恢复期,任何的产品质量问题都可能摧毁刚刚建立起来的消费者信任,这种反复的信任危机会波及整个食品行业,不利于整个行业的健康发展。

为了深入了解"三聚氰胺事件"对我国消费者造成的影响,2009年6~7月,我们随机选取了北京和沈阳两地的消费者进行问卷调查,两地共发放问卷540份。其中北京发放问卷300份,回收255份,有效问卷201份;沈阳发放问卷240份,回收195份,有效问卷177份。综合起来,有效问卷378份,问卷有效率达到84%。

1. 问卷描述性统计

为消除性别影响,问卷调查控制了访问对象的性别比例,使男女比例大致为1:1。

(1)受访者年龄分布与学历分布。问卷设计将"年龄"作为基本的控制变量，问卷对象的选取考虑到了各年龄组的代表性，从16岁开始，每10岁分为一个年龄组，考察各年龄组的牛奶知识及对"三聚氰胺事件"的反应。

表3-1 受访者按年龄分组情况

分组	K_1	K_2	K_3	K_4	K_5	有效样本总量
年龄段	16~25岁	26~35岁	36~45岁	46~60岁	60岁以上	
样本数	99	84	78	60	57	378
比重（%）	26.2	22.2	20.6	15.9	15.1	100

从学历分布来看，K_1组以大学本科生为主，K_2组以本科及以上学历为主，受社会环境的影响，高年龄组的学历层次趋向更低。各年龄组学历分布如表3-2所示。

表3-2 各年龄组学历分布

学历分布＼分组	K_1	K_2	K_3	K_4	K_5	有效样本总量
大专及大专以下	24	15	39	39	51	168
本科	75	33	21	12	3	144
硕士及硕士以上	0	36	18	9	3	66
合计	99	84	78	60	57	378

（2）高端奶消费者分布及其与收入的关系。从牛奶选择来看，年轻人比老年人有更高的高端奶消费比重。从问卷来看，高端奶的消费与个人收入无必然联系，而与家庭收入之间的相关性比较明显。另外，由于消费者消费高端奶的频率一般不高，因此，高端奶需求的价格弹性不大。

表3-3 高端奶消费者分布情况

	K_1	K_2	K_3	K_4	K_5	合计
人数	18	12	6	6	0	42
占受访者比重（%）	18.2	14.3	7.7	10.0	0	11.1

（3）消费者牛奶知识与消费习惯。无论是高端奶还是普通奶消费者，牛奶知识都比较匮乏。笔者通过考察受访者对"超高温灭菌奶"和"巴氏杀菌奶"的了解，来判断其牛奶知识。只知其一不知其二，得分为1；二者都知道但不知晓二者区别，得分为2；答对常温奶与巴氏奶区别得分为

2；答错二者区别得分为-2，因此，最高得分为4，最低为-1。①

表3-4　喝奶频率赋值

喝奶频率	几乎每天都喝	经常喝	偶尔喝	基本不喝
赋值	4	3	2	1

表3-5　牛奶知识为满分者的分布情况

	K_1	K_2	K_3	K_4	K_5	合计
人数	42	12	6	6	6	72
占受访者比重（%）	60.9	14.3	7.7	10.0	10.5	19
平均频率得分	3	3	3.5	2	4	3.0

统计显示，消费者的牛奶知识普遍比较匮乏，具有较丰富牛奶知识的消费者仅占样本总量的19%，即超过八成的消费者牛奶知识不完全或不正确。同时，表3-5显示，消费者的牛奶知识与喝奶频率具有较高的正相关关系，喝奶频率比较高的人，通常牛奶知识也比较丰富。统计显示，牛奶知识的多寡直接影响消费者对牛奶品种的选择，得分为4分的消费者中有85%的人选择了巴氏奶或酸奶，只有少部分人选择了高温灭菌的常温奶。同时，得分较低的人大多选择常温奶。这种情况表明，随着消费者牛奶知识的逐渐丰富，有向巴氏奶和酸奶倾斜的消费倾向。

2．"三聚氰胺事件"对消费者的影响分析

（1）消费者对"三聚氰胺事件"的态度。87.3%的受访者（330人）对"三聚氰胺事件"表示愤怒或震惊，但仍然有12.7%的人（48人）表示"理解"或持"无所谓"态度，不过这部分人中大部分都是偶尔喝奶或基本不喝奶的人，48人的年龄分布如表3-6所示。

表3-6　对"三聚氰胺事件"持宽容态度的人群分布

	K_1（33）	K_2（28）	K_3（26）	K_4（20）	K_5（19）	合计
人数	18	12	15	3	0	48
占受访者比重（%）	18.2	14.3	19.2	5	0	12.7

注：48人中有6人表示"无所谓"，均分布在K_1组，其余表示"理解"。

---

① 两种奶都不知晓，则没有必要回答二者区别，得分为0。有些消费者不了解超高温灭菌奶即通常喝的常温奶，所以仅知道巴氏奶，也可能答对常温奶与巴氏奶的区别，此时得分为3。

调查显示,虽然大部分人对"三聚氰胺事件"表现出不满或担忧,但仍然有相当一部分人对该事件表示出宽容或冷漠的态度,有意思的是,这部分人的年轻化倾向非常明显,K_4、K_5 组几乎没有。一方面,消费者对生产企业的宽容有利于国内乳制品市场的恢复;另一方面,年轻人在某种程度上表现对产品质量的冷漠,也是一个值得深思的现象。

(2)"三聚氰胺事件"对消费者牛奶品牌选择的影响。本调查通过问卷设计,对消费者选择牛奶的影响因子进行分析。通过试问卷,我们将影响因子锁定为表 3-7 所示的 7 类,关于重要程度的区分,问卷设计中,受访者需要采用 Likert 7 级量表对各因素按重要程度进行打分,最后通过取均值,得到各因素的得分,按照分数由高到低排列,我们得到各组最终的因子排序,从 1~7 表示重要程度依次递减。从表 3-7 可以看出,各年龄组都把产品质量作为首要决策因素,而由于收访者中通过当地订奶的方式获得牛奶的比重很低,所以"服务"这一项在各年龄组都被视为最不重要的影响因素。"有无添加剂"不是消费者特别关注的因素,而"价格"因素对各年龄组的消费选择影响也有限。在"口感"、"营养成分"与"品牌"三项影响因素中,各年龄组的认识差异较大。26~45 岁的消费者(K_2 和 K_3 组)都认为"品牌"是重要的决定因素,而"口感"、"营养成分"等因素都相对不重要。"年少组"和"老年组"都不太重视品牌,而对"口感"和"营养成分"较为关注。这一调查结果完全符合消费者在"三聚氰胺事件"之后的品牌选择。在较重视品牌的年龄组,消费者较少更改消费品牌,表现出对蒙牛、伊利等大品牌的忠诚。而在另外的年龄组,较多地转向地方性品牌,如北京的三元和沈阳的辉山。

表 3-7 消费者选择牛奶时的影响因素排序

	产品质量	价格	口感	营养成分	品牌	服务	有无添加剂
K_1 (99)	1	4	3	2	6	7	5
K_2 (84)	1	3	4	5	2	7	6
K_3 (78)	1	3	6	5	2	7	4
K_4 (60)	1	3	6	2	4	7	5
K_5 (57)	1	4	2	3	5	7	6

(3)"三聚氰胺事件"对消费者喝奶习惯和消费结构的影响。调查显示,"三聚氰胺事件"对消费者喝奶习惯的影响在短期内是十分明显的。

有效样本中喝奶的354个消费者（剔除基本不喝的24人）中有42人表示，在"三聚氰胺事件"之后不再喝奶。这意味着，尽管液态奶检出三聚氰胺的含量与批次都不多，但仍然导致12%的牛奶消费者直接中断牛奶消费。可见，"三聚氰胺事件"大大打击了消费者对牛奶品质的信任。从年龄分布来看，这一人群主要是中青年群体，其原因或可从老年人喝奶频率更高、对牛奶的依赖更大这一角度理解，虽然老年人对"三聚氰胺事件"非常不理解，但他们在行为上却表现出更大的购买持续性。

表3-8 "三聚氰胺事件"后中断牛奶消费的受访者分布情况

	K_1 (99)	K_2 (84)	K_3 (78)	K_4 (60)	K_5 (57)	合计
人数	12	24	6	0	0	42
占牛奶消费者比重（%）	3.4	6.8	1.7	0	0	11.9
牛奶知识平均得分	0	3.5	1	—	—	2.4

在354个喝奶的消费者中，有44.1%的人在事件之后减少了牛奶的消费量，23.7%的人停了一段时间后又开始消费牛奶，而12.7%的人在事件过后9个月时，仍然处于观望状态，表示以后如不出现食品安全问题，还会喝奶。问卷显示，"三聚氰胺事件"之后，只有不足1/5的人（19.5%）没有减少牛奶的消费量。

表3-9 "三聚氰胺事件"对消费者喝奶习惯的影响

A.有所减少	B.不变	C.增加	D.停了一段时间，现在又开始喝了	E.目前不喝了，以后如不出问题，还会喝	F.坚决不喝了
44.1%（156人）	19.5%（69人）	0	23.7%（84人）	12.7%（45人）	0

"三聚氰胺事件"加速了乳制品消费结构的升级。"三聚氰胺事件"之后，乳制品消费结构发生改变。从事件发生之后的一年时间来看，酸奶几乎没有受到"三聚氰胺事件"的影响。在消费者看来，酸奶和高端奶的奶源似乎更有保障。随着人们收入水平的提高和消费习惯的改变，液态奶、酸奶在二、三线城市和农村还有很大的增长空间。在一线城市，人们的消费结构正沿"液态奶—酸奶—奶酪"这一消费升级链条发展；在液态奶中，高端奶、儿童奶的消费比例也将持续上升。乳品消费中巴氏奶逐渐走俏。2000年之前中国液态奶消费以巴氏奶为主，占市场份额70%以上；

2000年后产品消费结构迅速逆转，巴氏奶占比低于30%。在1998~2007年，常温奶占国内液态奶市场（常温奶+巴氏鲜奶）的份额则从当初的20.4%一路上升到78.2%，而伊利、蒙牛正是凭借常温战略迅速崛起。"三聚氰胺事件"后，消费者对牛奶产品选择更加小心。至2009年3月，全国巴氏奶销量逆市增幅达到10%，南方乳企增幅可能达到30%，巴氏奶占整个液态奶市场的比例也上升了约3个百分点。随着城市平均原奶消费量快速上升，农村市场成为支持UHT奶企快速成长的希望，但显然，商业系统、运输效率、消费能力和习惯都会制约农村市场的发展。对于城市这一主战场来说，冷链建设的发展和乳品消费习惯的改变等众多因素都在朝着对巴氏奶有利的方向演化，尽管速度较慢，但市场向巴氏的倾斜已经非常明显。显然，对于UHT奶企来说，发展战略已面临挑战。

（4）对当前乳制品食品安全水平及监管的满意度。在问卷中，将消费者对当前乳制品食品安全满意度分为5个区间（如表3-10所示）。统计可知，三聚氰胺事件过去9个月之后，经过政府和企业的共同努力，消费者对乳制品食品安全的满意度已经恢复到了比较高的水平，超过半数的人表示"基本满意"、"很不满意"和"很满意"的消费者比重都很低。消费者满意区间的频数分布类似于正态分布（如图3-1所示）。这种情况表明，消费者对国内乳制品食品安全的信任在9个月内已获得很大程度的恢复。

表3-10 消费者对当前乳制品食品安全的满意度

满意度区间	20%以下：很不满意	20%~40%：不满意	40%~60%：基本满意	60%~80%：比较满意	80%~100%：很满意
人数	6	78	177	102	15
比重（%）	1.6	20.6	46.8	27.0	4.0

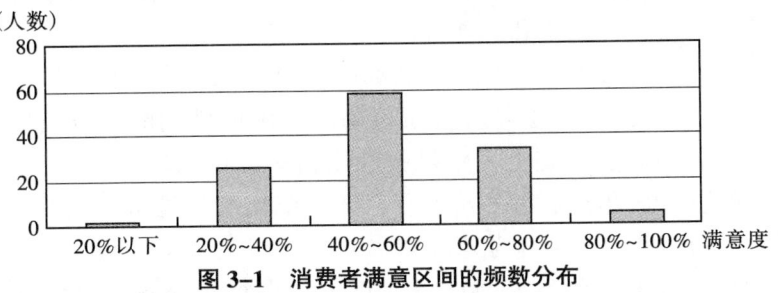

图3-1 消费者满意区间的频数分布

对于我国乳制品食品安全问题，大约有80%的受访者表示"经过一系列整顿，已经大大改善了，但也还存在一些安全隐患"，另外20%的人表示"经过整顿，乳制品基本安全，可以放心食用"。可见，大多数的消费者对乳制品食品安全仍然不能完全放心。通过调查可知，消费者对以往的食品安全信息披露很不满意，68%的人认为"很不充分"，而另外32%的人认为"根本就没有面向普通消费者发布"。"各执法部门沟通不畅、缺乏配合"被认为是造成食品安全问题频发的主要原因之一。

（5）"三聚氰胺事件"对消费者信心的影响。公众对食品安全的信任是影响消费者行为的重要因素（Bredahl，2001）。当消费者对厂商失去信任，即使产品质量再好，也不可能引起真实的购买。调查显示，事件发生后的半年内大多数消费者对事件表示强烈不满，部分消费者存在中断消费的情况。经过行业集中整顿，企业采取一系列危机公关之后，消费者大都对乳制品质量表现出较为信任的态度，91%的受访者表示对大企业的乳制品质量"放心"。消费者信心的恢复速度大大超出了人们的预料。这一方面要归功于公共政策措施"组合拳"的出台和行业企业的自救；另一方面，牛奶已成为国民日常消费的营养饮品，长期不消费在现代社会是不现实的。大规模的消费依赖是牛奶市场迅速恢复的重要原因。

（二）"三聚氰胺事件"与行业洗牌及产业升级

自从2008年9月11日三鹿奶粉曝出被三聚氰胺污染，中国乳业迅速陷入行业地震。企业在产品市场和资本市场双双遭遇"断流效应"。"三聚氰胺事件"在给乳制品企业带来沉痛教训的同时，也为食品企业敲响了警钟。产品质量和食品安全是企业的生命，乳品生产企业对此有了更深刻的认识。这些企业从流程、制度到文化都经历了一场洗礼，这次洗礼推动了我国食品安全治理的进步和产业升级。

1. 短期内"惩戒效应"显现，乳业企业盈利能力遭受重创

"三聚氰胺事件"发生以后，在短期内对国内乳制品企业造成了致命的打击。随着知名乳企登上三聚氰胺检出榜单，国内乳品企业产品滞销，库存积压严重；从几家上市公司来看，证券市场统计显示，三聚氰胺曝光之后的半月内，我国乳业企业遭受重大打击，以蒙牛、伊利、光明为首的三大乳业巨头，股价连续多日跌停，市值遭遇严重缩水，合计损失超过210亿元。其中于香港交易所上市的蒙牛乳业市值损失近165.2亿元人民

币。2009年5月4日，伊利被正式扣上ST帽子。

表3-11 9月23日复牌后蒙牛、伊利、光明三大乳企市值缩水情况

公司名称	总股本	事前股价	事后股价	损失市值
蒙牛乳业	156164.11万股	20.00港元	7.95港元	188.1亿港元
伊利股份	79932.27万股	14.42元	9.93元	35.9亿元
光明乳业	104189.26万股	5.24元	4.03元	12.6亿元

受"三聚氰胺事件"影响，2008年，三大乳品巨头同时出现巨额亏损。伊利全年亏损了16.87亿元，蒙牛亏损9.5亿元，光明乳业亏损3.2亿元。在乳业巨头全线亏损的情况下，唯有北京的地方乳业品牌——三元一枝独秀。2008年，三元产品销量不降反增，净利增加87%。这种市场反应恰恰表明了"三聚氰胺事件"对消费者选择行为的影响。

为应对事件危机，乳业巨头迅速进行了内部治理，严格多环节检测。2009年9月，在"三聚氰胺事件"发生一年以后，我国乳制品业最困难的时期已经过去，乳制品行业的生产和市场基本得到了恢复。从生产的情况来看，1~9月，整个乳制品行业的产值的增长在8%左右。9月的销售和产量与去年同期相比增长幅度在30%。从产品销售来看，1~9月累计产品销售率接近96%，和正常情况下的销售率仅相差1个百分点左右。

2. 乳业市场结构中寡头格局未发生大的变化，但局部市场出现分化

从产业集中度来看，2004年CR4和CR8分别达到了43.36%和56.24%，并且在"三聚氰胺事件"以前一直呈现逐步扩大的趋势。2005年，液态奶CR3就已达到60%，2007年更是达到历史高位83%，这一数据已经超过了澳大利亚（CR3大约为60%）、加拿大（CR3大概为70%）等乳业生产大国。按照贝恩（1959）市场类型的划分标准，CR4>75%为高度寡占型。显然，我国2007年、2008年的液态奶市场是典型的高度寡占型。

表3-12 2003~2008年中国液态奶CR3变化情况

年份	2003	2004	2005	2006	2007	2008
市场份额（%）	46	50	60	65	83	80

"三聚氰胺事件"之后，中国乳业市场销售量已基本恢复。然而，产

业内部的市场结构却在悄然发生变化,大企业凭借自身的品牌优势,逐渐恢复了元气,而中小企业却由于抗风险能力低而大量倒闭。因而,短期内集中度略有上升。在事件爆发以前,蒙牛、伊利、光明前三大巨头乳制品市场份额约占46%。一年以后,这一比例上升至50%,呈现出强者更强的态势。在"三聚氰胺事件"中获得较好声誉的三元集团,在一年中有较好的市场表现,在北京地区液态乳市场占有率已由"三聚氰胺事件"前的30%上升到40%。

同时,另一现象也值得关注。随着牛奶销售的恢复,地方小企业又开始复苏,2009年9月底,中国乳制品工业协会理事长宋昆冈公开表示,1~7月,随着全国乳制品行业产值恢复到"三聚氰胺事件"前的90%,全国乳品企业总数也从730家增至832家,净增102家。随着企业数量的增加,奶源的争夺更加激烈。此外,随着一批挑剔型消费群体的出现,归元等区域性高端品牌开始崭露头角。这些因素使得乳业市场结构出现橄榄形两端分化,虽然占据市场主体地位的寡头格局未发生根本性改变,但高端和中低端市场的消费者出现局部分化。2008年、2009年乳业市场寡占度连续下降,CR4降为36.54%。

3. 产业内部重新洗牌,国产品牌奶粉市场份额大幅缩水

"三聚氰胺事件"导致国产奶粉销量下降幅度非常大,一年时间只恢复了50%。在国产奶粉阵营内部,过去的一年也发生了巨大的变化。"三聚氰胺事件"发生前,三鹿位居奶粉市场首位,市场份额接近20%。随着三鹿的消亡,这块中低端市场逐渐被以伊利为代表的国产品牌抢占。中投顾问产业研究中心的数据显示,2009年上半年,伊利在奶粉市场的份额达到10%~12%,圣元、雅士利、飞鹤、完达山等市场份额也都出现成倍增长的趋势。2009年3月,三元出资6.165亿元购得三鹿集团的核心资产后,奶粉主打中高端市场,经营绩效大幅提升,2009年上半年纯利同比增长138%。同时,由于消费者对本土奶粉的不信任导致进口奶粉冲击国内市场,许多消费者都转为进口奶粉的消费人群,国产奶粉企业面临生存压力。外资乳企趁机加快进入,大举占领中国的乳品消费市场。据中国奶业协会公布的数据显示,截至2009年4月,国产品牌奶粉市场份额大幅缩水,而外资品牌奶粉占比已接近60%。中国海关的统计显示,2009年上半年,我国共进口大包装奶粉12.88万吨,是去年同期进口量的2.7倍。洋奶粉在高端市场的占有率由2008年初的70%上升到2009年9月的

85%；在中端市场上的份额也上升了不少。

4. 乳制品企业产品安全控制行为发生变化

企业对奶源和生产过程的控制更加严格。第一，企业的检测过程和关键点控制更加严格。"三聚氰胺事件"曝光后，各乳企均增加了三聚氰胺的检测项目，并将检测环节前移。以蒙牛为例，事件爆发后，随着人员、设备的投入，检测成本增加20%以上，检测项目增加至45种，仅三聚氰胺检测一项就增加了8000万元。① 企业在原有奶站内，派驻了长期驻站人员，对收购的原奶进行就地检测，并对奶农、奶站加强咨询和服务。企业为奶站建立了信誉记录，多方面引导奶站控制奶源质量。原奶进厂以后，通过HACCP体系，进行原料、添加的产品、生产的过程控制三层面的管控，并进行成品检测。蒙牛还对养殖小区加强了监督，引导小区以"君子协议"的方式，监督养殖户的奶源控制，养殖户之间形成"利益共享、风险共担"的供奶机制以后，也会相互监督。据了解，伊利也增加了原奶检测力度。在原奶收购方面，将所有的检测设备前置到收奶环节，并增加了专业质量检测人员的数量。

第二，企业更加重视现代化牧场与奶源基地建设。"三聚氰胺事件"以前，蒙牛奶源中牧场、小区、散养三种方式分别占20%、15%、65%。"三聚氰胺事件"之后，为提高奶源质量，蒙牛坚定发展现代牧场，其目标是牧场奶达到70%以上。② 2008年，蒙牛规划在全国各地再兴建20个现代牧场，使蒙牛成为世界规模最大、奶牛养殖技术最先进的现代奶源基地，挑战世界牧场之王的地位。截至2009年10月，蒙牛联手现代牧业等已经在全国拥有了11个超大型牧场。一年之前，这个数字还仅为5~6家，同比翻了一番。目前，蒙牛以澳亚国际牧场为示范样板，正在大力发展大型现代化奶牛养殖牧业，每个牧场的奶牛存栏数均在1万~3万头。通过科学、规范的规模化养殖，牛奶的质量将从根本上得到保证。中国乳业另一巨头——伊利集团也不惜重金打造现代化的奶源基地。除了在内蒙古地区加大奶源建设的力度之外，伊利集团已经在我国6大黄金奶源带——内蒙古奶源带、东北奶源带、河北奶源带、新疆奶源带、四川奶源带、济南奶源带建立了奶源基地，获得了稳定可靠的优质奶源保证。

第三，乳业巨头开始创新产业链合作模式。"三聚氰胺事件"之前，乳

---

①② 数据来源：蒙牛调研访谈记录。

制品企业大量向奶牛养殖散户收购鲜奶，企业与农户之间只是松散的合同关系，二者之间存在"利益背离"，乳品生产企业难以从根本上保证奶源品质。"三聚氰胺事件"的集中爆发，反映了传统模式下奶农与乳品企业之间的利益冲突。为彻底解决这一问题，伊利、蒙牛等基地型乳制品企业纷纷创新产业链合作模式，以期提高自身对产业链的整合、控制能力，理顺自身与奶农的利益关系，建立稳定的高品质奶源供应。

在推进自建牧场、合作牧场、大型牧场园区建设的同时，伊利着力推广了"奶联社"模式，由企业搭建技术、管理、现代化设施设备和资金平台，吸纳奶农现有奶牛以入股分红、保本分红、固定回报、合作生产等多种形式入社。2009年伊利和内蒙古政府合作，投资2亿元建立了20个奶联社（每个奶联社规模为1500头奶牛），共计30000头奶牛，以加大奶源控制力度，从而保证产品质量安全。未来5~10年，伊利每年都将投入重资，用于奶源现代化建设的更新升级，确保最安全、最放心的原奶供应。据测算，"奶联社"在运营中有效地实现了节约成本、增加产量、提升质量。在"奶联社"模式下，平均每头奶牛每天比奶农散户饲养少投入1~1.5元；入社的奶牛经过不到1年时间的管理，可实现年产奶量增加1~2吨；牛奶质量也大大提高，原奶收购价比散户奶价高出1元左右。蒙牛目前也在积极探索奶农与企业"利益一体"的新型股份制模式。

5. 企业经营理念发生变化

"质量是企业的生命"，这句在企业界流传多年的口号，直到"三聚氰胺事件"之后，似乎才变得掷地有声。在访谈中，乳制品企业的员工多次表示，此次事件使他们真正地认识到，"没有质量就没有顾客，没有顾客企业就难以生存"。因此，通过"三聚氰胺事件"的洗礼和教训，乳制品企业对"质量是企业的生命"这句话有了切肤的体会，企业的食品安全价值观有了很大变化。深入分析"三聚氰胺事件"的起因，还在于企业经营理念错位，造成经济利益与社会责任失衡。长期以来，中国许多企业把慈善捐赠、社会捐助看成社会责任的主要内容，这实际上是在社会责任问题上"本末倒置"；实际上，从总的社会福利来看，保证产品质量，保障消费者身体健康，才是最大的社会责任。不幸的是，"三聚氰胺事件"爆发之前，显然大多数乳品企业没有意识到这一点，从而酿成重大食品安全事故，导致多个家庭悲剧的发生。"三聚氰胺事件"暴露了乳制品生产企业淡漠的社会责任意识，也促使这些企业自觉地承担起基本的社会责任，以恢复消费者的信任。随着乳品企业质量意识和社会责任观念的强化，中国的乳制品行业将步入良性发展轨道。从这个意义而言，"三聚氰胺事件"已经成为中国乳制品企业食品安全控制的分水岭。

（三）"三聚氰胺事件"与监管改善

"三聚氰胺事件"暴露出食品安全监管体系的巨大漏洞。除了供应商、生产商的违法行为外，一些部门和地方政府行政管理不作为，出现问题企图掩盖、隐瞒而不是及时反映问题，也助长和加重了事件的恶劣影响。"三聚氰胺事件"作为重大食品安全责任事故，给各级政府带来了深刻的教训。从另一个角度而言，事件的集中爆发也是我国推动食品安全监管体系改革的契机。通过改革，在食品安全监管环节上，有助于加快形成切实覆盖"从农田到餐桌"的完整链条；在职能分工上，有助于形成卫生部总负责，各部门"无缝衔接"的有序体系。

"三聚氰胺事件"发生后的一年时间里，相关政府部门采取了一系列标本兼治的行动，为我国乳制品业迅速恢复市场、重塑消费者信心起到了至关重要的作用。在这一过程中，政府积累了丰富的应急管理经验，公共管理能力也得到了逐步提升。

1. 启动多部门联动应急机制

2008年9月11日，卫生部披露"三聚氰胺事件"。对此，党中央、国务院高度重视，并于2008年9月13日启动国家重大食品安全事故Ⅰ级响应机制，成立应急处置领导小组，全力救治患病婴幼儿。领导小组由时任卫生部部长陈竺担任组长，参与这一小组的政府机构包括中宣部、外交部、发展改革委、工业和信息化部、公安部、监察部、财政部、农业部、商务部、卫生部、工商总局、质检总局、食品药品监管局、国台办、国新办以及河北省人民政府。按照领导小组的部署，2008年8月6日前生产的"三鹿牌婴幼儿配方奶粉"全部停止销售，立即下架销毁，对所有奶制品实行全面检测，同时彻查事故责任。

三鹿婴幼儿奶粉事件发生后，商务部立即启动国内奶制品市场日报监测制度。国家工商总局也启动了应急程序，要求各地工商行政管理机关立即开展奶粉市场清查工作，对存在食品安全隐患的奶粉、液态奶进行下架处理。农业部专门成立奶业管理办公室，对一直处于乳业"灰色地带"的奶站进行重点监管。

"三聚氰胺事件"暴露出实施了近10年的国家免检制度的巨大漏洞。2008年9月17日,国家质检总局发布公告称,停止实行食品类生产企业国家免检。

随着22家婴幼儿奶粉被查出含有三聚氰胺,2008年10月11日,商务部、国家工商总局、质检总局等六部门联合下发紧急通知,要求各销售网点必须将9月14日前国内生产的奶粉、液态奶全部下架。

按照对奶制品进行全面检查的要求,国家质检总局在完成婴幼儿奶粉三聚氰胺全国专项检查后,又紧急组织开展了全国液态奶三聚氰胺专项检查。检查结果显示,市场上绝大部分液态奶是安全的。

2. 制定乳业专项标准,严格食品检测

在"三聚氰胺事件"处理过程中,国家质检总局对三聚氰胺的检测实行"统一检验方法、统一检验仪器、统一检验结果判定规则"的"三统一"原则,组织了全国150个国家级食品类质检中心和实验室对全国液态奶生产企业进行监督检查,检查结果又经国家重点实验室和国家重点检验机构进行了确认。

"三聚氰胺事件"反映的一个重要问题是质量检测手段的缺陷。事件之后,三聚氰胺成为乳品企业的必检项目。2008年10月7日,国家质量监督检验检疫总局、国家标准化管理委员会批准发布了《原料乳与乳制品中三聚氰胺检测方法》(GB/T22388—2008)国家标准,标准自发布之日起实施。

"三聚氰胺事件"的发生暴露出我国乳制品检测标准和企业质量管理存在漏洞,说明我国亟须完善质量标准和原料奶、乳制品检验体系。2009年,卫生部会同农业部、国家标准委、工业和信息化部、工商总局、质检总局等部门,正在加紧制定乳品质量安全标准,拟形成96项细化的标准,包括15项产品标准、4项生产规范、63项理化检测方法、14项微生物检验方法。这些标准一旦出台,将有利于我国进一步规范乳品质量,提高检测科学性。

3. 制定行业振兴规划和产业政策

2008年11月19日,国务院办公厅转发国家发改委、国家质检总局等13个部门制定的《奶业整顿和振兴规划纲要》(简称《纲要》),就下一步如何做好婴幼儿奶粉事件处置工作、解决奶业面临的困难和深层次问题、促进奶业稳定健康发展进行了规划。《纲要》明确要求"到2011年10月底前，乳制品生产企业基地自产生鲜乳与加工能力的比例要达到70%以上"。对企业的生产规范进行了规定，要求"所有乳制品生产企业要限期执行《乳制品企业良好生产规范（GB12693）》，3年内必须全部达到标准，达不到标准的，必须停产整顿"。婴幼儿奶粉生产企业应当实施危害分析与关键控制点（HACCP）体系。要严格执行复原乳标"复原乳"、巴氏杀菌乳标"鲜"、高温灭菌乳标"纯"的液态奶标识制度。

2009年6月，国家工业和信息化部和国家发展改革委员会联合颁布的《乳制品工业产业政策（2009年修订）》指出，新建乳制品加工项目的奶源基地自产生鲜乳数量不低于加工能力的40%，改（扩）建项目不低于原有加工能力的75%。

4. 加快食品安全立法

2009年2月28日，3年内历经4次审议的《食品安全法》草案正式出台，并于6月1日起开始实施。这部法律的出台应该说是五年磨一剑，由于涉及每个公民的切身利益，《食品安全法》的出台采取了审慎、民主、务实的原则。2008年9月集中爆发的"三聚氰胺事件"，更加坚定了我国政府加强食品安全保障的决心，这一事件在很大程度上影响了该法最终文本的形成。

"三聚氰胺事件"于草案二审后曝光，食品安全危机将《食品安全法》推到了舆论的"风口浪尖"。立法机关迅速对这一重大事故进行了深入调研。在这一背景下，2008年10月，《食品安全法》草案提交十一届全国人大常委会第五次会议进行三审。进入三审后，草案又进行了八个方面的重要修改，其中六方面都被解读为是针对"三聚氰胺事件"而制定的。许多新增或强化的制度措施，被解读成是对"三聚氰胺事件"暴露出的制度"痼疾"所进行的彻底整治。

在国务院废除食品免检制度后，《食品安全法》也以立法形式正式"宣布"了这一制度的终结。此外，强化风险监测与后续检验、风险评估、举报等制度之间的对接，明确召回制度由政府出面主导强制执行，进一步完善食品安全事故的处置机制等，都是法律吸收奶粉事件教训进行的最有针对性的修改。

《食品安全法》完善了分段监管体系。除了初级农产品纳入《农产品质量安全法》的范畴、由农业部门负责外，《食品安全法》还规定，卫生行政部门承担综合协调职责，质监部门负责生产环节的监管，工商部门负责流通环节的监管，食药部门负责餐饮服务环节的监管。在分段监管的基础上，还将成立国务院食品安全委员会，以加强对各有关监管部门的协调、指导。这种"一条龙"的监管体制被形容为"无缝衔接"。

表3-13 "三聚氰胺事件"后国家出台的有关乳制品工业的法律法规

出台日期	法律法规、标准、条例	发起/批准/发布部门
2008年10月7日	《原料乳与乳制品中三聚氰胺检测方法》（GB/T22388—2008）国家标准	国家质量监督检验检疫总局、国家标准化管理委员会
2008年10月9日	《乳品质量安全监督管理条例》	国务院
2008年11月19日	《奶业整顿和振兴规划纲要》出台	发改委、农业部、工信部等13部委
2009年2月28日	《食品安全法》出台	全国人大
2009年6月26日	《乳制品工业产业政策（2009年修订）》	工信部与发改委

三、对"三聚氰胺事件"调研的主要结论

经过"三聚氰胺事件"，我国消费者、生产商以及监管部门都更加成熟和理性，三方的共同作用推动了产业结构调整和升级。

（一）消费者理性是食品安全水平提升和产业升级的重要推力

中国正处于快速工业化过程当中，伴随着产业结构的升级，消费者的消费结构也在悄然升级。在由粗放的数量型消费向精细的质量型消费转型过程中，消费者的食品知识也在不断增长。毋庸置疑的是，伴随着一次又一次食品安全事故，消费者的食品安全意识得以不断增强，消费者的乳制品消费更加审慎。同时，食品安全事故的出现，使消费者变得更加理性，这无疑成为促使生产商改善产品质量的重要推动力量。正如Wheelock（1992）所言，"消费者产品知识的不断丰富和对食品的挑剔，将驱使生产者回归到生产的底线——产品质量"。

通过调研可知，无论在哪个年龄层次，"价格"都不再是首屈一指的消费决定因素，而产品质量才是消费者最为关心的因素。与此同时，消费者也更加重视乳制品的食品安全因素和营养因素。同时，消费者对国内食

品安全的担忧仍未消除，对小企业、小品牌的信任难以建立。因此，消费者对大企业、大品牌、洋品牌的依赖度趋向于更高，因此，这导致乳制品的产业集中度、进口依赖度进一步提高。消费者对食品安全的重视和挑剔，也督促生产企业从奶源到成品进行全过程的食品安全控制管理。

不过，需要指出的是，消费者对产品质量的重视是一个方面，但消费者的产品知识仍然有待普及，消费者对食品安全的认识还有待提高，例如，许多消费者对食品添加剂的使用还存在认识上的误区。由于多次食品安全事故都在于添加剂使用不当，这就造成消费者对食品添加剂的反感，而实际上，很多情况下生产厂商正是利用了消费者添加剂知识的缺乏，才导致了生产厂商的乱添加或不实标注。因此，要从根本上提高食品安全控制的水平，还需要通过各种途径普及消费者的食品知识，驱使生产企业回归到产品的"真实品质"。

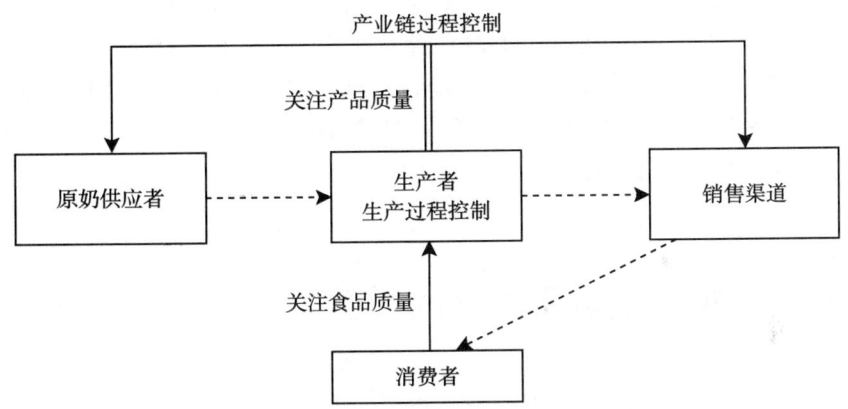

图 3-2 消费者理性推动乳制品企业加强食品安全控制

（二）生产商自律是乳制品食品安全控制的主要动力

经过"三聚氰胺事件"的洗礼，生产企业的食品安全控制更加全面，管理更加规范。首先，安全奶源控制日益成为决定企业长期发展的重要因素。随着"三聚氰胺事件"的曝光，乳品生产企业在奶源控制方面的失责广遭诟病。为塑造产品的安全品质，各乳品企业纷纷打出"奶源牌"，奶源基地建设和奶源质量控制成为大企业控制食品安全的基础工作。由于之前的奶牛散养方式提高了乳制品企业的质量控制成本，因此，在奶源建设方面，养殖小区和大型牧场两种奶牛集中喂养方式正在成为生产企业原奶的重要来源。其次,行业的盈利模式正积极从总量增长向结构优化过渡,蒙牛、伊利等龙头企业纷纷推出高端奶、饮品奶,并逐步开始增加巴氏奶的比重。最后,经过"三聚氰胺事件"的磨砺,乳制品企业的质量意识已经深入人心,企业内部食品安全控制的体系化、制度化更加完善,食品安全控制有望从被动控制转向主动预防。

(三)监管者在位是食品行业产业结构升级的重要拉力

"三聚氰胺事件"暴露了我国食品安全监管体系的缺陷和制度的漏洞,在成立应急领导小组以后,国家对"三聚氰胺事件"进行了彻底的查处,对有关制度和法律进行了修订,使得乳制品质量得到了基本的保障。以"三聚氰胺事件"为分水岭,政府的乳制品食品安全管理由治标转向治本,由"救火式"控制转向预警式监督,并逐渐由部门分割走向各部门之间"无缝衔接"。总之,在推力、拉力和动力系统下,我国乳制品食品安全控制有望进入良性循环。在这一循环体系内,各系统能够得到不断的自我强化和相互强化,从而促进了乳制品食品安全控制水平的不断提升。推而广之,"三聚氰胺事件"对整个食品行业的影响也是深远而广泛的,这种影响通过各参与主体的相互作用,推动着中国食品安全的文明进程。

四、促进我国乳制品行业转型升级的政策建议

面对导致乳制品食品安全事故的诸多深层次原因,政府、企业、行业协会和消费者应共同努力,通过采取加强奶源控制、提升奶业产业化水平和推广合作饲养模式、鼓励企业技术创新、提高政府监管水平、完善乳制品安全的社会监督体系等举措,从根本上改善中国乳制品行业的食品安全状况。

(一)加强奶源控制,确保原料奶供给安全

加强奶源控制是解决乳制品食品安全问题的关键,其途径主要有两个:鼓励乳制品企业自建牧场和确保奶农的正常收益。

1. 鼓励乳制品企业自建牧场

"三鹿奶粉事件"的发生与乳制品企业忽略牧场建设,采取"资源外取"的策略密切相关。拥有企业自己的奶源基地,可以从根本上杜绝奶源的掺假现象,也是企业在同行竞争中取胜和发展壮大的客观要求。政府相关部门已注意到这个问题,规定上市乳制品企业的液态奶必须使用本土生产的原料奶,以解决牛奶质量的源头安全问题。《奶业整顿和振兴规划纲要》要求,"到 2011 年 10 月底前,乳制品生产企业基地自产生鲜乳与加工能力的比例要达到 70%以上"。《乳制品工业产业政策(2009 年修订)》第 17 条规定,"新建乳制品加工项目已有稳定可控的奶源基地产生鲜乳数量不低于加工能力的 40%,改(扩)建项目不低于原有加工能力的 75%。液态乳生产企业所用生鲜乳 100%使用稳定可控奶源基地产的生鲜乳,配方粉生产企业所用原料 50%以上为稳定可控奶源基地产的生鲜乳。"

兴建奶牛牧场是乳制品企业拥有可控奶源基地的主要方式。政府相关部门应采取多方面措施,减少企业兴建奶牛牧场的资金风险、防疫风险和市场风险,鼓励乳制品企业大力建设自己的奶牛牧场,这不仅是应对当前公众对乳制品行业信任危机的权宜之计,从长远来看,也将是我国乳制品企业改变原来"大而不强"的状况,成为世界著名品牌的重大契机。

目前呼和浩特、黑龙江等地区已经相继出台了优惠政策,对牧场建设给予了财政补贴,但支持力度还稍显不足。这方面,澳大利亚政府的做法可资借鉴。澳大利亚政府采取以下优惠政策鼓励农牧场主发展生产:一是鼓励农牧民采用先进技术。国家规定,所有用于农牧业生产的先进技术一概免税。二是对农用物资实行免税,例如农用小型卡车、拖拉机等,包括备用零部件、汽柴油等都实行免税。三是对遭受重大自然灾害的农牧场主实行补贴。牲畜倒场放牧的牲畜运输费,政府补贴 50%,对于不倒场放牧的牲畜,政府补贴草料涨价的部分。四是政府对农牧场主出卖牲畜,实行缓税政策,推迟 5 年后再征收。[①] 此项优惠政策极大地促进了当地牧场的发展,成效明显。

2. 确保奶农的正常收益

奶源控制的另一个途径是要确保奶农的正常收益。具体而言,要采取切实措施帮助奶农提高奶牛的产奶量,降低养牛风险,保证奶农养牛的利

---

① 张立中、辛国昌:《澳大利亚、新西兰草原畜牧业的发展经验》,《世界农业》,2008 年第 4 期。

润，弱化奶农往原料奶中掺假的动机。

（1）奶牛良种推广。奶牛的品种直接影响了产奶的数量和质量，优良的奶牛品种能够让奶农养殖事半功倍。奶牛良种补贴是促进品种改良和牛群更新的有效手段，国家应进一步扩大奶牛良种补贴项目的实施范围，增加资金投入，提高冻精补贴标准和推广力度；要尽快建立奶牛良种改良站，规范冻精及配种人员的管理，吸引专业人才从事相关工作；要重点做好奶牛胚胎移植项目工作，运用各方面的支持，降低胚胎移植的资金成本，加快品种改良；要利用科技培训等机会向奶农讲解奶牛良种补贴项目的意义及建设内容，增强农户使用优质冻精和选种选配意识。以此提升本土奶牛的优良率。

（2）疫病保险。不管是牧场还是农户养殖，奶牛的疫病都可能导致严重损失，必须引起高度重视。因此，一方面，防疫部门应该要加强防范，建立奶牛疫病的危机处理机制，做到快速、高效地应对危机、解决问题。另一方面，要建立奶业疫病保险机制。目前我国对扑杀的疫病奶牛只给予适当的财政补贴，补贴金额无法最大限度地弥补奶农的经济损失，为确保奶农的正常收益，建立和完善奶业保险机制很有必要。要倡导通过奶业协会组织奶农互保、商业保险公司承保等多种形式，建立符合国情的政策性保险体系，提高奶农抗御风险的能力，或者是通过政府、乳品企业、保险公司及奶农四方共同出资建立疫病风险基金，增强奶农抗风险能力，以解决奶农的后顾之忧。

（3）合理的收购价格。目前在中国奶业普遍存在的现象是：当奶源紧张时，收奶价格提高，加工企业由于没有稳定的奶源基地，到处设点收奶，竞相抬价，有些奶农往往不遵守合同，谁的价格高，牛奶就卖给谁，乳品加工企业对奶源质量要求下降；当奶源过剩时，奶价也随着下降，乳品加工企业对奶源质量要求提高，同时压价收购，过分低价导致许多奶农亏损，于是奶农就倒奶、杀牛，奶农的利益得不到保障。因此，稳定牛奶收购价格，让奶农摆脱因淡季亏损而不得不杀牛的举动，这是奶农利益保护的中心环节。美国政府对原料奶收购实行最低价格保护和补贴的政策值得研究和借鉴：在原料奶过剩、原料奶收购价格过低时，美国政府对原料奶生产者实行价格补贴或实行最低保护价；乳品过剩时，美国政府收购储备或提供学生奶之用，以保护奶农利益；对配额内生产的鲜奶、乳制品、出口制品给予政策性补贴。①

（4）规范税费征收，减轻奶农负担。政府相关部门应该秉承为奶农解决实际困难，减轻奶农负担的原则，规范奶牛养殖各环节的收费标准。当前奶牛疫病防治、人工授精等环节存在的不规范收费行为，增加了奶农的饲养费用支出。政府应加强对疫病防治、人工授精等环节的管理，规范各种收费行为，规定冻精费、配种人工费、防疫费等具体的收取标准，对各项收费能减免则减免，能补贴则补贴，尽量减轻奶农的负担，提高奶农养殖的经济收益。政府各相关部门更要防止出现收费很主动，服务不积极的"选择性监管"的情况。

（二）提高奶业产业化水平，推广合作饲养模式

要从源头上解决原料奶安全问题，还在于原奶生产方式的转变，即提高奶业产业化水平，将原来高度分散的奶牛养殖户组织起来，实行专业化生产、一体化经营、社会化服务和企业化管理。产业化生产不仅能降低奶农的饲养成本和饲养风险，更重要的是确保了优质的奶源。通过统一收奶、统一检验、统一交售，杜绝了原料奶采集环节中可能的掺假行为。奶业产业化的主要形式有三种：奶业合作社、家庭牧场和养殖小区。

1. 兴办、推广奶业合作社

要多层次地兴办各种类型的奶业合作社，通过各种积极有效的宣传手段，推动奶农认识到联合的好处，并在自愿的基础上主动加入组织。合作社要定位为非营利组织，所得利润应该按比例返还给奶农；组织内部要建立良好的运行机制，明确成员的责、权、利，促进生产、经营等重大事项决策民主化；逐步建立健全产品价格形成机制、积累发展机制和成员利益保障机制，形成比较合理完善的内部利益初次分配和再次分配制度；结合乳制品质量安全生产标准，建立合作社内部的产品质量保障体系，实行统一生产标准与统一技术服务；建立经常性的培训制度，提高成员的生产技术水平、市场意识、风险意识和法律意识，并形成有效的内部监督管理机制，从源头降低农产品的质量安全隐患。

牛奶作为保质期很短的产品，需要买卖双方形成稳定的购销关系。奶农加入奶业合作社，获得与乳品加工企业对等的谈判地位，通过签订长期

---

① 郑秋鹏、张兰威：《中国乳业现状及发展建议》，《中国乳品工业》，2008年第10期。

合同，将有效防止原料奶收购价格的剧烈波动，保护奶农的利益，同时也将减少旺季奶农的违约行为，这也保护了乳制品加工企业的利益，取得利益"双赢"的效果。

2. 鼓励发展家庭牧场

目前，我国奶牛散养户生产的牛奶约占市场供应份额的60%。政府部门需要做的不是简单地将小规模的奶农排挤出奶业之外，而是要创造条件使之融入到现代奶业体系中来，家庭牧场是一个不错的选择。西方主要发达国家尤其是北美早期采用的是大规模"工厂化"养殖方式，该方式已经引发了新疫病爆发、环境污染、动物福利下降等一系列问题。欧盟国家为避免发生这些问题而发展了适度规模养殖，大力发展家庭牧场，其奶牛饲养规模从几十头到一二百头不等。①意大利采用的是小规模精细生产方式，其奶牛饲养属小型集约型饲养模式，农场规模较小（22头/农场），但绝大多数农场实现了现代化管理，在生产过程中，实行生产自控和监控服务相结合。除国家兽医师要进行检测和监督外，各养殖场都有自己固定的兽医师进行定期和不定期的卫生检疫。②

发展家庭牧场的优势在于饲养成本低，农户养殖用的饲料来源丰富，可以利用大量农作物副产品作饲料，而且牧场的劳动力成本较低；家庭牧场有助于保护生态，通过适度放牧、围封轮牧，达到草畜平衡；家庭牧场还可实现资源的合理利用，一方面种植业为养殖业提供"绿色饲料"，另一方面养殖业为种植业提供有机肥料，有利于实现农业的可持续发展。我国也应该学习该做法，将政府部门所掌握的公共资源更多地用于扶持小规模农户，对于刚开始未能达到一定规模饲养的农户，可采取多户合并或股份形式的合作，统筹兼顾，合作经营，帮助他们循序渐进地扩大规模，使其逐步由散养户升级为家庭牧场。

3. 支持养殖小区建设

政府应支持养殖小区建设，推进规模化和专业化饲养。养殖小区一般对进场养殖的奶牛实行"统一管理、统一挤奶、统一草料、统一防疫、统一档案、分户喂养"的"五统一分"的饲养模式。一方面，政府应在养殖

---

① 刘玉满：《提高乳品质量安全需要奶业科学发展》，《中国动物保健》，2009年第1期。
② 《7成受访者对奶粉安全信任不足，寄望政府加强监管》，《南方都市报》，http://www.chinanews.com.cn/life/news/2009/12-17/2022338.shtml，2009年12月18日。

小区用地政策上予以倾斜，把养殖小区用地作为农业用地管理；另一方面，鼓励饲养大户和社会资金投资养殖小区，加快引导散养奶农户进入小区，提高养殖规模和养殖水平。

在这方面，光明主导的租赁式养殖小区有可资借鉴之处，其特殊之处在于：小区的产权虽然属于奶农，但经营管理权属于光明，公司每年给奶农提供租赁费和承包费，并承担所有的市场风险。奶农则把奶牛放进小区内指定的牛舍，按照光明牧场的养殖规范操作并接受管理和监督。据悉，光明在北京、山东、河北等地承包租赁了 20 多个养殖小区式的牧场，公司专门派出 100 多人的技术队伍，提供人工授精、饲料搭配、饲养指导、奶牛医疗保健等符合光明标准的系统化服务。目前光明承包租赁的小区牧场，奶牛产量比原来提高了 50%~100%，原料奶质量也明显提升，奶农受益，养牛的积极性也相应提高。①

（三）鼓励乳制品企业技术创新，培养核心竞争力

乳制品企业要从惨烈竞争的"红海"突围到没有竞争或较少竞争的"蓝海"，关键在技术创新，从而解决产品结构单一、同质化的问题。政府应采取多方面措施，鼓励企业技术创新，开发高附加值产品。

政府应该从财税、金融、政府采购、产学研合作、科技计划、引进、培育人才等方面制定一系列政策措施，形成激励乳制品行业技术创新的政策体系，努力为乳制品企业的技术创新创造良好的政策环境、市场环境和人才环境。

1. 支持产学研合作新模式

秉承"以企业为主体、以需求为导向、以利益为纽带"的宗旨，将企业、高校、科研机构联合起来，在政府相关部门的支持下，组建乳业技术创新战略联盟，建立产学研合作新模式。要贯彻以企业为主导的思想，在经济全球化背景下从单个企业独立研发向国内研发合作、国际研发联盟模式发展，既要建立与国家部委、科研院所研发平台的合作，也要加强和国际乳品企业、科研机构的合作。这对整合国内外乳业资源，实现企业、高校和科研机构在战略层面有效结合，全面提升我国乳业的自主创新能力具

---

① 刘金霞：《中国乳业路向何方》（二），《中国经济时报》，2009 年 12 月 17 日，http://news1.secutimes.com/20091217/37/26843436.shtml。

有重大的意义。

2. 鼓励企业分层次建立研发平台

我国乳制品企业建立自己的研发平台离不开政府的政策与资金支持。针对大型乳制品企业，一方面，政府应该以科技计划或基金、课题研究的方式引导和鼓励他们建立独立的研发中心，进行行业的共性和基础性技术研究。进一步，政府要对共性技术研发成果的商业化进行资助，允许其在行业内部有条件扩散，通过政策引导、资金支持突破产业发展的技术瓶颈，帮助企业获得快速发展。另一方面，资助小型乳制品企业建立自己的研发团队，进行乳制品行业的应用研究，使得小型乳制品企业研制出具有各自特色的创新成果，从而在激烈的行业竞争中占有一席之地。

3. 为企业引进、培育人才提供便利

人才是企业技术创新的关键，面对我国乳品加工技术与国际上的巨大差距，通过国际化合作，积极引进、培育人才，结合本土加工领域的基础优势，是迅速提升企业实力，实现高速发展的重要途径。政府要为高级人才的引进、培育提供多方便利，营造能充分发挥人才作用的技术创新环境。一方面要加强海外人才引进，有效利用先进技术资源。例如，政府对海外引进人才的创业项目进行资金补助，对乳业高层次人才在不改变国籍的情况下短期来华从事技术研发、企业管理、项目合作等工作，由人才引进所在区市根据其贡献大小，提供短期住房、交通及生活补贴等优惠。另一方面要充分利用本土人才资源，加强对本土乳业人才的培训。在培训项目方面，政府可以起到沟通联系的作用。例如中国和瑞典开展政府间合作，建立"中瑞奶业中心"，推出"规模化牧场高级培训"（Dairy Farming Proficiency），该培训针对规模牧场的场长或技术骨干，采用业内领先的实务型课程，使之熟练掌握奶牛繁育、饲喂、犊牛管理、挤奶、防疫和牧场效益等综合管理知识，从而胜任牧场一线的管理工作。据有关统计，目前全球规模牧场拥有类似管理经验的人才不超过150名，而中瑞奶业中心将计划在3~5年内为中国培养50名专业型大牧场管理人才。①

---

① "培养牧场管理专业人才 引进奶牛饲检先进科技"，http://www.21food.cn/html/news/13/497832.htm。

（四）提高政府相关部门的监管水平

乳制品行业的食品安全问题与政府相关部门的监管水平密切相关。根据《食品安全法》的要求，我国食品安全的各个环节将由五大部门"分兵把守"，分别是卫生部、农业部、质监总局、工商总局、国家食品药品监管局。这些部门将贯彻实施《食品安全法》，采取新措施保证"问题食品"无法进入供应链。

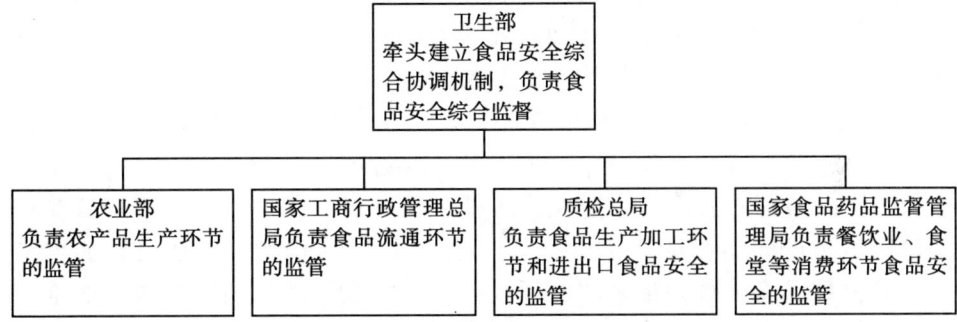

图 3-3　乳制品食品安全监管部门职责

当前提升食品安全监管水平应从以下几个方面着手：立法完善、执行有力、检测科学、信息公开。

1. 完善立法，提高违法成本

完善的法律法规体系是世界各国提升食品安全水平的根本保障。为此，各国政府都高度重视食品安全的法律法规体系建设，把加强立法放在非常重要的位置。

立法的关键是要进一步明确各环节的食品安全事故责任人，即食品安全法律制度应当涵盖从"农田到餐桌"的全过程，不能在任何一个环节出现漏洞和问题。应当按照社会分工和社会协作的要求来设计各项法律制度，涵盖食品链的各个环节，进行系统、全面、立体的法律规制。

（1）在立法模式上强调综合立法，避免多部门立法、多环节立法导致的法规之间不协调的弊端。综合型的食品安全立法取代要素型的个别立法具有现实的进步意义。它有利于实现食品安全监管的统一完整性，体现综合治理的理念，推动形成以《食品安全法》为基础，其他法律互相匹配的多层次、系统化的食品安全法律体系。要注意与相关法律的衔接，对现有法律法规进行认真清理、补充和完善，对一些旧法进行废止、修改和整合，将散存于各法律法规中有关食品安全的内容整合，尽可能减少和避免立法和执法上的相互冲突，解决法律体系的混乱问题，保持法制的统一性。如在监管范围上解决好与诸如《产品质量法》、《消费者权益保护法》、《农产品质量安全法》等的衔接。在法律责任上注重与《行政许可法》、《公务员法》、《行政处罚法》、《刑法》等相衔接。①

（2）在立法内容中加大食品安全违法处罚力度，并方便消费者追偿。一方面，鉴于生产者是在权衡预期收益和惩罚后，在利益驱动下做出不安全的食品生产行为，因此只有加大处罚力度，致使制售不安全食品的成本高于收益，才会从根本上杜绝生产者的此类行为。《食品安全法》第九十六条规定："违反本法规定，造成人身、财产或者其他损害的，依法承担赔偿责任。生产不符合食品安全标准的食品或者销售明知是不符合食品安全标准的食品，消费者除要求赔偿损失外，还可以向生产者或者销售者要求支付价款十倍的赔偿金"。可见，我国立法已经认识到了违法处罚的重要性，但相对于违法行为带来的巨额收益，如此之低的惩罚性赔偿标准难以对违法行为形成有效的制约。有必要将严重危害公共安全的食品经营者纳入刑法惩治的范畴，施以严厉刑罚，这不仅可以起到安抚受害者，惩罚违法者的作用，对其他食品经营者也是一种强烈的教育、震慑。另一方面，要考虑方便消费者追偿，从法律、程序等各方面给予简化。过分烦琐的非必要举证、过分冗长的审查程序将消磨掉消费者维护自身权益的耐心。此外，食品安全问题可能给受害人造成长期痛苦，因此可以考虑引进西方发达国家关于精神损失的补偿机制，同时将消费者为了获得赔偿所付出的时间、精力成本也纳入补偿范围。通过这些举措，既可以弱化食品生产销售者的违法动机，也可以调动起消费者参与监督企业食品安全、维护自身权益的积极性。

2. 提高监管的执行力

监管部门的执行力直接决定了食品安全的管制效果，因此政府部门要采取多种措施来提升执行力度，其中关键是要建立问责机制，加强队伍建设。首先，要建立对食品安全监管人员的监管失职责任追究机制。问责制度的目标在于通过这种机制要能够让政府部门切实认识到自身作为食品安

---

① 杨永华：《对我国食品安全法律制度的审视》，《长春大学学报》，2009年第6期。

全捍卫者的角色,要依照事故层级和责任大小,依次对从该层级的监管部门行政首长、分管领导、直接责任人问责,要求各自承担责任。只有真正将问责制度与监管部门各级行政首长的职位相关联,才能最终形成对政府部门有约束力的长效机制,才能真正发挥问责制度的作用。其次,制度的执行效果关键在人。要通过甄选、培训,建立一支由职责明确、业务过硬、忠于职守、作风端正的专业管理人员组成的监管队伍,这是乳制品食品安全的重要保障。

除了明确的问责制,健全政府部门间的沟通、协调机制,使食品安全的监管动态化、常态化也是提高政府监管执行力的主要途径之一。农业主管部门、质量技术监督局和出入境检验检疫局,应相互协调,加强对监管奶业生产基地和乳制品加工企业的不定期的现场检查。质检部门应该派执法人员驻厂监督,落实产品批批检测制度,同时将食品的风险监管关口提前,主动对食源性疾病、食品污染和食品中有害因素进行检测,防止对人体健康的危害。

3. 提高产品质量检测水平

检测是判断食品安全与否的核心关卡,其结果是监管部门执行任务的主要依据。政府相关部门要通过制定标准、吸收人才、改善方式、更新设备,推动科学检测、迅速检测和有效检测。

(1) 制定检测标准。检测标准是政府监管工作的基础,政府相关部门应加强乳制品质量标准体系建设,加快制定乳品安全的国家标准。我国政府在制定标准时应该学习澳大利亚和新西兰的成功经验。澳大利亚、新西兰设有专门的机构(Food Security Australia New Zealand,FSANZ)制定食品标准,在相关标准制定方面严格遵循科学性和独立性的原则。在澳大利亚,FSANZ 制定的食品标准包括:食品供应的各个环节,从产品的加工、包装直到餐桌。FSANZ 在制定食品标准方面,有一套复杂的操作程序,与澳大利亚联邦政府、各州和领地政府有着密切的合作。① 在完善的标准保护下,澳大利亚、新西兰能够极大地降低食品安全风险,有效地保护本国人民的健康和安全。

(2) 吸收专业人才。检测工作是严谨的科学研究工作,应该吸收高级

---

① 刘小和:《澳大利亚、新西兰动植物卫生检疫与食品安全标准体系》,《农业经济问题》,2003年第9期。

专业人才,壮大我国监管检测机构队伍,提高检测机构的权威性。美国、加拿大的做法值得借鉴。美国的食品和药品管理局相当于最高执法机关,由医生、律师、微生物学家、药理学家、化学家和统计学家等专业人士组成,致力于保护、促进和提高美国的国民健康。该局约有1万名正式员工,其中2100名是有学位的科学家,包括900名化学家和300名微生物学家。加拿大的食品检验检疫机构是加拿大食品检验署。它负责实施联邦政府规定的所有食品检验、植物保护和动物卫生计划。拥有员工5500多人,主要由检验员、食品安全专家、兽医、农艺师、生物学家、化学家、系统专家、科研人员、实验室技术员、通信联络专家、金融财务人员和助理人员等组成。正是这些高素质专业人才的努力,才使得美国和加拿大的检验检测水平达到世界一流。

(3) 改善检测方式。要采用全方位和高频率的检测方式。食品安全检验检疫部门应将定期检验、常规检验、专项检验结合起来,可以借鉴运动员兴奋剂检验时"飞行药检"的方式,避免检验流于形式,也可以参考荷兰和美国的做法。在荷兰,为了保证从农场到工厂期间牛奶的质量,从农场到工厂的牛奶都需经过分析和运用微生物检测方法彻底地进行纯度和新鲜度测试。荷兰牛奶质量控制中心受各牛奶公司的委托,负责分析、化验奶农交售的原奶中的脂肪、蛋白质含量和卫生质量。其独立的测定结果作为各乳品公司向奶农支付奶款的依据。凡在样品检验中发现不符合质量标准需要给予扣款、罚款的,将从应支付的奶款中扣除。对于持续不能达到质量控制标准的,将给予额外罚款处理,直至质量达标。为了防止在运输到工厂的过程中和加工过程中牛奶被污染,也采取了严密的预防措施,其中对原料、辅料和对牛奶生产很关键的设备提出了严格的要求,包括对水、动物饲料、兽药和在清洗中使用的化学品的监测。[①] 而在美国,牛奶行业每年要进行超过350万次的监测来确保牛奶供应中不含有抗生素,任何检测呈阳性的牛奶都要立即进行处理,绝不允许进入公共领域。频繁而全面的检验将促使经营者打消侥幸心理,端正经营态度,重视食品安全。

4. 及时、全面、客观地公开食品安全信息

信息不对称致使社会公众丧失知情权,无法捍卫自身权益,更无法充

---

① 黄健、梁慧刚、刘清:《国外乳制品安全管理机制及对我国的启示》,《科学新闻》,2008年第10期。

分发挥食品安全监督作用,解决的方式就是强化信息公开,这方面政府应该有所作为。

通过问卷调查可知,消费者对以往的食品安全信息披露很不满意,68%的人认为"很不充分",而另外32%的人认为"根本就没有面向普通消费者发布"。因此,政府要大力推进政务信息阳光化,还知情权于公众,以减少生产者与消费者之间的信息不对称。首先,政府要通过立法,确定权威的食品安全信息发布平台,规范严谨的发布程序,通过制定有效的信息披露制度,让消费者能够以较低的成本获得关于食品安全的全面、有效信息。其次,政府相关部门要负责收集、管理食品安全信息,通过定期或不定期公布食品安全检测结果,让广大消费者了解认识当前的食品安全形势,及时准确地获得食品安全的信息。最后,要严厉惩处虚假广告,保证食品广告内容的真实性和准确性,坚决杜绝误导消费者的虚假广告。美国的食品药品管理局之所以有很高的声望,和它的工作透明度有关。它的工作信息随时公布,接受媒体和公众的监督,直接对公众负责。

(五) 健全乳制品食品安全的社会监督体系

社会监督是改善乳制品质量安全和推动产业升级的强大推动力,完善乳制品安全的社会监督体系主要从四个方面着手:促进企业履行社会责任;加大媒体舆论监督力度;普及消费者食品安全知识;推动行业自律和企业间的相互监督。

1. 促进企业履行社会责任

乳制品安全事故的发生是中国部分乳制品企业社会责任缺失的体现,要规范乳制品行业安全生产就必须促进中国乳制品企业履行社会责任。承担这一社会职能的正是近几年来在我国兴起的各个民间组织,如以中国社会科学院企业社会责任研究中心、中国企业社会责任同盟、中国企业公民委员会等为代表的科研机构和民间组织,通过宣传、培训、研讨、评选等系列活动,加深中国企业对社会责任重要性的认识,不断提升中国企业的社会责任意识;通过组织开展基于中国国情的企业社会责任研究,为中国企业实践社会责任提供理论指导与支持;协助企业将社会责任纳入到日常运营和战略中,促进企业更好地履行社会责任并实现可持续发展。但当前我国的企业社会责任浪潮主要还只是波及中央企业和部分大型民营企业,对乳制品行业的影响有限,虽然部分乳制品企业已经发布了《社会责任报告》，但显然未曾落到实处。促进企业履行社会责任不仅要形成良好的社会氛围，更重要的是要在技术层面上设计具体的社会责任标准和评价体系。中国社会科学院企业社会责任研究中心 2009 年 12 月发布的《中国企业 2009 社会责任发展指数报告》，对企业社会责任的评价体系进行了良好的探索。督促、鞭策乳制品企业切实履行企业社会责任，把诚信渗透到企业的血液里，需要社会各方面更多的努力，这是改善乳制品安全状况的关键环节。

2. 加大媒体舆论监督力度

一个现代的文明社会应该是一个信息系统运行通畅、信息公开传播的社会，在关系公众生命健康的乳制品安全问题上，媒体的舆论监督作用应该充分体现。媒体应该充分发挥的是其"揭露丑恶、批判虚假、探求真相、报道事实、信守良知"的信条，更好地承担舆论监督和引导的作用，维护公众食用安全食品的核心诉求，及时将真实情形告知公众。一方面，媒体应该对重视食品安全生产的乳制品企业进行正面报道，旨在树立企业良好形象；另一方面，媒体应该迅速将食品安全事故曝光，提请监管部门介入，提醒公众防范。一旦发生重大食品安全事故，媒体的及时准确报道将避免谣言滋生，确保人心稳定，推动事态向积极方向发展。尤其值得注意的是，拥有交互式、智能化、跨地域、即时性特点的网络媒体已经不容忽视，在"三鹿奶粉"事件中网络迸发出空前的力量，草根民众通过网络有力地传递了公众的不满和压力，促使监管部门迅速做出改变。

3. 普及消费者食品安全知识

公众意识的规范性驱动力对企业社会责任的形成有重要作用，消费者对责任产品的偏好程度直接影响企业的行为。消费者关于乳制品食品安全知识的匮乏及对食品安全的认识误区是造成乳制品产品质量问题的一个重要诱因。例如，有些消费者认为牛奶越香浓越好，稀而味淡的牛奶质量就不好。实际上，一些企业在牛奶中过度添加各种芳香剂、增稠剂，就是为迎合消费者对口感的喜好而产生的趋利行为。还有一些企业过分夸大牛奶的功效来刺激消费者购买，也是钻了消费者乳制品知识匮乏的空子。因此，通过各种方式普及消费者食品安全知识，提高消费者的食品安全认知水平，有利于在全社会形成买优、扶优的良好消费氛围，提高乳制品行业的食品安全控制水平。一方面，通过各种媒介宣传、介绍相关的食品安全知识，消除消费者认识误区。尤其是在一些食品安全事故发生之后，相关部门要抓住消费者关注事态发展的有利时机，通过网络、手机等渠道向消费者宣传食品安全知识。政府部门还可以向社区居民提供食品安全知识普及读本，增进大众的消费安全意识和食品安全知识。另一方面，鼓励、引导企业以附加说明的方式，在产品包装或广告中向消费者宣传食品安全知识。这不仅有利于消费者食品安全知识的增长，也有利于企业在消费者中树立"负责任、重品质"的形象。

4. 推动行业自律和企业间的相互监督

要建立中立的行业协会和消费者服务组织，切断各种协会与企业之间的直接利益关系。通过财政转移支付的方式，支持行业协会的发展。否则，依赖企业会员制发展起来的各种行业协会，很自然地会沦为企业的保护伞。各种行业协会应该充分倾听消费者的呼声，向企业反映消费者的诉求，在消费者和企业之间架起沟通的桥梁。要进一步明确乳制品工业协会、奶业协会和地方的食品工业协会在食品安全自律和社会监督方面的职责。从企业角度而言，纠正行业内的不正之风，及时检举有损食品安全的行为，有利于整个行业的健康发展。因为从以往的恶性食品安全事件来看，个别的食品安全事故影响的往往是整个行业的信誉。行业自律可以通过建立企业诚信档案和行业黑名单的方式，监督行业内的食品安全不法行为；建立完善行业自律性管理约束机制，规范会员行为，协调会员关系，营造食品安全诚信环境。

第四章 现代中药产业与新兴技术的融合发展

自 20 世纪 90 年代以来，中药产业作为我国的特色产业和优势行业，日益受到国家、政府和医药企业的重视。特别是我国加入 WTO 以后，面对科学技术的迅猛发展和我国医药产业的现状，中药产业的现代化、国际化已成为一个十分紧迫的课题。中药产业面临着从传统中药向现代中药、从传统产业向现代产业的转型，面临着产业升级和强化管理的艰巨任务。从中药产业发展的实际状况来看，粗放式的产业结构和落后的管理模式已经制约着现代化和国际化进程。因此，有必要通过产业结构调整和管理模式创新，来提高现代中药产业的国际竞争力。为此，2011 年 8 月至 2012 年 3 月，课题组一行 4 人赴天士力集团调研访谈，分别访谈了总经理、技术研究部工程师、质量保证部质量总监、现代中药研究所所长、运营总监等主要管理人员，并参观了现代中药生产线。通过实地调研考察我们发现，中药产业共经历了传统中药、现代中药和组分中药三个发展阶段，分别处于不同的技术轨道，所需要的技术创新能力也有所不同，但是技术能力的积累是一个循序渐进的过程。针对现代中药产业的发展现状和结构特征，要实现现代中药产业结构调整升级，企业在技术创新过程中，适合选择一种开放性与系统性相结合的技术创新模式——"开放式系统创新"模式。天士力集团在 15 年的发展历程中，成功实践了开放式系统创新模式，大大加快了技术创新步伐，并显著提升了技术创新能力。剖析天士力集团创新模式的运作方式及效果，对其他企业有一定的借鉴意义。展望我国现代中药产业未来的发展方向，最核心的任务还是尽快实现中药产业现代化和国际化。为了顺利实现这一目标，提出以下政策建议：第一，制定产业规划明确产业发展重点；第二，牵头重大专项引导技术创新方向；第三，促进产业技术联盟实现联合攻关；第四，搭建公共平台推进中药国际化。

转型：建设创新型国家问题调研

一、我国现代中药产业发展现状

经过20多年的发展，目前我国中药产业体系初具规模，尤其是现代中药产业，已经成为带动国民经济和社会发展、拥有广阔市场前景的战略性产业。在国家产业规划、标准化建设、科技发展等政策的推动下，中药产业创新体系初步形成，中药规范化生产、中药材规范化种植、中药产品质量标准体系建设、新药研制等方面均取得了较大进展。近年来，人们崇尚回归自然的理念日益兴起，为中药产品打开了新的市场，同时，作为中华民族珍贵的传世宝藏，我国政府大力扶持中医药事业，促使中药产业进入快速发展阶段。但是，随着我国加入WTO后的过渡期基本结束，我国必须更大幅度地开放国内医药市场。而从目前我国中药产业的外部环境和技术特征来看，仍然面临着诸多挑战，对加速产业现代化和国际化提出了迫切要求。

（一）产业集中度低，产品市场呈现"同质化、低水平竞争"

企业规模小、产业集中度低是我国现代中药产业的基本特征，由此便引发了中药产品市场的"同质化、低水平竞争"，严重制约了产业发展。2008年我国中成药生产企业886家，既生产化学药又生产中成药的2030家，生产中药饮片的1194家，共4110家，中小企业占90%以上。由于行业标准不健全，市场进入门槛低，造成我国中药产业产能分散，集中度不高，呈现出"多、小、散"的产业格局，没有一家企业占到10%以上的市场份额。全国中药上市公司的市值加在一起仅相当于国内一家大型酒厂的1/3，全国中药企业总产值不及国外一家制药公司销售额的1/2。绝大多数中药企业只是个单纯的生产车间，根本不具备研发能力，很多药厂的产品全部来自于药典，"千厂一药"现象十分普遍。以传统中成药"六味地黄丸"为例，仅市面上出售的品种，全国就有超过500种。产品同质化造成了中药企业进行的更多是低水平的竞争。"同质化、低水平竞争"已经使整个中药产业迈入了"微利时代"，不依靠自主研发创制新药就无法保生存、求发展。同时，加强中药产品和生产全过程的标准化建设，提高中药产业的市场进入壁垒,也是企业做大做强的必由之路。

(二) 国际市场出口受阻,国内市场遭遇"洋中药"大举入侵

在中药类产品的出口中,提取物一直是拉动我国中药出口的主要品种,2008年出口5.3亿美元,占中药出口比重的40.47%。这些提取物出口到国外主要是用作食品补充剂、食品添加剂和保健品原料。受文化认知和中药标准化困难等因素的影响,到目前为止,我国仍然没有一例中成药以药品身份进入欧美国家的主流医药市场,也未纳入医疗保险体系,国际市场占有率不足5%的出口产品中,绝大部分是附加值较低的营养补充剂、中药原料药和中间体。这些出口产品与化学药品相比,需求弹性相对较大,很容易遭受国外经济波动带来的居民收入变化的影响。与此同时,国际市场上针对中药产品的知识产权争议也日益激烈,使得我国中药产品在国际市场上立足更加困难。

尽管我国中药有几千年的传统中医理论作指导,同时有丰富的中药材资源作保障,但是近年来,我国中药市场却不断受到国外"汉方药"和"植物药"等"洋中药"的冲击。在当今的世界中药市场争夺战中,以日本、韩国、印度为首的亚洲传统医药,以德国、法国为主的欧洲国家植物类药等"洋中药",不仅占据了国外天然药物市场的绝大部分江山,也同时在我国登堂入室。我国市场被"洋中药"反噬现象日益严重,大批珍贵的中药材流失国外后成药又返销中国。

(三) 研发投入不足,基础研究薄弱,产品科技含量较低

国际上大型制药企业研发一种新药的平均投资额为2.2亿美元左右,与我国的新药研发投入可谓天壤之别,尤其是忽略了基础研究的重要性。因此,造成新药研发质量较低,对中药的作用机理、物质基础、应用理论及新技术、新方法的应用等方面的研究不够深入。发达国家在单味药的有效成分研究方面已经领先于我国。企业的研发实力非常薄弱,严重制约了中药产业的创新发展。当前,我国生产的中药尚不能进入国际医药主流市场,主要原因是研制过程、方法、技术、标准尚不能达到发达国家的先进水平,更为关键的是,基础研究投入不足导致中药产品科技含量较低。与发达国家相比,我国新药研发的标准化和规范化程度偏低,制药企业规模小、实力弱,对基础研究重视不足,同时,由于融资渠道单一,大部分企

业没有足够的资金投入创新活动,因此导致制剂技术和新剂型开发落后,无法满足国际市场的需求,在国际市场上失去了竞争优势。

二、现代中药产业结构调整与技术变迁

纵观我国中药产业的发展历程,可以概括为三个发展阶段:传统中药、现代中药和组分中药。由于这三个阶段的产品结构调整,与产业技术轨道变迁和企业技术能力提升密切相关。因此,本书将针对这三个方面进行综合讨论。

技术轨道可以理解为某一行业解决核心技术问题的方法和技术。对于中药产业来讲,共经历了传统中药、现代中药和组分中药三个发展阶段,它们分别处于不同的技术轨道,所需要的技术创新能力也有所不同,但是技术能力的积累是一个循序渐进的过程(见图4-1)。

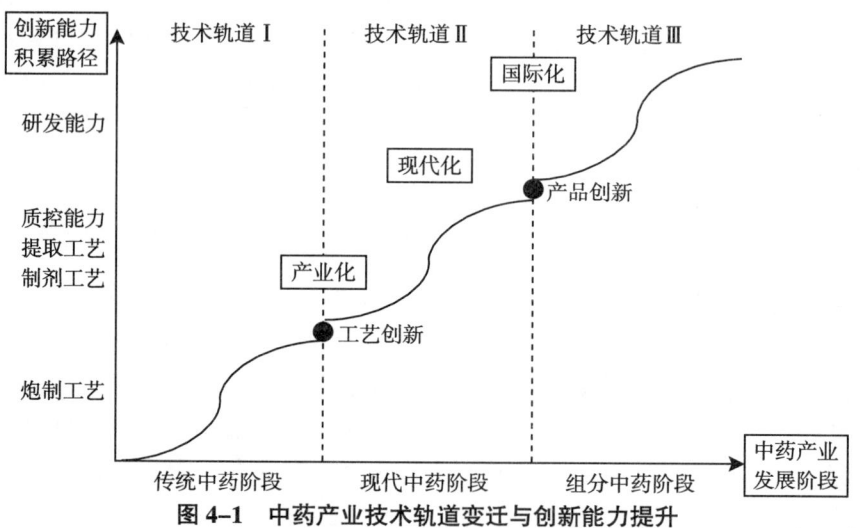

图4-1 中药产业技术轨道变迁与创新能力提升

中药产业三个发展阶段技术轨道的根本区别在于,药材的提取工艺和提取程度不同。种植成熟的中药材采摘之后,先经过清洗、晾晒等简单的粗加工环节,在中医理论指导下,经过炮制工序粗提形成中药饮片。直接

对这些饮片进行煎煮等处理便成为"传统中药",剂型以丹、丸、膏、散为主。对中药饮片进一步提取、分离、纯化,将其中真正起作用的有效组分提取出来,然后通过制剂工艺加工成的药品便称为"现代中药",有多种创新剂型,包括片剂、滴丸、胶囊、粉针剂等。对于同一传统中药药方,提取工艺不同,则有效组分也可能不同,产生的药品可视为改剂型的"二次创新药"。随着中药相关技术和设备的发展,大大增强了对有效组分的识别能力,从而有可能实现突破传统药方的新配伍,形成的"原始创新药"便是"组分中药"。第一次技术轨道的跃迁主要依靠工艺创新,而第二次则实现了真正意义上的产品创新。目前天士力正处于从现代中药向组分中药的跨越期。现在所处的现代中药阶段是最为关键的阶段,利用先进设备扩大生产规模,实现了中药产业化,采用先进技术探索有效组分和作用机理,实现了中药现代化,这也是迈向国际化的重要前提。

传统中药阶段主要实现了炮制工艺的能力积累,即将中药材加工成中药饮片的过程,这是药品制剂生产前最为重要的环节。现代中药虽然实现了许多技术突破,但仍然沿用了传统中药的炮制原理,否则难以保证药效的稳定。进入现代中药阶段,消费者不再满足于传统的剂型与用药方式,呼唤更多的速效、高效、长效、服用剂量小、利于吸收、便于携带的新剂型的产生,于是出现了片剂、滴丸、胶囊、注射剂等各种剂型。同时,对药品纯度提出了更高的要求,开始应用超临界流体萃取、超声波提取、微波辅助提取和膜分离等先进技术。此外,由于药品的特殊性,对质量控制的要求更为苛刻,于是便有了色谱法、光谱法、生物技术和指纹图谱技术的应用。在此阶段,制剂工艺、提取工艺和质量控制能力成为关键的创新能力。当这些能力积累到一定程度以后,才谈得上真正的产品创新,即进入组分中药时代。这一阶段首先要求准确识别和分离有效组分,高效液相色谱法使之成为现实,其次要清楚各有效组分的作用机理和协同作用,才能实现重新配伍,开发原始创新药物。在这一阶段,组分制备和组分配伍等基础研究能力显得尤为重要。

三、现代中药产业技术创新模式

（一）开放式系统创新模式

针对现代中药产业的发展现状和结构特征，要实现现代中药产业结构调整升级，企业在技术创新过程中，适合选择一种开放性与系统性相结合的技术创新模式——"开放式系统创新"模式。

开放式创新与系统创新是彼此依赖、相互促进的关系，企业技术创新的成功需要二者的有机结合。开放式创新拓展了企业创新要素的来源，通过内外部各种要素的整合，可以有效提升技术创新成效；而系统创新增强了各种创新要素的联系，依托系统性创新体系的建立，能够充分发挥多种要素的协同效应。兼具开放性和系统性的技术创新模式有利于企业技术创新活动的顺利开展。

一方面，开放式创新是系统创新的重要保障。一个完整的创新体系不仅包括技术研发体系，还包括来自各个方面的支撑体系。首先，要构建高效的技术研发体系，需要在组织结构中设立多个分工明确的技术研发部门，同时要投入大量的资金、设备、人才等资源，往往超过了单个企业所能承担的范畴。其次，要建立起庞大的技术创新支撑体系，需要与技术研发体系相适应的灵活的组织结构、科学的管理方法、有效的运行机制和有效的市场营销。这些都需要企业与外界的沟通与合作。总之，依靠某个企业"单打独斗"很难建立起完善的创新体系，必须依靠外部力量，走开放式创新之路。

另一方面，系统创新为开放式创新提供了平台。企业与外部创新源的开放合作需要一个与内部进行对接的平台，而系统的技术创新体系正好提供了这样一个平台。首先，企业内部拥有独立的研发部门、规范的研发组织及专门的研发人员是对外开放合作的资本。其次，企业内设立完整的研发组织并开展持续的研发活动，能够提升组织的知识学习能力与吸收能力，从而增强开放式创新的价值。综上所述，企业技术创新的开放性必须以内部的系统创新为基础，通过外部创新源与内部创新体系的对接与融合,才能最好地发挥开放式创新的效果。

综上所述,本书提出的"开放式系统创新"模式的内涵是指将企业的技术创新活动视为一个对外开放的大系统,企业可以从外部环境中获取所需的创新资源,或者与外部主体共同参与创新过程。与此同时,需要实现系统内技术、组织、管理、机制和市场等要素的融合,才能有效提升技术创新活动效果,并显著增强企业技术创新能力。

开放式系统创新模式能够使企业内外部创新要素实现有机融合,从而使整个创新过程更加顺畅、高效。模式的作用机制实质是外生要素通过创新系统平台转化为内生能力的过程。企业对外生要素的吸收与转化过程主要表现为三种类型:第一类是"过程参与型",包括产学研合作研发活动以及用户组织参与的研发活动;第二类是"资源输入型",包括来自企业外部的人才、技术和资金等要素输入;第三类是"双向反馈型",包括用户需求信息的输入以及创新产出的市场化。外部主体利用不同的方式参与到企业技术创新过程中。在内外交互过程中,企业内部的研发体系、组织结构、管理方法、运作机制和市场营销等要素发挥协调作用,以提升内外交互的效率与效果。由此,企业技术创新过程集合内外部要素,形成一个对外开放的大系统。表4-1对三种转化机制进行了比较。

表4-1 外生要素到内生能力的三种转化机制比较

转化机制	过程参与型		资源输入型	双向反馈型
外部主体	产学研	用户组织	市场	终端用户
参与阶段	基础研究 应用研究	产品开发	创新资源投入	产品设计 产品试验 商业化
参与方式	股权合作 契约合作	信息交流 契约合作	市场交易 风险投资	市场调查 售后服务
要素输入	科学基础知识	产品应用知识	人才、技术、资金	需求信息
系统支撑	研发体系 项目管理 利益分配机制 知识产权保护机制	信息沟通机制 知识产权保护机制	灵活组织 激励机制 技术采购 融资管理	市场营销 客户服务
能力输出	学习与吸收能力 技术研究能力 创新活动管理能力	产品开发能力	创新投入能力	产品开发能力 商业化能力

资料来源:作者绘制。

（二）天士力集团案例研究

天士力集团（以下简称"天士力"）成立于1994年5月。成立15年来，天士力始终坚定不移地走自主创新之路。企业从主导产品"复方丹参滴丸"的研发和产业化入手，带动形成了一条联结药物研发、药材种植、中药提取、制剂生产和市场营销各环节的现代中药产业链，并实现了中药生产全过程的标准化和质量控制；通过自主开发、合作开发、委托开发等方式构建了一条完整的新药研发技术链，实现了从"工艺突破"到"产品研发"的跨越式发展，从改剂型的"二次创新"向新组分的"原始创新"模式迈进。天士力在打造完整的技术研发体系的同时，从组织、管理、机制和市场全方位构建创新支撑体系，同时与外界积极、主动地开展联系与合作，保持了整个创新系统的开放性。天士力集团在15年的发展历程中，成功实践了开放式系统创新模式，大大加快了技术创新步伐，并显著提升了技术创新能力。剖析天士力集团创新模式的运作方式及效果，对其他企业有一定的借鉴意义。

天士力"开放式系统创新"模式具体表现在两个方面：一是与掌握中药研发关键知识与技术的高校、研究机构等建立合作关系，针对新药研发特点创建了完整的技术链；二是构建了系统的自主创新体系，包括起主要作用的技术研发体系和起辅助作用的创新支撑体系。

1. 以"开放式创新"模式构建完整的技术链

新药研发过程具有高投入、高风险、长周期等特点，企业的技术创新活动迫切需要来自外部主体的配合。天士力根据中药新药研发的特点，采取"开放式创新"模式，与哈佛大学、浙江大学、天津大学、中国中医研究院、全欧中医药学会、中日友好医院等广泛开展长期合作关系，通过自主研发、合作研发、委托开发等方式，构建了一条完整的新药研发技术链，覆盖了从基础研究、加工工艺、质量控制到试验评价等各项技术，形成了"生产一代、储备一代、开发一代、研制一代"的新药开发体系。

天士力新药研发技术链的构建方法为：一是自主研发核心技术，持续提升优势技术。天士力根据自身条件，积极研究建立缺少的或薄弱的中药新药研发平台和相关技术，同时不断提升已有的优势技术，如中药提取分离、制剂和质量控制等，在新药研发的装备和技术上不断取得突破。二是合作研发前沿技术，联合组建研发平台。针对前沿技术开发投入大、周期长、风险高、与基础科学联系紧密等特点，天士力与高校、科研院所建立长期稳定、联系紧密的合作关系，通过共同建立新药研发技术平台，实现人才、设备和信息等要素的共享，企业能直接利用技术平台进行新药研发，如组分配伍、药效及机理研究等，缩短了研发周期，提高了攻破前沿技术的成功率。三是委托开发辅助技术，消化吸收成熟技术。天士力通过委托、外包等形式充分利用其他现有的新药研发技术平台和相关技术，如安全评价、药物发现等，在引进技术的同时，对技术进行消化吸收，实现技术真正地转移到企业，为企业所用。四是紧密跟踪技术发展，调整完善技术平台。天士力时刻关注中药新药研发技术的发展趋势，根据中药研发需求不断调整各个技术平台和相关技术，完善创新中药新药研发技术链，开发出"粉针剂"等中药新特制剂。

2. 以"系统创新"模式打造强大的创新体系

制药行业是典型的技术密集型行业，企业在长期的技术创新活动中，有必要构建系统、强大的创新体系，"系统创新"模式是企业的最佳选择。天士力的自主创新体系主要由两部分组成，以四层次的技术研发体系为核心，从组织、管理、机制和市场四方面构成强大的支撑体系，从而确保自主创新活动的顺利开展（见图4-2）。

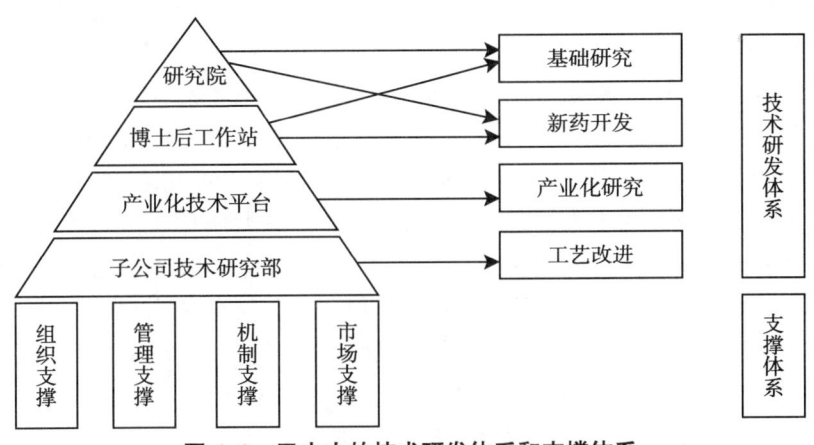

图4-2 天士力的技术研发体系和支撑体系

天士力的技术研发体系由四股力量构成：天士力研究院中药研究所、天士力博士后工作站、产业化技术平台和子公司技术研究部。各个主体独立承担相应的创新任务，并且相互配合，产生协同作用，覆盖了"基础研究—新药开发—产业化研究—工艺改进"的各个环节。由研究院和博士后工作站构成的研发平台与产业化平台的密切结合，可促使基础研究成果尽快地转化为生产力，进一步提高了产品的品质和效益。而子公司技术研究部与两大平台的紧密沟通，有助于基础研究有的放矢，提高研发效率和效果。依托高效的技术研发体系，2002年12月，天士力技术中心被正式认定为国家级企业技术中心。

天士力的自主创新过程是一个全面、系统的创新过程，在开展技术研发活动的同时，灵活开放的组织结构为创新活动提供了组织基础，"没有围墙的研究院"聚集了大批优秀的创新人才；高水平的项目管理能力保障了项目运行质量，先进管理方法的运用提升了创新效率；公平合理的人才培养和激励机制，能够最大限度地激发员工的创新热情，营造最有利于创新的企业文化氛围；定位清晰、方式多样的市场营销策略，保障了创新活动的可收益性。

在组织支撑方面，天士力自主创新的成功首先归功于灵活开放的组织结构设置：①天士力集团控股多家独立经营、自负盈亏的子公司，分别负责固体制剂研究、粉针剂研究、中间提取物研究等不同的技术创新领域，另外还有专门负责药材种植和产品营销的子公司，全面覆盖了中药产业链的各个环节。相对于其他竞争对手而言，处于下游的子公司能够优先获取上游子公司的研发信息并与之交易，如负责固体制剂研究的公司可将中间产物出售给负责中间提取物研究的公司。这种集团化运作方式加强了产业链各环节之间的联系，从而加速了技术创新的步伐。②为增强企业技术创新能力，天士力以开放式思维建设了"没有围墙的研究院"，以天士力研究院为科技创新基础平台，按照"不求所在、但求所用、成果所有、利益共享"的原则，先后与国内外十几家科研机构合作，建立研发中心或开展专题项目研究，实现了对科研资源的优化、整合与合理布局。天士力灵活开放的组织结构拓展了企业人才利用范围，尽管其拥有的固定研发人才只有200多名，但是可调动的研发人才队伍却非常庞大，可达500多人。

在管理支撑方面，天士力是将现代管理融入传统中药产业的典范：①天士力一直倡导并推行项目化管理，目前已具备较强的项目管理能力，于2006年获得国际项目管理协会"IPMA国际项目管理大奖银奖"，成为国内第一家获得此项殊荣的企业。②在日常生产经营中，天士力运用各种先进管理方法，不断提高企业的管理水平，例如，实施BPR和CIMS系统,打造现代中药生产制造技术平台;运用"丰田模式"的准时化(JIT)和精益(LEAN)生产方式及看板管理,打造先进物流管理配送平台;引入 6σ 质量管理思想,建立数字质控模型,确保质量恒久稳定。《福布斯》杂志曾给出这样的评价:"天士力在小小的滴丸中滴进了丰田汽车、戴尔电脑和 IBM 的管理思想"。科学管理方法的运用优化了生产流程,提升了企业技术创新效率,也使其具备了与国际先进企业合作的谈判资本。

在机制支撑方面,天士力通过深刻的机制创新,一方面在内部积极培育良好的创新氛围和精干的创新人才;另一方面在外部广泛建立稳定的合作关系,并构筑有效的知识产权保护体系。①天士力允许员工自由组合成团队,向公司提出创新项目申请,通过评审后,由公司给予资金支持。项目无论成功与否,员工均可再次提出申请。这种自由、宽松的创新氛围极大地激发了员工的创新热情,是天士力创新成果不断涌现的重要保障。②采取全新的用人机制,公司只负责制定统一的科研计划、资金支持和薪资分配,其他不论国籍、工作地点,也不论工作方式,都本着"以成果为纽带"的精神,给予合作者充分自主权。③建立"以需求为导向的培训模式",实施公司发展、人才培养与本人意愿相结合的培训管理,组织形式多样的内训和外训活动。建立"专业导师管理制度",由高层管理者担任管理导师,对核心员工进行培养,为实现公司的发展战略提供了人才储备。④提出"知识参与分配"的原则,实行科技人员和高管人员持股计划,并且预留后入职的关键性人才的股份,保证机会均等。⑤以市场为导向,以天士力为技术投资、需求及应用主体,以资产为纽带,以攻克重大关键共性技术和重要标准为目标,发起建立产权明晰、职责分明、互利共赢的"创新药物产学研联合体",在科研管理过程中实施项目化管理,不同项目、不同技术根据实际需求采取不同的合作模式。⑥面对目前国内中药企业专利保护意识淡薄、发明专利申请成功率低、常被国外企业抢先申请专利的困境,天士力坚持实施知识产权保护战略,构筑了由"核心专利、外围专利、防御专利、竞争专利"构成的复合型、网状专利保护体系。

在市场支撑方面,天士力制定了清晰的营销战略,并通过多年努力探索出一条创新的服务营销之路。①天士力确立了"基础市场在国内,目标市场在国际"的营销战略。在国内市场,以市场需求为导向,在市场细分的基础上,提出城市医疗市场、OTC 市场、城乡市场三个运作板块,采取"立足城市,辐射乡村,区域管理,重点突破"的营销策略。在国际市场,形成国际贸易和国际直销两个业务板块、两个组织体系，确立了以直销为龙头、带动分销，从发展中国家向发达国家拓展的国际市场营销模式。1997年12月，天士力的复方丹参滴丸正式通过美国FDA的新药临床研究审评（IND审评），并直接进入Ⅱ期、Ⅲ期临床试验，向进军国际市场的目标又迈进了一步。②2001年以来，天士力在全国范围内广泛开展"健康之星天士力行"活动，邀请消费者观摩现代中药的科研、提取及生产的全过程，并与公司的相关负责人面对面地交流、沟通，搭建了一个企业与消费者真诚沟通的平台，消除了消费者对现代中药的误解和疑虑。③天士力成立了"健康服务呼叫中心"，支持电话呼叫、无纸传真、电子邮件等多种接入方式，具有快捷准确的数据记录和统计功能，不仅是公司与消费者共享信息的平台，还提高了售后服务的质量和时效性。

由此可见，天士力的自主创新模式具有开放性与系统性的双重特征，很好地实现了开放式创新和系统创新的结合：没有外部创新主体的参与，就无法建立覆盖整条技术链和产业链的创新体系；没有开放、灵活的组织结构，就不可能有如此强大的科技人才支撑；没有企业与消费者之间持续的沟通与交流，就难以顺利实现技术创新成果的商业化。反过来，没有系统的创新体系搭建的平台，就不能更好地吸收外部知识和资源投入；没有公平、合理的人才激励机制，就无法留住企业内、外的优秀创新人才；没有科学、有效的收益分配机制和知识产权保护机制，就无法确保企业在对外开放中获取应得的创新收益。坚持二者的协调统一，是天士力自主创新模式成功运行的必要条件。

四、产业未来发展思路及政策建议

（一）现代中药产业未来发展思路

按照前文的三阶段划分法，我国中药产业目前正处于现代中药发展阶段，像天士力等一些技术创新能力较强的企业，已经开始向组分中药方向发起进攻。展望我国现代中药产业未来的发展方向，最核心的任务还是尽快实现中药产业现代化和国际化。具体而言，应重点在以下几方面做出

第四章 现代中药产业与新兴技术的融合发展

努力：

第一，应该重视产品创新和工艺创新的依赖性和交互性，在创新过程中使两者相互配合，产生协同作用。产品创新通过产品差异化满足了多样化的市场需求，带来了创新收益，但其产业化过程对工艺技术提出了更高的要求，拉动了工艺创新；工艺创新在降低成本、提高效率的同时，增强了产品的竞争优势，而随着工艺技术的提高又加速了新产品发现过程，推动了产品创新。

第二，应当大力推进产学研合作创新活动，实现企业内外创新资源的优化配置。企业自主创新所需要的资源不一定完全来自企业内部，应该充分调动外部资源为企业所用，尤其是针对流动性较强的科技人才，灵活开放的组织结构和公平有效的人才机制是技术创新的重要支撑。

第三，应该抓住产业技术轨道变迁的机遇，加大技术研发投入，提升产品创新层次。多个产业的实践经验表明，行业技术轨道跃迁时期往往蕴藏着重大的创新机会，更易产生技术创新层次的提升，例如从"二次创新"提升至"原始创新"。而通过前期技术创新活动完成能力积累的企业，更有利于在新的技术轨道上抢占先机，赢得竞争优势。

（二）现代中药产业发展政策建议

为了加快我国现代中药产业发展，促进产业结构调整，提升产业综合竞争力，我国各级政府应发挥导向和激励作用，特此提出以下几点建议：

1. 制定产业规划，明确产业发展重点

中药产业属于我国典型的传统产业，其发展必然受到我国各级政府的关注。进入21世纪以来，无论是国际、国内市场局势，还是中药产业自身特征，都发生了很大变化。针对目前中药产业发展所面临的一系列挑战，我国政府应当更加重视制定科学的中药产业发展规划，找准产业未来发展重点。为此，我国政府已经出台了多项产业发展规划，最突出的特点是将标准化建设提到了非常重要的地位。例如，《中医药标准化发展规划（2006~2010）》指出，争取掌握国际标准制定的主导权，明确限定标龄，强调确保标准的有效实施，优先支持"标准研究"项目立项，目标是到2010年，制修订500项中医药标准，其中包括50项国家标准，力争每年制修订100项标准；标准制修订周期控制在2年以内；标龄控制在5年以内；以我为主制定或提出3~5项中医药国际标准，参与制定或提出至少

20项国际行业组织标准。然而，要促成现代中药产业的大发展，仅靠某一方面的努力是不够的。今后，政府应制定更具有针对性和可操作性的产业发展规划，重点应当放在加速中药产业的现代化、标准化和国际化进程。

2. 牵头重大专项，引导技术创新方向

加入世界贸易组织（WTO）后，我国医药产业置身于更加激烈的国际竞争当中，面临着十分严峻的挑战。为应对形势变化带来的危机，加快医药产业的科技创新，我国政府应通过设立重大科技专项的方式，正确引导我国现代中药产业的技术创新方向。设立重大科技专项的主要目的在于，加速实现我国新药研制从仿制为主向自主创新为主、创仿结合的战略性转变，大幅提高我国在新药研究和开发方面的综合实力，努力推动中药现代化、国际化进程，为我国医药产业的持续发展和战略调整起到强有力的支撑。我国政府在这方面已经有所作为：第一，将"创新药物和中药现代化"列为"十五"（2002~2010年）重大科技专项，专项重点支持的研究课题包括：中药材种植加工技术研究、中药质量标准研究和中药工业生产共性技术研究等，并且在全国建立了14个中药现代化科技产业基地和8个国家中药材规范化种植基地。第二，在《国家中长期科学和技术发展规划纲要（2006~2020）》中一共确定了16个重大专项，其中一项就是"重大新药创制专项"，由此可见，我国政府已将制药产业视为未来10年科技发展的重中之重。今后，政府还应加大力度，力求通过重大科技专项的实施，逐步建立我国的中药标准体系，大幅提升中药生产工艺技术、装备水平以及产品质量控制水平。

3. 促进产业技术联盟，实现联合攻关

产业技术联盟是产业层面的一种合作研发模式，有利于整合分散的创新资源，易于实现核心技术和前沿技术的联合攻关。我国政府应该紧密围绕建设创新型国家战略的目标，从国家、产业和企业三个层面入手，进一步明确合作研发激励的政策导向，并制定更加系统、可行、有效的政策体系。第一，在国家层面，政策激励作用主要体现在研发方向引导和平台设施建设方面。中央政府可以根据国家整体创新战略，针对一些重点、难点的技术领域，通过立项一些大型的科学研究计划，促进产学研之间的合作与交流。同时，中央政府应加强技术创新平台和基础设施建设的力度，从而促进技术进步和技术扩散。第二，在产业层面，政策激励作用主要体现在知识信息共享和共性技术突破方面。首先，政府在出台产业发展规划时，应重点强调产学研结合对产业发展的重要性，并给出具体可行的政策指导；其次，地方政府应出台政策措施，增进当地产学研主体之间的信息交流与知识共享，提升整个区域的综合竞争力；最后，地方政府应积极推动产业集群和产业技术联盟的发展，并引导这些网络型组织致力于产业共性技术的研究开发。第三，在企业层面，政策激励作用主要体现在研发资金支持和知识产权保护方面。首先，政府应该特别针对创新型中小企业给予资金支持，常见的政策工具包括财政和税收优惠政策等；其次，政府应尽快加强知识产权保护体系建设，维护创新者利益不受侵犯，激励企业持久创新。

4. 搭建公共平台，推进中药国际化

由于中药产业的复杂性和特殊性，要想实现中药产业国际化，仅靠一家企业是非常困难的。如果能够汇聚多个企业的力量，将大大降低产业国际化的难度。因此，在推进中药产业走向国际的过程中，政府应发挥的主要作用是为企业搭建公共平台。天津是我国最重要的中药产业发展基地之一，天津市政府已经在搭建平台方面率先实现突破。为了促进天津市的经济增长与对外开放，带动我国生物技术和医药产业的跨越式发展，2006年6月26日，国家科技部与天津市签署《国家科学技术部与天津市政府共建"国家生物医药国际创新园"议定书》，国际创新园由三大功能区组成，包括研究开发区、企业孵化区和生产贸易区，同时在研究开发区内建立"天津国际生物医药联合研究院"，目标是将其打造成为生物技术与医药科技和产业创新基地、优秀人才聚集和培养中心，以及国际联系与合作的桥梁。此后，天津市又与国家有关部门共同签署了《共建国家生物医药国际创新园的意见》，并针对人才和项目的吸引出台了一系列政策措施。天津国际生物医药联合研究院已经成为国家新药创制重大专项的综合平台，并且获得国家1.2亿元的研发经费支持。目前，已经有部分公共技术平台和企业入驻，一批生物医药项目已在联合研究院启动实施。天津国际生物医药联合研究院的成立，对于加快国家生物医药国际创新园建设，推动生物技术和医药产业发展，都具有十分重要的现实意义。这一经验值得其他地方政府加以借鉴。

第五章　游艇产业的制造与服务互动发展

　　游艇产业具有产业链条长、产业联动性强、消费拉动作用明显等优点，成为近年来一些沿海城市重点打造和培育的朝阳产业。位于环渤海区域的天津滨海新区，凭借自身的优越区位条件和政策优势，正在成长为我国北方重要的滨海旅游目的地。2010年以来，天津滨海新区着手推进旅游产业发展规划和游艇产业发展规划，致力于打造北方的游艇产业中心。课题组考察了天津滨海新区游艇产业发展的基础条件和业态选择，认为在国际产业转移加快，游艇消费快速增长的背景下，天津滨海新区具备发展游艇产业的独特优势。根据目前的发展态势，其游艇产业完全有可能走出一条制造业与服务业互动发展的独特道路，形成游艇消费差异化、游艇工业高端化的集约发展模式。

　　对于天津而言，应抓住游艇产业国际转移、我国消费结构升级和天津滨海区域地位快速提升的历史机遇，坚持高端定位和错位发展，加大政策扶持力度，完善配套设施，加强服务功能，培育世界级游艇品牌，促进游艇产业的跨越发展。以天津滨海游艇产业科技园为平台，将天津滨海旅游区打造成为我国华北地区最重要的以制造和销售豪华游艇为主、各种高性能功能舰艇为辅、相关配套产业汇集的游艇研发、设计、检测和制造基地；以天津滨海游艇休闲旅游区为平台，通过建设符合国际标准的游艇俱乐部、举办具有重大影响的会展和赛事、培育广泛覆盖的专业交易市场和各类功能完善的中介服务体系，将天津滨海旅游区打造成为我国北方最重要的集游艇交易、会展、培训、消费、维修、保养、物流于一体的综合性消费服务基地。围绕制造、展示交易和俱乐部三大板块，通过集聚产品、零部件、人才、技术和信息，将天津滨海旅游区打造成为以京津晋冀为核心，辐射华北、东北和西北，面向海外市场的我国北方规模最大、产业链最完整、技术最先进、服务体系最完善的"游艇之都"。

一、天津滨海新区发展游艇产业的条件与机遇

（一）国际产业转移加快，产业转移层次提高

国际游艇制造业加快向中国沿海地区转移的趋势明显，中国游艇产业面临承接我国台湾地区、香港地区及其他西方发达国家（或地区）游艇产业转移的良好机遇。游艇制造业既是技术引领型产业，又属于劳动密集型工业。早在20世纪七八十年代，由于其制造成本日益上升，主要游艇制造国如美国、意大利、法国、澳大利亚和日本的游艇制造业对40米中型和中档以下游艇生产转移到东亚新兴国家和地区。20世纪80年代后期，我国台湾地区因工时费用上涨导致游艇建造成本上升，开始将制造基地向劳动力相对低廉的内地转移。而香港游艇俱乐部基于用地、码头紧张、游艇停泊费用高等因素，部分迁移到内地发展。因此，近年来，美国、加拿大、日本、德国、澳大利亚和中国台湾、中国香港等国家和地区的游艇厂商已陆续来我国沿海投资办厂，游艇生产向我国大陆转移的趋势越来越强烈。最近几年来，游艇产业向我国南方转移已呈饱和，环渤海区域成为游艇产业转移的新的热点地区。此外，天津滨海旅游区有承接日本和韩国游艇产业转移的优势。

随着游艇产业转移规模的日益增大，游艇产业转移的层次也不断提高，游艇质量、规格、工艺和技术呈现高端化、多样化的趋势。随着技术水平的提高，生产的游艇开始走向中、大型化，带动了我国游艇产业的发展壮大。通观国内外游艇市场及游艇销售形势，预计中国游艇产业将在3~5年之内进入一个快速发展时期，对于天津滨海旅游区发展游艇产业，提供了良好的外部产业发展机遇。此外，目前以进口游艇为对象的税收偏高，如游艇消费税10%，进口关税10%，另加17%的增值税，因此进口游艇的实际关税约为40%。本土制造的本品质游艇比进口游艇更将具价格优势。

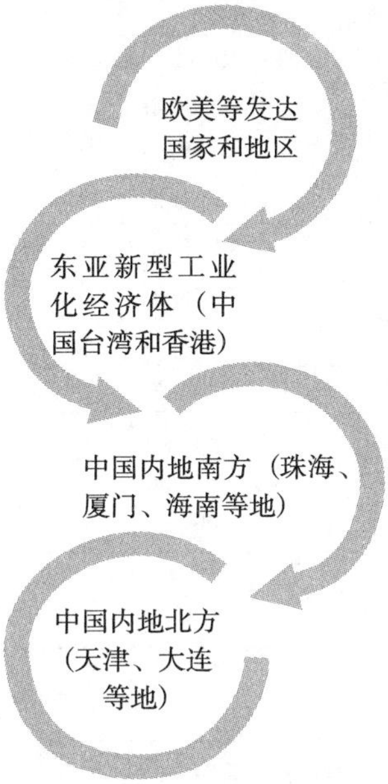

第五章　游艇产业的制造与服务互动发展

图 5-1　国际游艇产业转移过程

（二）游艇消费快速成长

20 世纪 90 年代以来，游艇运动作为一种"舶来品"开始为国人所认识，近年来又成为部分国内人士追求的生活时尚。随着生活水平的提高，人们的交通概念和消费模式也发生着巨大的变化，继汽车消费趋于成熟之后，游艇被认为有望成为新的消费热点。作为水上主要休闲娱乐器材，游艇正成为风行世界各地家庭和个人的高级耐用消费品。如表 5-1 所示，相比于欧美发达国家，我国游艇制造主要以出口为导向，国内需求较小，人均拥有量远远低于国外水平，体现出中国游艇产业的巨大上升空间。游艇旅游经济发展严重滞后，游艇旅游、游艇地产、游艇展览和游艇赛事等各个方面都发展滞后。随着我国国民收入的不断提升，消费结构升级、消费层次提升，游艇消费将进入快速发展时期。

（三）区位优势不断增强

渤海是我国最大的内海，海域面积 7.7 万平方公里，分布大小岛屿 40 多个，注入渤海的内河有 40 余条，沿岸大小港口 40 多个，环渤海地区的

表 5-1　2007 年主要发达国家人均游艇拥有量

国别	游艇保有量（艘）	人均游艇拥有量（艘/人）
挪威	700000	1/7
美国	18000000	1/15
加拿大	250000	1/15
丹麦	366000	1/15
瑞典	1300000	1/15
荷兰	250000	1/64
意大利	1000000	1/66
英国	600000	1/107
德国	950000	1/111
法国	900000	1/120
西班牙	300000	1/167
日本	450000	1/320
世界	—	1/171
中国	102	1/13000000

数据来源：国际游艇杂志，IBI，2007；国家海事局，2008。

总人口达 2.15 亿。丰裕的水系资源和高人口聚居密度使得环渤海地区具备发展游艇产业所需的水域和人气。天津交通枢纽地位突出，它紧邻渤海，处于京津城市带和环渤海经济圈的交会点上，交通网发达便利，可快速通达周边省市和日韩等东北亚国家，具有得天独厚的区位优势。天津滨海旅游区的交通已经形成海陆空立体网络。其中，海上有国内、国际班轮航线：天津港—大连、天津港—烟台、天津港—烟台—神户和天津港—仁川；空中有天津滨海国际机场，可整合京津航空资源；陆路有京津塘高速公路、津滨高速公路等，将滨海旅游区与北京、天津更便捷地连在一起，尤其是拥有六条国道和京哈、京沪铁路等，成为连接华北、东北、华东的交通枢纽。

滨海旅游区具有临海、临京的优势，随着京津城际高速铁路延伸到天津滨海旅游区的于家堡，从北京到达天津滨海旅游区的时间大大缩短，加之旅游出行成为国人新的生活方式，北京庞大的消费能力、充裕的出行时间和对休闲旅游活动的热衷，天津将成为北京高端阶层出海休闲的最佳选择。同时，天津的气候和生活习惯更适合我国北方人群，在天津发展游艇产业，相比于我国南方的香港、三亚、珠海和上海等地，对周边庞大的北方人群更具市场吸引力。而且滨海旅游区不易受台风影响，冰冻期短，相比于大连而言，更有利于发展游艇旅游业。

就天津滨海旅游区而言，拥有如下得天独厚的区位优势。第一，天津滨海旅游区位于环渤海地区的中心位置，环抱京津，辐射"三北"，面向东北亚，是我国北方大陆桥的重要出海口和京津冀都市圈的海上门户，内陆腹地广阔，区位优势明显，产业基础雄厚，增长潜力巨大。第二，滨海新区拥有海岸线153公里，陆域面积2270平方公里，海域面积3000平方公里，可供发展游艇产业所需的设计、制造、销售用地充足，建设游艇俱乐部、码头等游艇设施、开展游艇展览和竞赛等游艇业相关活动所需的水域条件理想。第三，滨海旅游区海底、海滩地势平坦，潮水涨落规律性较强，潮间带较宽，也有利于建造临海的大型旅游度假设施、开发游艇地产和开发水上运动或水上娱乐项目。第四，天津海岸带是黄海、渤海洄游性鱼虾和贝蟹类产卵与索饵的重要场所，适宜开展海洋观光出海、垂钓等活动。

（四）产业配套优势突出

第一，天津作为我国北方重要的综合性工业基地，经过相当长时间的发展，本地已经具有完备的制造业体系，相比于珠海、厦门、三亚、大连等其他发展游艇产业的城市，天津拥有与游艇相关制造行业的产业链优势。伴随着产业的成长，天津本地形成了数量庞大和工艺水平较高的技工队伍，加强了天津本地游艇产业的配套能力。游艇制造业除了游艇本身外，游艇制造需要诸多相关产业的联动，包括新型材料、电子仪器、仪表、动力、导航系统等几十个配套行业的发展。游艇的制造除主机和导航设备外，主要包括塑胶船体、木工、机电、五金配件、油漆等，这些工艺的配件和加工都是天津本地的传统优势，本地产业配套能力强。

第二，天津本地拥有天津船舶工业公司、天津新河船舶重工有限责任公司、中船重工天津新港船厂、天津市中舟船舶工贸有限公司、天津豪钢机械工程有限公司、天津德赛船舶海洋工程技术有限公司、天津市杨柳青船厂、天津奥伦帕克船舶制造有限公司等一批船舶制造相关企业提供生产设施、工人和技术储备等，能够快速地承接产业转移和进入游艇产业。

第三，天津市还有造船工程学会、天津新河船舶及海洋工程设计有限责任公司、天津修船技术研究所、天津大学船舶专业等相关专业学会、设计、教学和研究机构输送技术、人才和研发等服务，形成了较为完备的游艇产业体系，对于降低游艇制造成本具有十分明显的竞争优势。

（五）政策机遇前所未有

近年来，多种政策合力的交会，使得天津市的区位优势进一步得以实质性地提升。继"珠三角"、"长三角"崛起之后，环渤海地区正在成为我国新的经济增长极，京津冀区域合作加强，京津冀都市连绵区加快成长。因此，相比于大连、青岛等其他北方城市，天津发展游艇产业可以高效利用优越的区域经济社会发展的外部优势。滨海旅游区正处于新的政策机遇期，包括有利的区域发展政策、旅游产业和游艇产业政策。

第一，区域发展政策。继广东深圳、上海浦东之后，开发建设天津滨海新区上升为国家发展战略，使得滨海新区的经济社会发展和产业进步处于前所未有的历史机遇期，具备政策、资金、土地、市场、人才、服务六个方面的优势。作为滨海新区九大功能区之一的滨海旅游区充分体现出区域特色，在滨海新区旅游区的规划中，确立了发展海上娱乐休闲游、海上休闲度假游、海上高端商务游、生态湿地休闲游、海上健身游等旅游项目，这将为滨海旅游区游艇产业的发展提供强劲和全方位的支持。

第二，旅游及游艇产业政策。仅在2009年，中国游艇业迎来了两个重要的政策支持。一是2009年12月1日国家下发的《关于加快发展旅游业的意见》中"培育新的旅游消费热点"提出"支持有条件的地区发展油轮、游艇等新兴旅游"，并首次提出了把旅游房车、邮轮游艇等旅游装备制造业纳入国家鼓励类产业目录，2010年7月23日《国务院办公厅印发贯彻落实国务院关于加快发展旅游业意见重点工作分工方案的通知》再次强调了这一政策点，并且进一步明确了负责机构，为游艇产业的发展提供了组织保障。二是在2009年12月30日国务院发布了《关于推进海南国际旅游岛建设发展的若干意见》，明确提出发展邮轮、游艇旅游，并提出了"研究完善游艇管理办法，创造条件适当扩大开放水域"等一系列发展游艇产业的具体措施为滨海旅游区发展游艇产业探索出可供利用的经验和解决方案。这两大政策将给我国处于起步阶段的游艇新兴产业带来极大的发展机遇与契机，对促进我国游艇产业的新一轮发展具有极其重要的意义，抢先发展游艇产业的地区有望获得先发优势。此外，国家工业与信息化部在《船舶工业技术进步和技术改造投资方向（2009~2011）》中提出科学研发的重点内容包括"豪华游艇、豪华游轮等"高技术高附加值船舶;自2009年1月1日起实施的《游艇安全管理规定》,细化了游艇运营、检验、登记和航行等相关事宜。

第三,受宏观调控的影响程度小。与休闲总部等高档休闲运动项目相比,游艇业因不受土地供给等因素的限制,投入少、见效快、污染小、成本低,属于国家鼓励发展的服务业范畴,产业成长的长期趋势向好,受国家宏观调控政策和产业管制政策的影响较少。因此,在宏观调控、土地政策和环境政策将长期紧缩的趋势下,游艇产业优势明显。

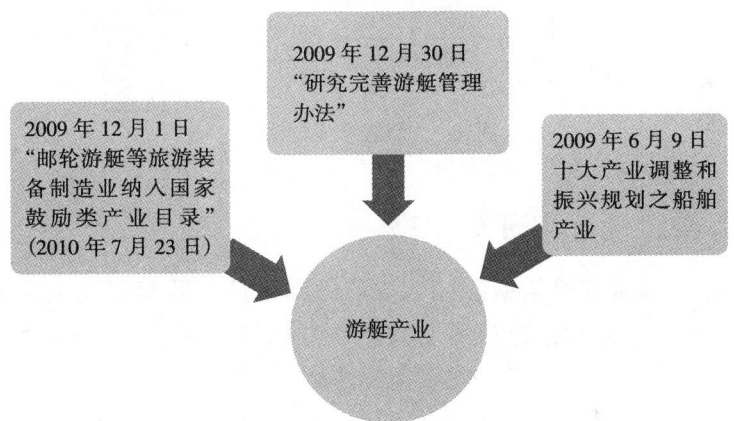

图 5-2　2009 年以来涉及游艇产业的主要政策

二、游艇产业链分析

游艇产业的产业链可以看做是与设计、制造、配套、销售、消费以及辅助产业等一系列环节分别对应的上、中、下游产业构成的一条链状结构。游艇产业除了游艇本身的经济价值,游艇产业带来的综合经济效应更是巨大的。游艇制造能够带动玻璃钢复合材料、涂料、电子仪器、仪表、发动机、推进系统等上游原材料和配件产业的发展。游艇消费也将带动游艇观光休闲旅游、商务会所、水上娱乐、游艇码头、驾驶培训、游艇维护保养、餐饮服务等下游产业链一大批相关行业以及辅助产业的发展。

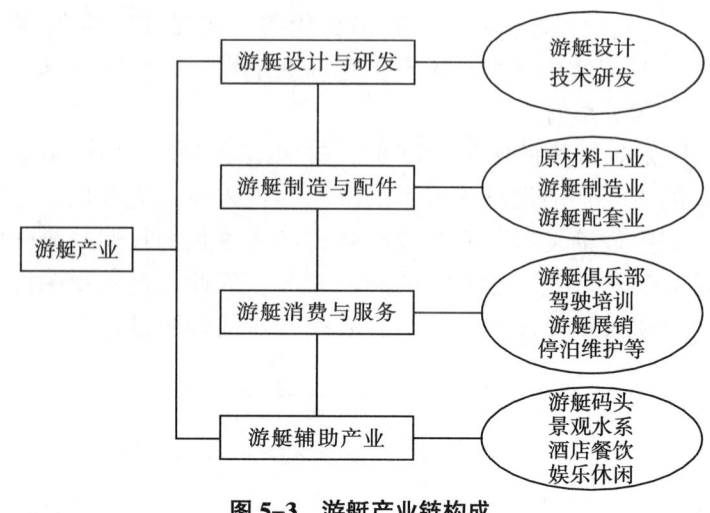

图 5-3 游艇产业链构成

（一）游艇设计与研发

游艇设计包括船体船型设计、游艇内饰设计。游艇研发主要是专用零部件研发设计，例如游艇专用发动机、专用仪器仪表、导航设备和螺旋桨等。

（二）游艇制造与配件

游艇制造与配件主要包括原材料工业、游艇制造业和游艇配套业。原材料工业包括新型金属材料及复合材料加工、木器与涂料、游艇装饰件。上游配套件制造：游艇专用发动机、通信导航设备、电子电器及关键控制设备、艇内装饰、水上运动器材等制造业。核心和关键的游艇部件包括：专用发动机、发电机、专业的仪器仪表、雷达导航设备和螺旋桨等。其他包括电话通信设备、冷气设备、家用电器、船用空调、各种信号灯等船用电器设备。游艇制造业包括游艇船体制造、各种类型游艇组装、游艇产品检测、试航。船体制造主要是模具、玻璃纤维、树脂胶、涂料等原材料的生产与成型。

（三）游艇消费与服务

一般而言，游艇消费服务的各项职能主要由游艇俱乐部承担，豪华游艇消费主要与商业经营活动挂钩。另外，游艇租赁、旅游，也是当前游艇消费服务的主要模式。游艇租借方式和类型也日益多样化。游艇俱乐部的业务功能主要含有星级酒店功能、休闲度假功能、商务功能、社交功能、娱乐功能、水上生活功能、水上运动培训功能、游艇租赁、游艇驾照培训和考核、游艇停泊、补给功能、游艇维修保养及游艇保险、牌照、驾照、通航、出入境服务等。

此外，游艇消费与服务还包括游艇及配件交易、游艇会展、游艇运动赛事举办、游艇产业发展论坛、游艇科技与商务交流等。

（四）游艇辅助产业

游艇辅助产业包括专用码头建设、酒店餐饮、商务会所、旅游休闲、景观建设、游艇专业教学与人才培养等。游艇产业的发展离不开辅助产业，例如航道水域、港口码头景观水系等基础设施的配套建设，应该有计划、有步骤地建设一批高水平的配套设施，满足游艇消费需求。

表5-2　游艇产业链构成与主要业态

产业链	主要业态
游艇研发与设计	游艇设计、技术研发、材料与产品检验检测、制造技术等
游艇制造与配件	原材料工业：新型金属材料及复合材料加工、木器与涂料、游艇装饰件等 游艇制造工业：游艇船体制造、各种类型游艇组装、游艇产品检测、试航等 游艇配套工业：专用发动机、发电机、专业仪器仪表、导航设备、螺旋桨、帆具、涂料、安全设备、卫生洁具、电器设备、控制装置等配件
游艇消费与服务	游艇销售服务：总代理、游艇销售公司、游艇展示、游艇杂志、游艇网站等 游艇消费服务：游艇俱乐部、游艇驾驶、水上运动培训、游艇代管、保养维修、游艇租赁、游艇器材等
游艇辅助产业	基础服务：码头、仓储、游艇转运、安全服务、报关服务、航道服务、信息服务、水域资源等 辅助行业：水上运动器材、体育用品器材等 关联服务：酒店餐饮、休闲旅游、商务会所等

三、天津滨海新区游艇产业的业态选择

天津滨海旅游区可以通过引进外部和吸引天津本地船舶和游艇制造企

业，利用天津已有船舶和游艇制造业发展的基础，加上天津的经济实力，充分利用其区位优势和巨大的游艇潜在消费需求等，发展游艇制造业和游艇旅游业。

天津拥有众多的船舶制造企业，例如，天津船舶工业公司、天津新河船舶重工有限责任公司、天津豪钢机械工程有限公司、天津德赛船舶海洋工程技术有限公司、天津奥伦帕克船舶制造有限公司等一批船舶制造相关企业。另外，还有天津造船工程学会、天津新河船舶及海洋工程设计有限责任公司、天津修船技术研究所、天津大学船舶专业等相关专业学会、设计、教学和研究机构，已经形成了较为完备的船舶产业体系，也为天津滨海旅游区发展自主游艇产业奠定了一定的技术和产业基础。因此，滨海旅游区在大力引进游艇设计人才，加强游艇专业设计能力的同时，应充分利用天津本地船舶制造的经验优势，加快发展游艇产业。加快设立游艇研发生产基地，规划游艇旅游业，延伸和完善游艇经济价值链，使游艇产业成为滨海旅游区的支柱产业，并努力将游艇产业发展成滨海旅游区的新经济增长点。

天津滨海旅游区具有游艇产业发展的资源基础和有利条件，可以考虑分步骤、分阶段、有侧重地构建游艇全产业链，包括游艇研发设计、游艇制造与配件、游艇消费服务和辅助性产业（行业）为重点的整个游艇价值链环节。但是，天津滨海旅游区在发展游艇产业时，在产业链环节的具体业态选择上应根据自身资源条件有所侧重。

（一）游艇研发与设计

一方面，游艇的制造离不开游艇研发设计，游艇的个性化差异特点明显，因此游艇设计十分讲究，世界知名游艇制造商都注重游艇设计，注重根据客户需求来设计游艇各方面外观与功能要求。另一方面，随着游艇工艺与制造技术的不断完善，游艇产业的高附加值，已经逐步从游艇制造环节向研发设计和消费服务环节转移。尤其是高端豪华游艇，游艇的设计、工艺和品位成为购买时考虑的主要因素。

目前，国内没有专门的游艇设计院所和研究所，游艇设计与研究未受到应有的重视。现有的游艇设计大都由有关船舶设计院所应用户和生产单位的要求设计。由于设计、科研单位缺乏对世界游艇设计和建造情况的详细了解和专门研究，游艇设计水平难以提高。天津滨海旅游区应加快建立和完善游艇专业设计、研究机构,专门从事游艇方面技术情报的搜集,掌握游艇发展的技术动态和各国对游艇的需求情况,同时引进和培养游艇专业设计人才,提高天津滨海旅游区游艇研发设计水平。

游艇设计一般包含船体与内饰设计、电机和机械等多方面的综合设计,因此往往需要一个技术全面的设计团队,需要结合设计师与工程师队伍。天津滨海旅游区发展游艇研发设计可以依托北京、天津设计人才资源优势,吸引高端设计人才与工程师共同从事游艇研发设计,提升游艇自主研发设计能力。通过建立游艇研发设计平台,开展国际合作,进行高端豪华游艇联合研发设计。根据不同类型游艇设计要求的不同,以及用户的需求,加强设计过程中与上游部件厂商和下游用户之间的协作和沟通。引进拥有自主设计研发能力的厂商,创立自主知识产权品牌。

游艇设计是构成游艇产品竞争力的重要因素,为用户提供符合其需要的设计方案对于提高游艇产品的竞争力十分重要。不同类型游艇其设计重点不同,例如运动型游艇,此类游艇都为小型游艇,一般设计时以时速作为卖点,而且价格较低,在年轻人中间有比较大的市场需求。游艇设计需要兼顾实用性与时尚性,而安全性与稳定性是游艇设计中要考虑的首要因素。在结构设计方面,要有足够的纵向强度和扭转强度,为使游艇能够有较快的速度,在设计中要充分考虑所使用的材料和设备对游艇航速的影响。

豪华游艇内饰设计要求较高,因此内部装饰水平和设备安装成为游艇设计建造的一个重要环节。游艇内部装修多以手工装修为主,难度大,周期长,其内装材料和电器设备要比一般船舶高级许多。高档豪华游艇装备有最现代化的通信和导航系统,舱内配有高级材料如柚木、皮革、镀金小五金件、不锈钢扶手、高级地毯、高档家具、现代化的电器设备、古董、字画、特殊的灯光设计等设施。一般来说,内饰要求设计新颖、选材上等,结构与制造工艺精度高,并且选用名牌设备设施,布置舒适。

(二)游艇制造与配件

游艇制造业是技术密集型产业,但同时也是劳动密集型产业。游艇制造过程中的许多环节需要手工劳动完成。天津劳动力资源丰富,劳动力成本相对较低,适合开展游艇及其相关原材料和配件产业的发展。在天津各类船舶制造企业中,已经有部分企业涉足游艇制造,开始拓展游艇生产业务,但是这些企业大多规模小、技术水平低,出口渠道也不顺畅。因此,在充分发挥本地劳动力成本相对较低的优势的同时,应当通过与外商合资、合作,引进专家、引进先进技术,发挥境外企业的技术优势、国际市场信息优势,研发生产中高档游艇,改变中高档游艇依赖进口的局面。总体上,天津滨海新区具有良好的船舶装备制造业基础,在一定程度上能够促进游艇上游环节的设计、制造、零部件等环节的发展,并且将与下游的游艇消费市场紧密相连,从而打造一条完整的游艇产业链,壮大游艇经济规模。因此,要充分发挥滨海旅游区及周边较为完善的产业链优势,以游艇研发设计和制造维护为核心业务,发展适应个性需求的中高端游艇,吸引世界知名游艇品牌生产商,例如美国 Brunswick(宾士域)集团和 Genmar(吉玛)集团、法国 Beneteau(博纳多)集团、意大利 Ferretti(法拉帝)集团和游艇巨头 Azimut-Benetti(阿兹姆-贝尼蒂)集团等,在天津滨海旅游区设立研发设计中心和制造维护基地。

表5-3 国外著名游艇厂商及基本信息

序号	国外著名游艇厂商	基本信息
1	美国 Brunswick(宾士域)集团	集团主要从事设计、制造和销售五大产品:游艇、船舶/游艇柴油机、健身设备、保龄球、台球。就游艇、游艇设备而言,集团在全球有50多个制造基地,拥有40多个国际性的品牌
2	美国 Genmar(吉玛)集团	世界上最大的游艇制造集团,同时也是美国第二大船只制造商,仅次于 Brunswick(宾士域)集团。Genmar集团旗下共有十多个享誉世界的大品牌
3	法国 Beneteau(博纳多)集团	世界首屈一指的帆船游艇制造商,也是欧洲最大的船艇生产商(包括动力游艇和帆船)。博纳多集团产品销量长期以来稳居行业首位,产品被公认为是性价比最高的帆船和游艇产品
4	意大利 Ferretti(法拉帝)集团	法拉帝集团为全球46~88尺机动游艇设计、制造及销售之行业翘楚,为意大利第二大游艇制造商。其游艇因卓越的产品设计而著称于世
5	意大利 Azimut-Benetti(阿兹姆-贝尼蒂)集团	世界著名的游艇制造商,由 Azimut 于1985年并购 Benetti 游艇制造厂而组成。Azimut-Benetti 集团游艇的设计与制造技术依然是集团的核心竞争力

天津滨海旅游区游艇产业应该选择较高的起点,应重点拓展游艇高端研发制造领域,完善游艇配套制造业环节。积极推进游艇主机、辅机等船用设备的国产化,加快游艇配套业发展。加强游艇核心技术研发,选择中高端游艇关键零部件作为重点切入,通过游艇关键零部件技术的突破,逐步带动游艇产业向中高端领域发展。

游艇产品类型:从产品类型角度出发,大型豪华游艇设计和建造要求水平比较高，出于起步期的设计和建造考虑，把游艇制造的重心放在中小型游艇。首期（2010~2015年），发展中低端游艇包括帆船、钓鱼艇、快艇、休闲艇等。利用天津地区已有的船舶和游艇制造经验，优先发展此类中小游艇制造业，对培育游艇消费市场、体验游艇生活将起到重要的基础作用。中远期（2015~2020年），发展豪华私人游艇、公务艇、大中型商务艇等型号不同系列高端游艇产品的研发设计与制造。按国际标准游艇规格，从尺寸大小上划分，发展35~60英尺的中型游艇、60英尺以上的大型豪华游艇。另外，当前游艇技术发展要解决的关键问题是安全、环保和节能。在技术选择和产业布局时，可以考虑选择研发太阳能动力游艇，抢占发展的制高点。

表5-4 国内部分游艇厂商（排名不分先后）

序号	厂商名称	序号	厂商名称
1	珠海杰腾造船有限公司	11	厦门瀚盛游艇有限公司
2	显利（珠海）造船有限公司	12	广东宝达游艇制造有限公司
3	上海红双喜游艇有限公司	13	青岛北海洲游船艇有限公司
4	深圳江辉船舶工程有限公司	14	珠海太阳鸟游艇制造有限公司
5	宾士域游艇制造（珠海）有限公司	15	上海宝岛游艇有限公司
6	澳普兰游艇制造（湖州）有限公司	16	上海市鼎麟造船有限公司
7	珠海海之马游艇制造厂	17	厦门唐荣游艇工业有限公司
8	常州玻璃钢造船厂	18	无锡东方高速艇发展有限公司
9	威海弘阳游艇有限公司	19	深圳海斯比船艇科技发展有限公司
10	天津舶斯艇玻璃钢有限公司	20	武汉南华高速船舶工程股份有限公司

游艇关键零部件：研发噪音低、油耗少、振动小，废弃排放量小，环保高效，性能稳定、可靠的游艇专用发动机，以及游艇专用通讯导航设备和重要控制设备。目前，国内大多数游艇制造企业以贴牌和组装生产为主，缺乏核心技术，零部件、核心配件仍然依赖进口，通过购买国外设计，国内组装的经营方式使得游艇制造业利润空间非常有限。国内在低端、小功率游艇发动机领域已经初步掌握核心技术，但在高端、大功率游艇发动机生产制造领域，自主研发力量还比较薄弱，相关技术还比较落后。例如，山东潍柴动力涉足游艇专用发动机领域。在研发游艇专用发动机时，考虑与国外著名的游艇专用发动机提供商合作，例如瑞典沃尔沃（Volvo Penta）、美国康明斯（Cummins）、美国水星（Mercury）、日本雅马

哈（Yamaha）、德国 MAN、美国卡特彼勒（Caterpilar）、日本洋马（Yanmar）等，通过技术引进合作和并购国外技术来提升自身高端游艇用发动机的研发能力。

表 5-5　国内部分游艇部件供应商（排名不分先后）

序号	供应商名称	序号	供应商名称
1	武汉市蓝天康明斯工程机械有限公司	10	杭州康尔信动力集团
2	雅马哈发动机上海贸易有限公司广州联络事务处	11	大连穗达船用发动机有限公司
3	水星海事技术（苏州）有限公司	12	芜湖精工船用机械有限公司
4	上海扬科发动机有限公司	13	信美船舶（大连）有限公司
5	济南柴油机股份有限公司	14	博瑞动力设备（深圳）有限公司
6	沪东重机股份有限公司	15	上海和迅电气有限公司
7	上海卡拿翰通用机械有限公司	16	上海德菲尔游艇工业有限公司
8	大连海阳船务技术服务有限公司	17	江苏镇江中船设备有限公司
9	江苏海星电机集团有限公司	18	威海晶华游艇有限公司

游艇船体材料：重点发展玻璃钢等纤维增强复合材料、钢质和铝质船体材料。目前，游艇船体制造材料有木质、纤维增强复合材料、铝质和钢质。中小游艇中，如赛艇、帆艇、豪华艇使用增强复合材料的较多；铝质艇在舷外挂机艇和大型豪华游艇中占一定比例；钢质艇在 35 米以上远洋大型豪华游艇中占比例较多。复合材料已经成为游艇等小型船艇建造中使用的主要材料，从国际上看，目前在小型船艇领域 90% 以上为复合材料船艇，而钢结构船舶主要为大型邮轮和大型远洋船舶。复合材料以纤维增强材料为主，主要是采用高分子聚酯类树脂或环氧树脂为基体，复合以高弹性模量纤维增强复合材料，具有重量轻、比强度高（指材料在断裂点的强度与其密度之比）、耐腐蚀、抗海洋生物附着、可设计性好、工艺性好、产品成型时能耗低、维修保养方便等特性，是游艇、特种艇等建造的绝佳材料。与传统的钢质船和木质船相比，在船型大小一致、主机功率低于金属船的情况下，复合材料船艇在航速、成本、油耗、维护周期等主要指标上均占优势，因此复合材料成为游艇船体材料发展的重要方向。

（三）游艇消费服务产业

游艇起源于 17 世纪中叶。到了 18 世纪，游艇逐步发展并成为欧洲海洋国家的贵族、富豪夸耀自我、显示地位的一种象征。19世纪以后，螺旋桨、蒸汽机、小功率的马达、自动导航驾驶仪器被先后运用在游艇上，直到20世纪中叶，西方发达国家在第三产业中衍生出游艇俱乐部，解决了游艇的停泊难题后，使游艇得到了蓬勃的发展。而现在西方国家运用在游艇上的先进装备甚至超过了汽车，成为当今世界仅次于私人飞机的旅游休闲工具。随着我国经济持续增长和人民生活水平的不断提高，游艇消费也逐渐进入富裕阶层的视野，俱乐部消费和私人消费都开始增长。

1. 国内外游艇消费服务业的发展态势

（1）国际发展态势。从全球看，游艇消费市场是多元化的，游艇的价格从一二十万元到几亿元、几十亿元不等，既有贵族富豪专属的超级游艇，但更多的是白领阶层、中产阶级买得起的帆船、钓鱼艇、快艇、休闲艇。在国际上，游艇作为休闲、运动产品，早已成为平民化消费的工具。当前，游艇消费在发达国家已非常普及，平均171人就拥有一艘游艇。美国平均14人拥有一艘游艇；欧洲平均24~60人拥有一艘游艇；新西兰最高，平均8人拥有一艘游艇。北美占世界游艇市场份额的55.9%，大多数游艇销售单价在1.5万~5万美元，豪华游艇的销量只占2.5%，前几年美国市场出售的游艇平均单价为27639美元；占世界游艇市场份额38.4%的欧洲市场，出售的游艇较为大型和豪华，但平均单价也只有115234美元。目前，欧美游艇价格进一步滑落。在欧美国家，游艇消费正成为日益大众化的消费领域。虽然国际金融危机在短期内重创了游艇产业，但从长远来看，游艇仍将是现代社会重要的休闲工具。

（2）国内发展态势。与发达国家相比，我国的游艇市场刚刚启动，每130万人才拥有一艘游艇。中国游艇经济较为发达的地区当属港、澳、台三地。到20世纪60年代初，中国的台湾、香港和澳门三个地区开始大规模地引入游艇并得到了良好的发展。其中台湾地区的游艇生产能力达到了国际水准，仅2003年台湾地区游艇产值就达20亿美元；香港和澳门地区则引入了世界各国各种各样最先进的游艇，两地现在在册的游艇合计超过了1.5万艘。香港现有10家游艇会（或俱乐部），注册游艇、帆船2万多艘，游艇为香港每年创造约40亿港元的直接收入。随着消费兴趣的转移、休闲观念的转变，游艇业对当地的餐饮、交通、公共服务、维修保养及配备等具有带动作用，游艇成为国内外商务盛事交流的平台。

中国内地介入现代游艇产业的历史虽然较短，但也有20多年了。从前10年的"小打小闹"到后10年港资、台资、外资游艇厂的兴起，游艇业逐步发展。2003年中国内地生产游艇的企业突破300家。随着旅游业的介入，大连、上海、深圳等沿海十几个海滨城市更在几年之间冒出了60多家游艇俱乐部。现在，内地游艇俱乐部已进入圈岸、圈岛、圈海时期，为下一阶段中国游艇的兴起铺就了基础。与西方游艇史相比，中国游艇史很短，但这并不能减慢中国人对游艇消费的增长速度。截至2008年底，海事局统计中国大陆以"游艇"名称在籍的游艇1000艘，其中，私人游艇约100艘。目前，仅上海一地，就拥有私人游艇200多艘。据上海船舶工业协会预测，到2020年，上海水上游艇将达到10000艘。法国百富勤公司测算，中国的中等收入阶层家庭6年后将达1亿个，户均拥有资产62万元人民币。这1亿中产阶层家庭就是潜力巨大的消费市场。最近中国社会科学院报告指出，中国现阶段中产阶层占就业人口的15%，并将以每年1%的速度增长，有关专家分析认为，在今后5年里，随着国家改革开放、经济腾飞和人民生活水平的不断提高，游艇休闲、运动将成为人们娱乐生活的重要选择，游艇海上运动将成为海洋旅游、个性消费和追求品位的新亮点。这同时也意味着一个巨大的奢侈品市场正在中国显露端倪。有人预计，到2020年，中国的游艇市场规模将达到1000亿元人民币。

当前，国际金融危机加速了国外游艇制造企业向我国转移。全球游艇销量第一的Azimut-Benetti集团原本主要市场集中在欧美地区，但现在他们全新的发展战略将围绕以中国（大陆和香港）、新加坡为主的亚洲市场和以阿联酋为主的中东市场展开。德国第一游艇品牌——巴伐利亚已于2009年3月正式进入我国。随着我国游艇制造产业尤其是高端游艇制造业的崛起，游艇消费也将迎来战略机遇期。

2. 天津发展游艇消费的相关要素条件分析

（1）优越的自然条件与基础设施。天津滨海旅游区地处渤海湾西部海岸，常年风平浪静，台风出现频率较少。受河海动力作用，沿岸地势低平，潮滩和水下浅滩宽缓。该地区属大陆性季风气候，具有明显的暖温带半湿润季风气候特征。良好的自然条件赋予了天津发展游艇产业的天然优势。游艇港是一连串巨大产业链的载体，如房地产业、旅游业、酒店业、餐饮业、造船业、制造业，等等。游艇港建好以后，相关的旅游和服务产业才可能发展起来。目前，天津滨海旅游区的基础设施建设已经制定了"2，5，7，10"战略，各项基础设施建设的高标准、高规格将保证游艇产业发展获得良好的平台。

（2）庞大的消费潜力。从游艇经济发展的一般规律看，当一个国家或地区的人均GDP达到3000美元时，游艇经济就开始萌芽。2009年环渤海地区GDP超过8.5万亿元人民币，以环渤海地区2.4亿人口计算，人均GDP已达到5200美元，早已超过3000美元的临界值。与国际游艇经济发达地区相比，我国游艇消费滞后的原因还在于消费习惯、环境和文化的影响。随着消费观念的改变和基础设施的完善，可以预见，越来越注重生活品质的国人将很快融入到游艇消费大潮中去。从市场细分来看，环渤海地区云集了大量大中型企业，这些企业的商务消费需求不可低估。而且，中产阶级和都市白领也开始寻求更健康、更新颖的休闲方式，这一群体的私人消费也蕴涵着巨大的商机。因此，天津具备发展游艇旅游的市场条件。

（3）较为完善的产业链基础。虽然游艇消费可以独立于游艇制造而存在，但靠近制造地将成为发展游艇旅游的一大优势。靠近制造地不仅可以降低游艇销售过程中的物流成本，还可以就近为客户提供维修服务。因此，在同样具备游艇旅游条件的城市，具备制造业基础或靠近游艇制造基地的区域更容易优先发展起来。可以看到，我国发展较早的游艇旅游城市基本上都依托于游艇制造。当前，环渤海地区已经成为我国三大游艇制造基地之一，大连、秦皇岛、唐山曹妃甸工业区都有游艇制造企业，随着海斯比天津游艇城的投资项目的启动，天津本地的游艇设计和制造也将获得快速发展。环渤海地区已经形成造船产业集群，除天津本地之外，山东、河北、辽宁各省份都在大力发展造船产业，环渤海地区的船舶生产能力可以保证游艇产业所需要的拖船、工作船的需求。从旅游资源的推介主体来看，环渤海地区旅行社数量庞大，京津地区更是云集了国内知名的大型旅行社，2008年，京津两地旅行社签订了互输客源的合作协议。这些都成为天津发展游艇旅游的强大支撑。

3. 游艇消费的目标市场定位及经营模式选择

（1）目标市场定位。天津发展游艇消费服务业具有靠近市场的天然优势。以北京为辐射中心的环渤海地区被称为中国最具游艇消费能力的城市群之一。这一地区聚集国内最具经济实力和消费潜力的私人买家和大型企业事业单位，拥有庞大的潜在消费人群。由于游艇经济主要依靠游艇消费来拉动相关服务业的发展，因此，确定目标市场的原则应该是人气带动、消费拉动、服务联动。从不同的发展阶段来看，天津滨海旅游区的目标客户群体应该有所侧重（如表 5-6 所示）。

表 5-6　天津滨海旅游区的游艇消费目标市场定位

发展阶段 \ 细分市场	游艇租用		私人游艇管理维护	
	商务团体	大众旅游团	商务型	大众型
初级阶段（1~5 年）	★★★	★★☆	★	☆
发展阶段（5~10 年）	★★★★	★★★	★★★	★★
成熟阶段（10 年以后）	★★★★★	★★★★	★★★★★	★★★★★

游艇消费的初级阶段。在 1~5 年的时间内，天津滨海旅游区处于游艇港码头和泊位建设时间，各种设施还很不完善，围海吹填工作还未结束，游艇消费还处于造势和宣传阶段，这一时期，对于环境要求较高的私人游艇通常不会进入。同时，由于泊位有限，可以通过游艇俱乐部所运营的豪华游艇和大型游艇为载体，开发团体游艇租用市场，尤其是有消费能力的商务客户。重点锁定京津冀鲁豫地区，尤其是北京、天津的商务客户，为企业提供商务洽谈游艇，将海上观光与商务宴请结合起来，对于高端商务活动具有相当的吸引力。由于服务配套的完善和消费习惯的改变都需要一个过程，在私人游艇发展起来之前，以"体验消费"为主要目的的团体游艇消费将会是我国沿海地区发展游艇旅游的重要内容。对于天津而言，"基辅号"航空母舰已经吸引了越来越多的游客来到天津，以海滨主题公园的形式，大力发展主题游艇观览项目，以大型游艇为载体，建设海上游艇科普馆、海上气象科普馆，吸引团体消费是一个现实的选择。当然，在这一阶段，先期进入的游艇俱乐部也可以逐渐培养私人游艇会员，培育私人消费市场。

游艇消费的发展阶段。在游艇经济发展的第二个 5 年时间内，各种基础设施已经比较完善，在继续大力发展游艇租用市场、团体市场的同时，应该积极发展私人游艇消费市场，尤其是私人商务游艇的保有量，应该具备相当规模。从目前国内游艇的销售情况来看，未来几年私人游艇的拥有量将出现爆发式的增长，商务精英俱乐部应该成为主要游艇的主要经营方式；在这一阶段，价格相对低廉的小型游艇也开始走向普通消费者。以家庭自用、朋友合用为主的私人游艇消费应该开始萌芽。

游艇消费的成熟阶段。10 年以后，国内游艇消费市场已经发展起来，钓鱼船、运动型帆船成为一般中产阶级消费得起的娱乐项目。花几十万元买一条二十几尺带船舱及舷外机的小帆船,可以约上三五知已参加比赛或享受近海游玩的乐趣,且帆船还可以几个朋友合资购买,算起来比养汽车还要便宜,中产阶级完全可以消费得起。因此,在商务消费已经比较普遍的前提下,这一时期可以重点关注中产阶级的娱乐消费。此外,小汽艇、帆船、水上摩托等个人用游艇已经慢慢被年轻人和水上运动爱好者所接受,长远来看,还应该关注这部分消费群体的个性化需求。

(2)俱乐部经营模式选择。游艇俱乐部是发展游艇旅游最重要的载体,是提供游艇旅游服务的主体,也是游艇旅游最常见的经营方式。目前,国内已有20多家游艇俱乐部,主要集中在长江三角洲地区和东南沿海地区。深圳发展游艇产业是以游艇制造业和游艇俱乐部为基础,是国内最早发展游艇产业的城市。游艇俱乐部为会员推广海洋休闲活动及提供商务、娱乐、休闲等多功能服务。游艇俱乐部一般采用会员制,收取会费,向会员提供游艇租售、维修养护、驾驶培训、领航开航及配套休闲娱乐等服务。通过游艇俱乐部的会员招募及对非会员的服务可以有效聚集各种消费人群,促进游艇业的发展。

对于天津而言,可以以海斯比游艇城为中心,发展各种类型的游艇俱乐部。当前,游艇俱乐部主要有四种类型:商务型、运动型、普众型和房地产配套型。当然,同一游艇俱乐部也可以针对不同的细分市场推出会员服务。例如,商务型可以和运动型结合,也可以与房地产配套型结合在一起。在同一游艇港内,完全可以有不同类型的俱乐部同时经营,以满足不同层次、不同客户群体的消费需求。

商务型游艇会。受游艇消费观念不普及、游艇保养费用高昂等因素的制约,我国现有的游艇俱乐部大都是商务型的。隶属于深圳万科的浪骑游艇会成立于1998年5月,是内地首家实行会员制的海上游艇俱乐部。该俱乐部是典型的商务型游艇会,其会员均为高端商务精英。浪奇游艇会作为商务精英休闲集会的俱乐部,每年都举办或组织会员参加海上运动小项目,一些会员经常在各种赛事中获奖。当然,商务型游艇俱乐部不仅可以管理私人游艇,也可以经营大型游艇以出租给商务团体使用。对于刚刚起步的天津游艇港而言,可以先从商务型出租游艇开始拓展业务,再逐渐培养商务精英中的私人游艇拥有者入会。

运动娱乐型游艇会。外国政府会在游艇港扶持帆船运动型游艇会,举办赛事活动吸引大量到港游客,推动当地游艇港产业链的发展。如法国的莱萨布勒—多洛讷（Les Sables D'Olonne）因举办了举世闻名的旺代单人环球不停站帆船赛（Vendee Globe）而声名大振，成为热门的旅游胜地。目前，一些游艇会都或多或少地会主办或参与一些游艇赛事，而专门的运动型游艇会则主要是通过发展运动项目、举办游艇赛事而实现盈利。当然，运动型游艇会往往选择适合举办赛事的场地和水域，自然条件欠佳的区域发展运动型游艇会会受到限制。

普众休闲型游艇会。当前，游艇消费在我国还主要是少数富人的专利，游艇消费仍然停留于奢侈消费层面，还未走入寻常白领阶层。而实际上，在欧美国家，游艇已经成为一种普通大众可以消费得起的环保、健康的休闲方式。这种状况与我国游艇消费文化的培育有关，也与游艇俱乐部普遍将目标客户定位于高端商务人士有关。然而，唯有将游艇拓展到大众消费层面，游艇经济才可能爆发出强大的活力。大众消费是拉动当地旅游经济发展的根本动力。因此，天津要在沿海游艇经济竞争中脱颖而出，尽早发展普众型游艇会和游艇经济，是一个不错的选择。而且，天津紧邻北京这一白领聚居的大都市。近年来北京开展近郊游的游客数量不断增长，城市白领、年轻的时尚一族具备一定的消费能力，他们也在寻求集运动、休闲于一体的现代消费方式。只要完善环境，积极引导，大力宣传，完全可以吸引一部分白领人士来天津体验游艇消费。

房地产配套型游艇会。在一些城市，也出现了一些以销售海滨低密度高档住宅和高档公寓为目的的游艇会，这类游艇会的主要目的在于以游艇概念拉动房地产销售，在地产销售完毕以后，游艇会有可能会弱化游艇经营。这样的游艇会对当地经济的持续发展贡献不大，因此，在进行游艇俱乐部招商时，应明确俱乐部的经营范围、经营年限。当然，如果一些商务型或普众型游艇会搭配开发房地产项目或运营酒店项目，能够在更大程度上拉动旅游经济，完善配套环境，对于地方政府而言，自然应当鼓励。

不管是何种形式的游艇会，其盈利模式不能仅局限于游艇和泊位的销售、出租，还应该提供后期的游艇保养服务（包括维修保养车间、器械仓库、水上加油站等），以及针对会员和消费者的游艇驾驶指导和咨询服务、会所服务、医疗保健服务。后期维护和相关消费应该成为俱乐部盈利的主要来源。目前，起源于消费环节的游艇会有从游艇运营、保养、维修向销售、制造、研发环节延伸的趋势，一些制造商也开始涉足游艇会，游艇行业在我国呈现出价值链一体化的趋势。对于新兴的游艇港，可以从多个渠道培育、引导游艇会的经营主体,例如,一些酒店业巨头也完全可以发展成为游艇会经营主体。

从游艇俱乐部启动阶段的经营模式来看,则存在运动项目带动型、休闲销售带动型、商务地产带动型等各种方式。

表5-7 国内部分游艇俱乐部启动阶段的经营模式与特征

俱乐部名称	类型	特征
青岛银海国际游艇俱乐部	运动项目带动型	有366个专业游艇泊位。同时还设有帆船训练基地、奥运帆船培训中心、帆船下水坡道、海上搜救直升机起降场等设施。陆域设有俱乐部会所、游艇驾驶培训学校、健身会馆、酒店、宾馆、运动员公寓等配套设施
大连星海湾国际游艇俱乐部	休闲销售带动型	规划将建成270个大小不同的游艇泊位,建筑面积近2000平方米,经营船艇用品、渔具、休闲体育品、婚纱展示等,同时具有休闲、餐饮、娱乐、承办商务活动等功能,设有精品婚纱摄影——水上行宫
南国游艇俱乐部(珠海)	展示销售带动型	远期泊位将超过500个,主要经营游艇展示销售、游艇娱乐休闲、游艇驾驶培训等
香山国际游艇俱乐部(厦门)	商务地产带动型	整个项目均为填海项目,规划配套有地标性的白金五星级酒店和甲级写字楼,有异国风情、独具特色的滨海商业街,以及158个独具特色的水上VIP泊位
宁波莱悦游艇俱乐部	连锁加盟型	享有国际机构的专业服务,在老外滩拥有20个泊位的游艇码头和高档会所
深圳浪骑游艇会	"商务+运动休闲"型	国内最早的会员制海上游艇俱乐部,规划有275个游艇泊位,是富豪、精英人士休闲度假和举行高端商务活动的品牌场所
世帆赛基地(日照)游艇俱乐部	赛事带动型	举办各种帆船赛事、水上运动会

(3)天津滨海旅游区游艇消费重点招商对象。从当前游艇俱乐部经营主体来看,有三类经营主体可成为旅游区发展游艇俱乐部的招商对象:第一类是现有的各类游艇俱乐部、游艇会,这些组织具有运营管理经验,某些运营模式可直接复制;第二类是国内外游艇制造商,它们本身具备游艇制造能力,又有向游艇消费环节延伸的动力,在具备条件的地区,它们可以发挥产业链一体化的优势;第三类是大的实业集团,尤其是拥有房地产项目的大型实业集团,它们通常将经营游艇俱乐部作为一种投资,根据具体情况,可以由其独资运营,也可以与本地管委会下属公司合资,组建游艇俱乐部。

转型：建设创新型国家问题调研

表 5-8　天津滨海旅游区发展游艇消费的重点招商对象示例

	示例企业	特 征	动 向
Ⅰ类：俱乐部类	澳大利亚莱悦游艇国际连锁俱乐部（Leisure Boating Club）	主要从事会员服务和发展加盟商、游艇销售和维护保养及码头管理等业务	计划在未来 2 年内在中国主要城市和水上休闲旅游胜地设立 18 个俱乐部网点
	香港游艇会（Royal Hong Kong Yacht Club）	世界上最大的游艇俱乐部，为当地及国际级各项巡游划船赛事订立规则标准	继续举办各种赛事，组织各种活动
Ⅱ类：制造商类	美国宾士域集团（Brunswick）	从事各种游艇的研发、生产和销售，并开始涉足俱乐部投资	旗下公司投资的苏州太湖美国水星游艇俱乐部成为中国第一家具有国际水准的全方位、一体化的私家会员制豪华游艇俱乐部
	湖南太阳鸟游艇股份有限公司	国内生产场地规模最大的船艇企业之一，可生产各种商务艇、私人游艇	公司股票在创业板上市，资本实力大大增强
Ⅲ类：实业投资类	和记黄埔地产有限公司	为和记黄埔有限公司旗下的地产发展及投资部门，持有黄埔船坞、和记地产及嘉宏属下的地产权益	2008 年，和记黄埔投资 21 亿元在广东江门兴建银湖湾游艇旅游度假区
	中信房地产股份有限公司	中国房地产行业的领军企业之一，具有良好声誉和强大影响力	已开始涉足海南旅游岛等旅游地产项目

（四）游艇消费服务的延伸产业

游艇消费本身给地方经济带来的拉动作用或许不强，但游艇消费能够极大地带动相关服务业的发展，如房地产、餐饮、购物、娱乐、培训等服务业的发展。例如，香港皇家游艇会位于维多利亚港的中心，拥有无敌海景，其土地价值不菲，但自 100 多年前成立至今，每年政府只收取极低微的象征性租金。这个在我国香港地位最崇高、设备最完善的游艇会，个人入会费只收 4 万多元，远比国内的游艇会几十万元入会费低廉。此外我国香港还有政府建的泊位，以低廉的价格出租给社会使用，当然这些泊位是供不应求的。但游艇消费对当地人气拉动的作用是不可估量的，我国香港从地租增长和其他消费服务中获得的税收远远超过从游艇消费中获得的收益。另外，《英国 2007 海岸游艇港经济贡献报告》称，被游艇港带动的巨大产业链，其增值额达到游艇港本身的 7 倍。这巨大的产业链也带来更多的就业机会，《英国 2007/08 休闲及小型船舶工业报告》显示连带产业链的就业人数是游艇业本身雇用人员的 12 倍。就是说游艇业本身用人 1000

第五章 游艇产业的制造与服务互动发展

人,其连带产业链的就业人数达 12000 人之多。

1. 游艇展会与交易洽谈会

游艇展会是带动游艇消费、普及游艇文化的重要载体。目前内地大大小小的游艇展正如雨后春笋般兴起,就在 2010 年,国内各大游艇展纷纷亮相,从 3 月开始,沿海具备游艇展示条件的海滨城市纷纷举办游艇展会或交易洽谈会(如表 5-9 所示)。与香港相对成熟的游艇展会相比,内地目前除了上海游艇展已具一定规模外,其他很多城市举办的展会目前仍在发展初期,国际化的高端品牌较少,达成的交易额也较少。而香港的游艇展已有多年历史,经营运作比较成熟,每年都能吸引不少国内国际顶级品牌参加。

表 5-9 2010 年我国已经或即将举办的游艇展会

举办地	展会名称	时间
海口	2010 博鳌国际旅游论坛·海口游艇经济主题论坛	2010.3.19~3.20
三亚	"海南海天盛筵"私人公务机和游艇展	2010.4.2~4.4
上海	2010 中国(上海)国际游艇展暨第十五届中国国际船艇及其技术设备展览会	2010.4.8~4.11
青岛	第三届青岛游艇帆船节暨水陆游艇展览会	2010.4.23~4.25
香港	黄金海岸游艇展览会	2010.5.7~5.9
大连	2010 第三届大连国际游艇展览会	2010.7.8~7.11
福州	2010 中国(福州)首届国际游艇展览会	2010.9.20~9.24
天津	2010 中国(天津)国际邮轮、游艇及水上设备展览	2010.10.13~10.17
厦门	2010 中国(厦门)国际游艇帆船展览会	2010.10.29~11.1
深圳	2010 第四届中国(深圳)国际游艇及设备展览会	2010.11.4~11.7
海口	2010 海南国际游艇展览会	2010.12.10~12.14

天津滨海旅游区发展游艇会展业可以选择使天津国际游艇会展成为推动游艇产业发展、促进游艇采购对接、展示现代商务时尚以及普及游艇休闲消费的重要平台。

由于国内的游艇展会已如雨后春笋般发展起来,无重点、无特色的综合性展会短期内难以达到香港、上海展会的影响力。天津发展游艇展会的现实选择是,结合环渤海地区游艇制造基础和特色,充分考虑天津发展游艇消费的目标市场,有针对性地发展商务体验式展览和大众旅游休闲体验展览,其间举办游艇产业发展论坛,每年突出一个主题,在商务消费方面，邀请大型企业参加。通过体验式游艇展，让潜在的目标客户了解天津游艇设施和游艇俱乐部，带动游艇消费，也进一步吸引更多的俱乐部加入。

建立室内长期展馆或游艇文化走廊，使到天津滨海旅游区旅游或出席商务活动的人士能够随时了解游艇知识，了解天津的游艇消费服务，了解游艇消费时尚。在大型的、集中的游艇展会之外，游艇文化的常态化普及对于拉动天津的游艇消费也非常重要。

2. 支撑游艇消费的餐饮服务业

（1）依托游艇俱乐部。目前，各游艇港的餐饮服务大多由各游艇俱乐部进行一体化经营，这种经营方式与俱乐部的游艇消费捆绑在一起，能够为游艇旅游和游艇商务消费者提供周到的餐饮服务。然而由俱乐部经营的餐饮店大多消费档次较高，难以同时满足私人旅游和运动爱好者的差异化需求。

（2）依托餐饮企业。第一，积极开拓海上餐饮服务。目前，一些餐饮巨头的老板已经开始关注私人游艇，他们当中的一部分人购买游艇，不仅是为了满足自己驾驶出海的乐趣，而且也可以兼顾海上餐饮经营。海上特色餐饮可以增加游艇消费尤其是团体消费的吸引力，因此，可以发展经营性质的私人游艇，将餐饮服务和游艇体验结合起来。

第二，大力发展陆上餐饮。广泛招商，吸引各种风味的餐饮企业入驻滨海新区，完善餐饮服务环境，解决各类旅游、运动爱好者和商务人群的餐饮需求。不仅要吸引高规格的特色餐饮企业，也要引入中西快餐企业，满足一部分散客的餐饮需求。

3. 酒店、地产业

建设各种层次的酒店，满足游艇消费者的居住需求。一般而言，在具备相当人气的旅游区，一些豪华酒店会主动前来投资，一些大型俱乐部也会经营酒店。但从长远来看，政府应该规划出酒店用地，以满足未来的住宿需求。同时，为大众化消费规划价格稍低的快捷酒店，以满足不同的消费需求。

在靠近游艇码头的区域规划游艇高档地产区，在地产项目与游艇俱乐部之间建立销售共同体，地产业主直接成为游艇俱乐部的永久会员，而游艇俱乐部的会员也可以享受地产购买的优惠。以游艇消费带动项目，以高档住宅项目拉动游艇消费。距离码头稍远一些的项目的业主，也有可能成为游艇俱乐部的长期会员，他们或拥有私人游艇，或租用俱乐部游艇。由于距离北京较近，天津滨海新区的低密度高档住宅项目可以吸引天津和北京的富裕阶层将来购买。一些租用游艇的会员或游客可能不会选择在旅游区长住，对于他们而言，可售可租的精装酒店式公寓是个不错的选择。他们购买的公寓可以在休假度假时居住，其他时间可以由专门的物业公司打理并代为出租。

4. 游艇驾驶培训业

由于游艇驾驶证不能全国通用，存在适用水域的问题，因此，天津要繁荣游艇经济，吸引游艇爱好者前来购买、驾驶游艇，就需要引进游艇驾驶培训机构，为潜在的游艇买家提供贴身驾驶培训和指导，使游艇销售切实拉动天津的游艇消费。在具体运作上，可以联合天津海事局、大连海事大学成立培训机构，将天津的游艇培训中心建设成北方最大、最权威的培训基地。

5. 其他辅助服务业

（1）提供休闲购物场所。建设大型购物中心，设立水上运动产品及服饰专卖，兼顾食品、日用品销售，满足游艇爱好者的全方位购物需求。

（2）提供运动健身场所。规划运动主题公园。引进沙滩健身中心，培育人工沙滩环境，建设露天浴场，开展沙滩排球等运动项目，使游艇爱好者在享受游艇出游乐趣之余，也能够享受到沙滩运动带来的乐趣。在公园内设立室外游泳池、网球场、乒乓球馆、保龄球馆等运动项目，使体育爱好者在陆上也能够找到适合自己的健身项目。

（3）提供娱乐放松场所。要游艇消费者留在游艇港区继续消费，必须提供足够的休闲娱乐场所。在天津滨海旅游区内，提供小型影院、KTV、咖啡厅、茶吧、足疗按摩、书吧等娱乐放松场所，不断完善服务环境，使游艇消费者在返港后能够找到放松休憩之所。

天津滨海旅游区在发展游艇产业的过程中分为上游、中游和下游产业来发展。其中上、中游产业包括了游艇的设计、制造及其他的一些配套产业，而游艇产业链的下游环节包括销售和消费服务。销售和消费服务是整个游艇产业能否发展壮大从而产生经济效益的关键环节。因此，在整个游艇产业中，游艇的销售以及由游艇产业产生的各种辅助消费服务是整个游艇产业链的核心。另外，游艇基础服务的支持及游艇在使用过程中的一些辅助产业同样也是必不可少的，必须得到同等的重视。

天津滨海旅游区在发展游艇消费旅游，布局游艇制造的基础上，以海斯比游艇城、天津国际游艇文化中心、公共游艇码头建设、游艇展示与交易中心、游艇俱乐部等一批重大项目为依托的同时，要全面推进游艇研发制造与消费服务等在内的游艇各个环节的发展，不断完善个性化游艇产品及配套服务市场建设，突出游艇旅游在滨海旅游区的重要地位，拓展和延伸游艇产业链，逐步构建集"游艇研发设计—游艇制造与配件—游艇消费与服务—游艇辅助产业"为一体的全产业链。

四、游艇产业培育思路与措施

抓住游艇产业国际转移、我国消费结构升级和天津滨海区域地位快速提升的历史机遇，坚持高端定位和错位发展，加大政策扶持力度，完善配套设施，加强服务功能，培育世界级游艇品牌，促进实现天津滨海旅游区游艇产业的跨越发展。以天津滨海游艇产业科技园为平台，将天津滨海旅游区打造成为我国华北地区最重要的以制造和销售豪华游艇为主、各种高性能功能舰艇为辅、相关配套产业会聚的游艇研发、设计、检测和制造基地；以天津滨海游艇休闲旅游区为平台，通过建设符合国际标准的游艇俱乐部、举办具有重大影响的会展和赛事、培育广泛覆盖的专业交易市场和各类功能完善的中介服务体系，将天津滨海旅游区打造成为我国北方最重要的集游艇交易、会展、培训、消费、维修、保养、物流于一体的综合性消费服务基地。围绕制造、展示交易和俱乐部三大板块，通过集聚产品、零部件、人才、技术和信息，将天津滨海旅游区打造成为以京津晋冀为核心，辐射华北、东北和西北，面向海外市场的我国北方规模最大、产业链最完整、技术最先进、服务体系最完善的"游艇之都"。

（一）高端定位，实现错位发展

面对全国各地大干快上游艇产业的格局，天津滨海旅游区游艇产业的发展要充分利用后发优势，坚持错位发展原则，树立和执行高端定位的战略意识，面向高端客户，发展高端产品，引进高起点的项目。

首先，要抢占游艇产业链的制高点。根据国外游艇产业发展的经验，游艇工业设计和消费服务是游艇产业价值创造的关键环节，是带动消费和形成集群效应的核心要素，天津滨海旅游区游艇产业的发展要积极创造条件，在产业链的关键环节加大投入和政策优惠、加大招商引资力度，争取在尽可能短的时间内在产业链的关键环节形成核心竞争优势，在游艇产业激烈的区域竞争中掌握话语权和主动权。

其次，要在目标市场上坚持高端定位。在发达国家，游艇主要用于个人或家庭的水上娱乐活动，是一种较为普及的耐用消费品；在发展中国家，游艇多被用于旅游景点的经营项目或各类机构的商务活动和公关宣传。我国的收入结构和市场规模决定了，我国游艇市场具有显著的"二元特征"，即兼具个人消费和商务消费两个市场的特征，且高端个人游艇消费与商务消费通常会融合在一起，游艇既承担个人休闲旅游的功能，也是商务活动的重要场所。滨海旅游区游艇产业的高端市场定位的内涵是定位于高收入人群的个人消费和商务消费两个市场，以符合这类市场需求的欧式豪华游艇和超级游艇为拳头产品和突破口。

最后，要在产业发展上坚持高端合作。与抢占行业制高点和高端市场定位相一致，滨海旅游区游艇产业的发展要坚持与高端制造企业和服务商合作，把龙头游艇企业和重大游艇项目作为招商引资的标志性工程，组织重点招商，以高端主体培育带动高端产业发展。大力引进国内外先进游艇制造企业和配套企业，重点引进世界知名游艇制造企业、顶级游艇俱乐部品牌以及有潜力的民营企业，提高产品档次和市场集中度。

（二）联动发展，形成综合优势

要从中国人商务和生活相互融合的消费行为特征以及将游艇作为一种海洋休闲旅游物质"载体"的角度来思考滨海旅游区游艇产业的业态分布和功能定位。要通过产业内部和产业之间的融合，完善产业链功能，形成整体性的区域竞争优势。

首先，游艇工业中形成研发、设计和制造的联动发展。以游艇生产制造为基点，向上游拉伸产业链，大力发展游艇技术研发和工业设计，以工业设计突破为抓手，提升产品的功能和性能。在大力发展整艇生产的同时，积极引进游艇配套产品和零部件企业，重点发展艇用发动机、中高档游艇的装饰件、艇用通信导航和重要控制设备以及水上运动器材，形成工业集群优势。

其次，在游艇服务业内部形成贸易、展会、消费和服务的联动发展。

由于中国的游艇消费市场还没有完全成熟，因此目前及未来很长一段时间内我国游艇俱乐部的盈利模式都将具有混业经营的特点，游艇俱乐部与房地产和销售融合发展将是中国游艇业发展的中国特色。应当学习国内外俱乐部的运营经验，强化俱乐部在整个游艇服务产业链中的中枢作用。对于游艇俱乐部发展餐饮和房地产要加强规范和引导，积极鼓励国外大型销售商参股游艇俱乐部，在保证俱乐部游艇消费和服务主业健康成长的同时，提高游艇俱乐部的盈利和存续能力。

再次，形成工业和服务业的联动发展。以游艇制造为基础促进游艇服务业，以游艇服务业为龙头拉动游艇制造业。在技术水平和产品档次提升的基础上，通过发展游艇工业旅游、举办高端展会、搭建专业市场，不断提高区域品牌影响力和美誉度，促进游艇消费和服务的发展；以游艇俱乐部为主体，大力发展游艇消费和服务，通过专业消费者和高端客户的市场信息集聚，反作用于生产厂商的产品改进和技术提升，最终形成游艇工业和服务业良性互动、相互促进的局面。

最后，形成游艇产业和相关产业的联动发展。游艇旅游是一项集运动、航海、娱乐、休闲、社交于一体的新型旅游形式。滨海旅游区游艇产业的发展要以游艇制造、消费为核心，围绕大海洋休闲消费做文章，提供一站式、全方位的海洋休闲旅游项目和服务。作为游艇制造和消费基地，滨海旅游区要能够向游艇生产者以足够低的成本提供便捷的生产和贸易服务及相关产品的市场咨询；能够向消费者提供包括餐饮、潜水、冲浪、垂钓、游泳、巡航游弋、游艇停泊维护保养、海岛探险、观光赏景、会议、健身、培训、公关联谊、社交商务、旅游活动策划、家庭聚会、海上居住等休闲旅游和商务活动在内的一站式服务。要通过游艇产业的发展，带动旅游地产、企业会所、酒店、餐饮、交通、公共服务等一系列产业的繁荣发展。

（三）加强营销，营造良好氛围

努力通过全新概念的营销理念，将滨海旅游区游艇产业尽快引入核心市场，树立区域品牌。

首先，要加大宣传力度，树立和提升天津滨海旅游区的海洋文化和海洋休闲旅游市场形象。通过举办系列的高端游艇论坛、展会和赛事，树立天津滨海旅游区作为弘扬北方海洋文化、乐海意识和游艇文化的前沿阵地的形象。积极组团参加国际国内游艇展,在学习国内外同行先进经验的同时,宣传滨海旅游区的游艇业,让世界认识和了解滨海旅游区的旅游优势,提升滨海旅游区的国际知名度和城市品位,提高滨海旅游区对国内外游艇客户和资本的吸引力。

其次,要通过与高端客户"嫁接",快速提升区域品牌价值。商界领袖和专业人士既是高档豪华游艇和前沿技术的消费者,也常常是游艇消费市场的"意见领袖",他们对游艇的要求和偏好通常代表了产品发展的趋势,并将对大众市场产生重要的影响。天津滨海旅游区游艇产业的营销管理,可以通过为著名跨国公司高层管理者和专业人士提供豪华游艇、为国外客户提供参加国际重大赛事的舰艇、在有重大影响的国际展会展示新概念游艇等,快速切入高端游艇市场。

最后,要通过与专业媒体"嫁接",切入主流的品牌传播渠道。通过与美国知名游艇杂志《动力巡航》、意大利知名专业杂志《游艇》、我国台湾主要舰艇杂志《中华宝艇》等国内外主流专业媒体合作,对滨海旅游区的产业规划、重点企业、重点项目和优惠政策加强宣传报道,通过主流的传播渠道,提升区域形象和品牌价值,为产业发展营造社会氛围。

(四)分类促进,培育多元主体

重视发挥大企业的带动效应和品牌效应。积极引进大企业、大资本和大项目,充分发挥大企业对于产业链的整合、提升作用。加大对美国、澳大利亚、德国、意大利、加拿大、中国台湾、中国香港和中国大陆游艇制造及配套行业中龙头企业的招商引资力度。加强政策优惠力度,对重点企业实行"一企一策"和"一事一议"。对中小企业加强平台支持,促进中小企业"成群"发展。通过搭建游艇产业公共科技平台、信息平台和服务平台,为中小企业发展提供良好的基础设施,鼓励中小游艇企业走集约化、规范化经营的道路。支持大型豪华游艇修造企业发展,引导中小企业向生产分段、模块及配套产品的专业厂方向发展,形成分工明确、优势互补的关联产业链,形成企业梯队,最终形成大中小企业并行发展、密切配合的集群内部既竞争又合作的机制。

以推进企业上市和申报高技术企业为抓手,推进主体培育和企业成长,提高滨海旅游区对全国游艇产业的影响力和竞争地位。引导和支持企业发行上市,促进中型企业快速扩张和规范发展。同时引导和支持有条件的企业积极申报天津市（省）级和国家级高技术企业和研发中心，积极帮助企业为高技术创新项目申请经费支持，鼓励大企业向中小企业进行技术扩散，实现产业集群内的知识溢出。加强对高技术企业和高技术产品的宣传推广，提高市场对滨海旅游区技术水平和产品档次的认知度。

以资本为纽带，加强各类社会主体对滨海旅游区游艇产业发展的参与和支持力度。加大财政支持力度，积极争取国家旅游国债和文化专项资金的投入，加快游艇基础设施的建设。加强与有关部门的沟通和协调，积极探索利用项目融资、股权置换等方式，为游艇产业提供全面的投融资服务。协调银行等金融机构，研究游艇消费信贷政策。推动资产整合，组建大型旅游集团，完成游艇企业的产业整合和产业提升。

（五）开放融合，加强区域合作

在激烈的区域竞争中，天津滨海旅游区既要扮演产业竞争的参与者，更要通过主动推进区域间的开放融合和资源整合，在区域竞争中扮演组织者和领导者。

首先，要在天津区域内加强与中心渔港和东疆保税港区的合作发展，通过区域联动，发展大旅游、形成大市场、培育大产业。通过加强天津滨海旅游区、中心渔港游艇码头、东疆保税港区之间政策实施细则的对接，促进区域内政策协调。联合建设区域性的信息研究中心，收集、分析市场信息，主办游艇杂志，服务本地企业和消费者，建立区域性的服务平台。

其次，加强环渤海湾游艇产业集聚城市的合作，并力争在环渤海合作中承担主要角色。推动成立环渤海游艇协会，使之成为跨区域合作的重要平台。协会的作用包括：促进技术、管理及材料、设备等方面的交流与沟通；组织与国际游艇市场建立贸易关系和外销渠道，为生产厂家提供出口方便；协调销售政策，建立行业规定，保障生产厂商利益，避免恶性竞争；协助国家有关部门实行生产质量管理与监督，并向主管部门就发展游艇产业提出建设性意见。

最后，积极利用国外市场和资源实现开放发展。加强境内外的合作、合资，以资本为纽带，促进技术、信息和人才的流动和集聚。政府和企业积极参与国内外的高端展会、赛事，加强对先进地区的考察，做到技术、产品、消费和产业发展理念与国际主流市场基本同步。采取"请进来"和"走出去"的方式引进和培养人才，引进国外专业的培训机构和中介服务机构，完善产业创新体系。

（六）优化政策，完善配套设施

通过完善游艇产业发展的政策体系，完善基础设施，巩固和提升滨海旅游区游艇产业竞争的硬实力和软实力。

首先是加强硬件基础设施的完善。一是坚持高端定位原则，调动各方面资金力量，加大投资力度，进行水环境治理，营造天蓝水清的宜人景观，建设优美的景观水系和水面环境。二是根据经济、便捷、安全的原则，继续完善游艇产业和相关产业发展的基础设施，包括水面动线、加油站、排污站、货运、保安、排淤、维修、庆典场所、停车场、酒店、消防、公安、急救站、打捞救援、一般泊位和超级游艇泊位等设施的建设。

其次是加强软环境的建设。一是招商引资和生产软环境的完善。加强部门联动，强化服务意识和服务效率，政府在扶持引导产业集群发展过程中，真正为企业做到一站式服务，实现引商招商、助商扶商、富商的全过程服务。二是游艇消费软环境的完善。寻找游艇消费与国际接轨和中国国情的平衡点，适时出台既适合我国游艇行业特点、又与国际接轨的促进游艇产业发展的管理办法，解决游艇检验检测、试航、游艇牌照、驾照、通航、俱乐部管理和出入境管理等涉及生产、消费方面的问题。加强对行业的监督管理，形成和完善统一、开放、竞争、有序的经营市场，防止出现不公平竞争和强制服务。

第六章 浙江玉环传统产业的现代化发展

传统产业集群转型升级是我国工业转变发展方式过程中的典型问题，对这类问题开展深入的调研研究对于推进我国工业创新发展具有重要的意义。浙江玉环是汽摩配、普通机床、眼镜配件等传统产业的重要集聚区。近年来，玉环县工业发展遇到了一系列问题：如何在保持传统产业优势的同时，改造传统产业，发展新兴产业，实现传统产业的现代化发展，构建新型的工业体系。经实地调研发现，玉环在发展过程中重视土地的分区规划和人力资本的培育，通过结构调整减少了土地、劳动力要素约束对工业进一步发展的影响。同时，需求导向的科技创新模式弥补了地方基础科技研发能力的不足，对实现玉环工业的技术升级起到推动作用。

一、区域工业产业发展的基本状况

（一）工业主导地方经济的发展

玉环县坚持以工业化为先导，大力推行"工业强县"战略，积极探索具有海岛特色的新型工业化道路，工业经济发展水平大幅跃升，为促进民富县强提供了强有力的主导支撑作用。2009年，全县实现规模以上工业总产值472.8亿元，较"十五"末增长91.9%，年均增长23%（见图6-1）。实现工业增加值167.1亿元，较"十五"末翻了将近一番，年均增长24.1%，对全县GDP的贡献达到68.7%（见图6-2）。2010年，全县工业更是增长迅猛，上半年实现规模以上工业总产值290.5亿元，同比增长

39.6%，增幅居台州市首位。与此同时，作为工业经济运行的微观主体，全县工业企业日益发展壮大，企业数量不断增多，企业规模逐步增长。截至2009年底，全县共有工业企业7308家，规模以上工业企业1103家，较"十五"末增长48.5%，其中超亿元企业75家，且目前已有4家上市企业；2010年上半年，全县每家规模以上工业企业的月平均产值达到448万元，较"十五"末增长55.6%（见表6-1）。

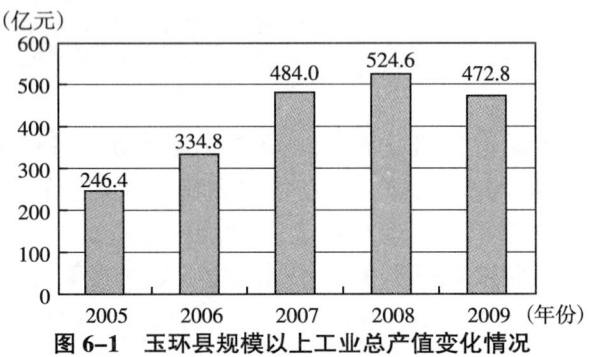

图6-1 玉环县规模以上工业总产值变化情况

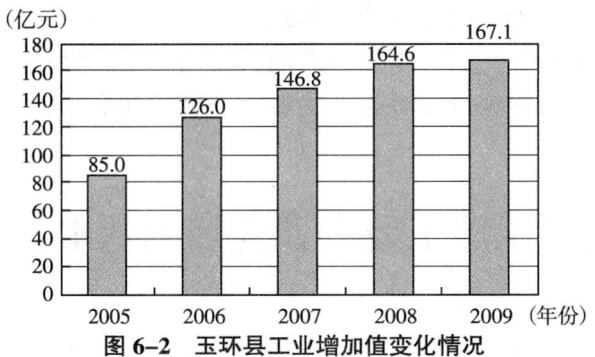

图6-2 玉环县工业增加值变化情况

表6-1 玉环县近年来工业企业数量及规模变化情况

年　份	2005	2006	2007	2008	2009
规模以上工业企业数（家）	743	877	995	1065	1103
平均每月产值（亿元）	21.4	28.8	38.9	43.7	39.4
每家规模以上工业企业月平均产值（万元）	288	328	391	410	383

(二)形成汽摩配、水暖阀门、家具、药械包装、机床五大主导产业

"十一五"期间,玉环县围绕着打造先进特色制造业基地的目标,以产业集聚为平台,不断推进产业结构调整步伐,巩固和提升传统优势产业,培育和拓展新兴产业,产业优化升级获得明显进展。2009年,全县轻重工业之比为17.7:82.3,霍夫曼系数为0.21。汽摩配、水暖阀门、家具、药械包装、机床五大主导产业的规模持续扩大,并呈现集群化发展态势,2009年分别实现产值254亿元、160亿元、20亿元、15亿元和20亿元,占全县工业总产值的比重超过2/3。尤其是汽摩配、水暖阀门两大支柱产业的实力进一步增强,在行业中的地位进一步巩固和提升,其合计产值占全县工业总产值的比重超过50%;家具、眼镜零配件等特色产业强调打造新优势,日益成为全县工业经济发展中的重要增长点;医疗器械、数控机床、海洋生化等新兴产业迅速崛起,在强化专业化分工协作、优化资源要素配置、吸纳劳动力就业、提高产业竞争力等方面发挥着重要的作用。更值得关注的是,全县各主导产业的专业化分工日益细化,产业链上下游协同配套体系不断完善,产业的协同发展能力显著增强。支柱产业、特色产业和新兴产业有序协同发展的格局初步形成,产业层次逐步提升,工业结构优化升级正不断取得成效。

(三)初步形成特色化的产业创新能力

玉环县围绕着推动产业由低成本型(低端道路)集群向创新型(高端道路)集群升级发展,积极实施"科技兴县"战略,强化自主创新能力建设和品牌建设,产业创新能力明显提升,创新推动产业高级化的成效显著。"十一五"以来,全县科技投入和研发经费支出不断增加,专利数量快速增长,2009年新增专利授权1331件,其中发明专利83件,连续六年位居台州市第一;积极参与国家标准制订,2009年新参与2个国家标准制(修)订,总数达27个,眼镜零配件产业入选浙江省第一批块状产业标准化项目;高新技术企业规模不断扩大,2009年新增高新技术企业22家,总数达31家;产业共性技术平台和科技支撑平台建设进展顺利,先后成立了浙江大学台州研究院汽摩配研究所和玉环县高校(院所)联合研究院,新建了一批行业检测研发中心和企业技术中心,截至2009年末,全

县已建立的技术创新中心和研发机构达到59个；区域品牌实力持续提升，"十一五"期间先后获得"浙江省汽摩配专业商标品牌基地"、"中国欧式古典家具生产基地"、"浙江省家具专业商标品牌基地"和"中国无菌医疗器械自动化装备制造产业（玉环）基地"等称号或区域品牌；企业品牌竞争力快速提升，仅2009年就新注册国际商标259个，创中国驰名商标3个、省著名商标2个、浙江名牌10个。

（四）出口贸易繁荣，工业外向型程度高

玉环县坚持以行业龙头企业为主体，依托区域品牌优势，立足提升产品质量和服务，推行出口导向战略，国际市场拓展取得积极进展，对外贸易总体上呈现快速上升态势。2008年，全县外贸自营出口总额达到25.5亿元，创下历史新高，居台州市第一位，是"十五"末期的2.88倍。尽管受国际金融危机的影响，2009年全县外贸自营出口出现首次下降，但2010年快速出现强劲复苏，增长十分迅猛。2010年上半年，外贸自营进出口总额13.6亿美元，同比增长49.3%，其中出口12.3亿美元，出口总量和出口增幅均居台州市第一位，7月的单月出口额更是再创历史新高，达到将近3亿美元。目前，全县拥有自营出口权企业1200家，实际进出口企业900家，数量都超过台州市的1/5。而且，全县出口产品结构进一步多元化，水暖阀门、汽摩配和家具三大主导出口行业自营出口额占全县总额的比重分别为47%、17%和13%，而炊具、水泵、缝纫机等其他产品出口所占比重达到23%。

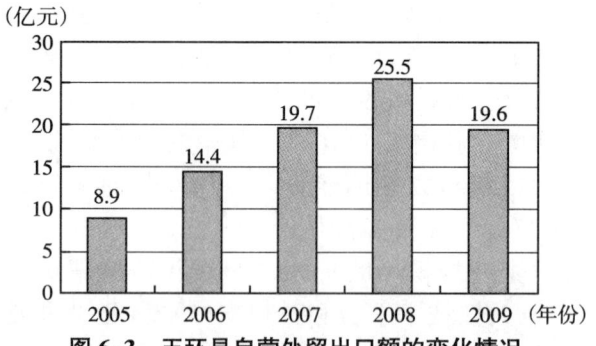

图6-3 玉环县自营外贸出口额的变化情况

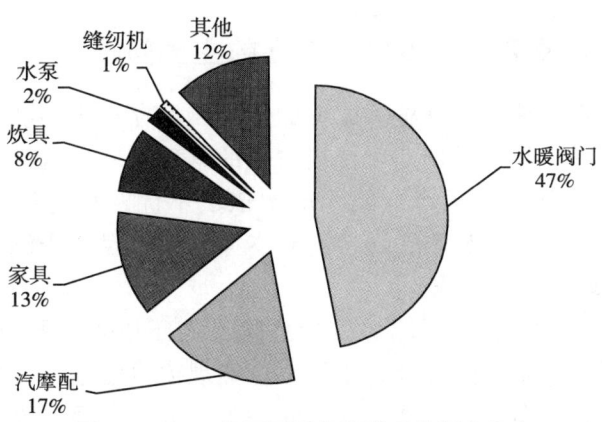

图 6-4　2009 年玉环县外贸出口的行业分布

(五) 土地、交通等主要发展瓶颈有所突破

"十一五"期间，玉环县以促进区域可持续发展为着眼点，积极开拓思路，千方百计破解难题，努力突破制约经济社会发展的要素瓶颈，要素瓶颈制约得到显著改善，大大增强了工业经济的发展后劲。玉环县利用得天独厚的海涂围垦资源优势，大力推进漩门工业城、滨港工业城开发，不断拓展发展空间，加强土地集约利用，在很大程度上缓解了工业用地紧张的局面；先后克服政策处理、土地征用等困难，加快主配电网建设，2009年建成投运 110 千伏及以上输变电项目 10 个，新增变电容量 170 万千伏安，其中 500 千伏麦屿变的竣工投用，实现了华能玉环电厂向玉环本岛直接供电，有效保障了工业经济发展的用电需求；完善交通网络，着力扭转玉环地处陆上交通末端的被动局面，重点打通玉环对外交通出路，提高县内的通行能力，一批交通重点项目建设快速推进，基本完成绕城公路建设，贯通深浦隧道，区域性交通通行能力不断提升，陆地交通对工业经济发展的制约影响得到一定程度的缓解；港口建设取得历史性突破，大麦屿港被国家交通运输部增设为对台直航港区，成功开通对台海上客货运直航，海峡两岸商品交易物流中心获批，口岸查验综合配套设施工程开工建设，5 万吨级集装箱码头投用，港口集装箱吞吐量突破 3 万标箱，大大增强了工业经济对外贸易的能力；境外引水工程全面完成，全县安全饮水人口比例达到 90%，为工业经济的发展提供了有力的配套支撑。

(六) 工业经济进一步发展存在的主要问题

玉环县经济发展在取得显著成绩的同时，也存在许多明显的不足和问题，特别是制约工业经济长期可持续发展的素质性、结构性、深层次矛盾仍未根本解决。具体包括产业结构层次依然不优、自主创新能力依然不强、要素制约问题依然突出、城市配套支撑依然不足、资源环境压力依然较大、抵抗风险能力依然较弱。

第一，产业结构层次不优。尽管总体上玉环县初步形成了支柱产业、特色产业和新兴产业协同发展的格局，产业规模日益增大，但产业发展中长期存在的"低、小、散、乱"问题在"十一五"期间并没有得到有效的改观。产业层次低一方面表现在玉环县目前的支柱产业汽摩配和水暖阀门以及特色产业家具和眼镜零配件都属于传统成熟产业，代表未来发展方向的高技术产业才刚刚起步，2009年高新技术产业产值占规模以上工业产值比重不到7.0%；另一方面表现在玉环县所从事的主导产业几乎都处于产业链的中下游，更多的是提供外协产品，产品档次较低，技术含量较低，附加值也较低，并出现严重的重复投资现象，企业间的恶性竞争也经常发生。

第二，自主创新能力不强。尽管玉环县在"十一五"期间已经积极强调和推进产业创新能力的提升，努力改变纯粹"玉环制造"所产生的消极影响，并取得了一些成效，但全县工业的自主创新能力较弱的局面依然没有得到全面改观，创新对产业可持续发展的支撑作用依然不足，工业由大到强、由"玉环制造"向"玉环创造"转变的任务依然十分艰巨。企业创新意识不强，"小富即安"的思想使得多数企业不愿从事创新活动，更不愿承担创新所带来的风险，因此仅仅局限于重复低水平的生产活动。同时，技术创新资源难以满足创新需要。玉环县工业企业的主体是中小企业，这些企业的创新活动对于共性技术平台和公共服务平台需求强烈。"十一五"期间，尽管玉环县加大了共性技术平台和科技支撑平台的建设，但其数量和所提供的服务仍然无法满足需要，特别是技术创新中介机构极为匮乏，技术创新的融资平台很不健全，这些都是制约众多中小企业开展自主创新的重要因素。

第三，要素制约问题突出。玉环县作为一个传统意义上的海岛小县，自然资源禀赋差、交通网络不发达、人力资源不充足等"海岛困境"一直是经济社会发展的重要制约条件,特别是在经济社会发展到一定阶段后,这些要素的制约问题更加突出。尽管玉环县在"十一五"期间对破解要素瓶颈已经做了较大的努力,也获得了一些突破,但相对经济社会发展的需要而言,要素紧张和受限局面依然没有得到完全改观,要素对经济社会发展的制约问题依然十分突出。

第四,城市配套支撑不足。城市化严重滞后于工业化进程是玉环县经济社会发展的一个显著特点。目前,玉环县的城市规模偏小,居民生活方式和城镇建设档次尚处于城乡过渡的初级阶段,城镇建设重复性高,城镇功能的分散性强,城市配套条件差,发展的外部经济性低,这使得城市化对工业化的支撑作用明显不足,在很大程度上制约了工业的进一步做强做大。

第五,资源环境压力较大。玉环县经济发展长期走的是粗放式道路,资源消耗高、劳动力密集和高环境负荷的特征较为明显,而海岛自然资源稀缺、环境容量和人力资源承载力极为有限又是玉环县的突出特点,因此,玉环县工业经济发展所面临的资源和环境压力非常大,并随着工业规模的日益壮大而不断增大,这给玉环县产业转型升级带来巨大压力。

第六,抵抗风险能力较弱。国际金融危机对玉环县工业经济发展的严重冲击表明,玉环县的工业经济受外部环境的影响非常大,抗风险能力依然很弱,这对玉环县实现工业经济的可持续发展形成较大挑战。首先,玉环县高度外向型经济导致对国际经济环境的依赖非常强烈。2009 年,全县经济对外依存度(进出口总额/国内生产总值)接近 58%,其中工业经济对外依存度更高,工业增加值的 80% 来自出口。对外贸易的高度依存使得玉环县工业经济容易受到国际需求市场波动、世界经济发展景气状况和国家出口政策调整的影响。

二、土地、劳动力要素约束下的结构调整

从推动工业发展的几大要素看,玉环县目前资本供给较为充足,经过近 30 年的高速发展,玉环民间资本实力雄厚,地方金融市场繁荣,工业发展并不缺少资金上的投入。相比较,技术对玉环工业发展的作用力越来

越强，随着市场需求档次的提升，玉环工业企业面临进行大规模技术改造的决策。但是，从现阶段的情况看，玉环主要工业产品的生产工艺和产品质量在全国乃至全球都具有较强的竞争力，技术在很多时候起到的是导向的作用，并不能成为当前制约玉环工业发展的主要因素，目前，真正对玉环工业发展造成约束的是土地和劳动力。玉环本身是一个海岛县，县域内土地极端稀缺，虽然近年来不断的造地工程为玉环的社会经济发展新增了不少土地，但填海造田的方式不仅投资大、进度慢，同样还存在地质和生态上的风险，不可能为当地工业发展无限制地提供新的土地；同时，作为海岛县，玉环户籍人口少，当地也不存在农村剩余劳动力的问题，几乎所有的产业工人都来自外地，随着我国东部发达地区普遍出现外来务工人员短缺的问题，以及中、西部地区发展提速，吸纳就业的能力提高，玉环工业未来的发展劳动力要素的约束将进一步增强。

鉴于上述原因，玉环工业产业结构的调整可以说是主动的，政府和企业都意识到土地和劳动力将成为未来玉环工业发展的主要约束力，政府在制定工业发展规划，企业在调整战略时都十分注重土地的集约性和劳动力的集约性；同时，玉环工业产业的结构调整也是被动自然的，土地和劳动力的约束已经存在多年，在这种压力之下，产业结构向土地集约型和劳动力集约型的方向调整也是市场经济规律作用下的必然行为。

进一步分析，土地和劳动力两大要素中，土地供给的刚性更强，要素的产出效率（单位面积的工业增加值）提高的难度也较大。因此，玉环更加重视土地要素的集约使用，在工业的布局结构上狠下工夫，一方面通过土地规划不断优化工业的空间布局，另一方面将县域内现存土地和未来填海形成的土地进行分批发展，保证工业用地的可持续性。环节劳动力约束方面，则依靠几大支柱工业行业的结构调整，提高单位劳动者的生产率。

（一）重视土地规划，不断优化工业空间布局

玉环地处在温台沿海产业带上的关键节点，是我国县域经济最为发达的地区之一。长期以来，民营经济在各级政府有利的推动之下获得高速发展，形成了汽摩配、水暖阀门、药械包装、机床、家具、眼镜零配件六大产业集群，建成了科技工业功能区、滨港工业城、漩门工业城等十大工业园区。然而，经过改革开放30年的发展，玉环正在面临着城市化严重滞后于工业化的严峻挑战，城市化水平不高逐渐成为制约当地居民生活质量

第六章 浙江玉环传统产业的现代化发展

进一步提高的瓶颈，空间功能定位不明确和有限土地资源严重限制了本地工业进一步发展。因此，当务之急就是要把推进产业转型升级、优化空间结构和统筹城乡发展作为支撑玉环未来工业发展空间的重要举措。具体来看，玉环不断优化工业空间布局的途径包括：

第一，坚持空间结构优化。当前，玉环县六大产业集群将面临着创新升级的共同任务，通过企业布局调整和空间功能重构是实现该任务的主要途径。一方面，对现有的工业园区进行重新规划和环境整治，坚持以人为本的理念，完善工业园区的配套社会设施，包括教育、医院等，逐步淘汰环境污染大、技术落后、产值偏少的传统行业企业；另一方面，在新建工业园区，避免了重蹈原有工业园区"重生产轻生活"的覆辙，重点吸引污染小、技术高、产值大、市场前景好的行业企业，给予土地、税收、技术、人才等方面的政策支持。

第二，坚持工业园区集聚。通过园区建设和产业聚集，玉环不断改变玉环现有"小、散、乱"的布局模式，鼓励小企业退出家庭工厂狭小的发展空间，禁止新办企业利用自家的房子进行作坊式生产，政府给予相关的配套政策支持，吸引企业向专业园区集中。加强园区企业间产前、产中和产后延伸，建立专业化劳动力市场和共性技术创新服务平台，提高产业集群的创新能力。发挥行业协会的协调作用，出台行业自律规范，避免产品无序压价竞争。利用产业集聚优势，提倡行业内和行业间分工，增强行业整体协作能力，提高行业国际竞争力。

第三，坚持统筹城乡发展。玉环存在城市化严重滞后于工业化的客观事实，补好城市化课成为全县实现现代化宏伟目标的必由之路。在过去，玉环城市化明显滞后最突出的表现是缺乏前瞻性的城市规划，结果导致了大片的土地和民房成为厂房和车间；并且，全县内外交通不发达更加剧了空间功能紊乱的局面。随着对城乡统筹发展的重视，玉环先后建设若干个中心镇和专业园区，建立城乡基本公共服务均等化机制，实现以工促农、功能互促的城乡协调发展，推进了工业化与城市化的融合。

第四，坚持资源环境协调。玉环淡水资源缺乏，远低于国际标准。现有陆域土地资源基本开发完，尽管通过填海造地能够解决3~5年内工业用地需求，但是空间约束已困扰着玉环县工业经济可持续发展的重要问题。由于玉环近海海域污染程度逐年加重，如果不从长计议，将直接威胁到全县及周边地区生态安全。当前节能减排已成为国策，发展高污染、高排放、低产出的产业已经不适应时代发展的要求。玉环土地规划坚持经济发展与资源环境相协调的原则,有利于破解当地可持续发展的问题。

(二)分区发展,时序开发,保障工业用地的可持续性

根据地区经济发展阶段、空间结构和产业发展现状,以及玉环目前工业布局存在的问题进行功能定位,玉环将现有空间和未来潜在的空间划分为结构优化区、重点开发区、工业拓展区和工业限制区(见表6-2),其目的在于促进工业与人口、资源、环境的相互协调发展;各功能区之间以产业内和产业间的联系为纽带,以产业集群为组织形式,以园区组团为载体,以行业领军企业为龙头,促进不同规模的工业园区组团达到比较合理的集聚水平。

表6-2 玉环工业布局的功能区划分

	性 质	重点任务
结构优化区	土地开发强度高,资源环境承载力减弱,未来可开发土地面积占实际可利用面积低于30%,企业发展面临空间拥挤、公用设施利用紧张、行业增速缓慢的区域	①引导企业技术升级 ②淘汰落后产能 ③调整空间布局
重点开发区	区内资源环境承载力较强、土地开发面积占实际可利用面积低于70%,园区基础设施建设基本完成,具备工业发展条件的区域	①引导产业创新升级 ②完善产业配套体系 ③支持成长型企业用地需求 ④培育新兴产业发展
工业拓展区	土地尚未具备开发条件或处于征地之中,但未来将规划建成新工业园的区域	①推进围海造地 ②加快新城规划
工业限制区	居住人口密度高、设施功能难以满足工业发展的要求或者生态环境脆弱、敏感的地区	这类地区原则上限制工业的发展,鼓励区内现有工业逐步撤出

结构优化区主要是根据行业发展阶段特征和当地用地现状及时进行空间布局优化。在结构优化区,玉环的经验是进行工业用地统一规划,禁止企业盲目布局,完善园区配套设施。出台行业准入门槛,淘汰技术水平低、布局分散、规模太小的产能,提高园区空间的经济效益。制订厂房建设标准,鼓励企业对原有厂房进行改建,提高地均产出规模。鼓励企业之间以资本为纽带进行重组等,淘汰一些高污染、高能耗、低技术、低产出的小企业,限制小企业盲目扩张和圈地;引导中小企业向园区集中,通过集中治污降低环境压力等。

重点开发区是为未来玉环的工业增长提供空间支持,也是工业转型升

级的空间依托。根据功能区定位，重点开发区鼓励布局分散的中小企业向园区集中；优先考虑技术水平较高、配套体系较完整、产品附加值高的企业的用地需求；以本地市场需求为重点，积极开发各种高技术含量的装备类产品；在现有园区基础上，进一步完善配套设施，设立创意中心，建设孵化器，联系国内知名科研院所或高校联合设立玉环研究院，共同搭建技术服务公共平台，开发自动化装备和新型材料，提高产品市场竞争优势；建成大型的污水集中处理的工程设施；鼓励一批中小企业入驻园区；加快行业技术升级，淘汰落后设备；严禁企业粗放开发土地和随意排放污染物。同时，按照现代工业城市标准进行规划，优先建设城市配套设施，根据产业规模适度建设生活居住区、商业区、高档商务中心和公共空间。在行业选择上，重点发展市场前景好的现代装备制造业和现代服务业，吸引行业成长型企业落户。

工业拓展区是解决本地未来十年工业发展的用地问题，将为新兴产业发展预留空间。充分利用围海填地有限资源，按照海上花园城市的概念进行规划设计，玉环在工业拓展区重点建设现代新城区，使之成为全县的行政、教育、文化中心。

工业限制区主要包括居住区、生态保护区和海洋功能区，由于产业发展的历史原因，玉环出现了一批数量众多、规模很小的家庭作坊式微型企业，它们在居住区设厂生产，打破了生活和生产的界限，影响了居民生活的质量。为此，加强居住区整治是当前玉环工业可持续发展迫切需要解决的现实问题。通过出台具体措施，玉环对以居民区为生产车间的企业进行清理整顿，使之真正出"家"入"园"（工业园区）。

在分区发展的基础上，玉环还特别重视根据当地工业布局现状和产业发展趋势，按照优化空间布局、促进产业升级、资源环境协调的基本要求，坚持扩大增量规模、提高存量效益的思路，确定前期和后期空间开发时序。

前期空间开发的重点任务主要包括：一是加快结构优化区整治。对污染物排放较大的工业园区应进行环境集中治理；推进散、小、乱的工业区进行成片归并，翻建年限较长的旧厂房，按照安全生产标准建设节能、节地、环保型厂房，高效利用有限空间；建设工业园区配套公用设施，改善外来务工人员生活条件，稳妥推进"外来务工人员"就地城镇化。二是推动重点开发区建设。对于新建工业城，应完成基础设施建设，建成教育、医疗卫生等配套公共设施，建设起点高、功能强、宜商宜居的城市副中心；对于老工业园区，优先解决技术优势明显的企业用地需求，完善配套设施建设，特别是环境治理工程。

后期空间开发的重点任务主要包括：一是坚持不懈振兴"老工业"基地。针对优化功能区应进行工业园区发展的绩效评估，动态跟踪产业进入衰退阶段甚至大规模向区外转移的工业园区，及时出台振兴政策，扶持一批有竞争优势的企业，寻找适宜地区发展的接续产业。二是新城新的城市中心。新建城区应建成玉环县教育、科技、商务的现代新城，重点发展现代服务业和现代制造业，承担玉环县产业转型升级的重要任务，严格限制传统产业入驻，吸引一批具有行业前景的研发机构落地扎根。三是坚决取缔以民房为生产车间或混入居民区从事生产制造的企业，塑造良好的生活环境，确实提高当地居民和外来务工人员的生活质量。

（三）通过建设培训平台，提高劳动生产率

玉环政府和行业协会长期坚持组织考察、学习活动。分批组织玉环工业企业经营者到国内主要产业聚集地和市场进行实地考察，到相关高校进行系统学习；邀请流通环节专家到玉环授课，帮助企业把握最新市场动态；邀请工艺技术专家到玉环指导，提高企业对新技术、新工艺的适应能力。同时，通过政府出资，行业协会牵头，玉环还组建了若干行业培训中心，对一线操作工人进行上岗前的系统培训，也针对新出现的工艺技术开设临时性培训课程。同时，还积极构建人才培养和留用机制，在人才的选拔、培训、激励等发面提供配套服务。

三、需求导向的科技创新模式

技术的进步与工业技术实力的增强、工业产品技术含量的提高有关系，但存在区别。技术进步仅仅是指科学研究活动的增多以及研究成果的丰富，而工业技术实力的增强和工业产品技术含量的提高不仅需要技术的进步作为基础，更重要的是要实现新技术的产业化和市场化，将技术转换为能够被市场接受的工业产品。从我国整体工业技术研发的情况看，产学

研的脱节是一个非常严重的问题,一方面,我国对研发活动的投入比例本来就与发达国家存在一定的差距;另一方面,有相当大比例的研发成果最终并没有被企业所采用,每年束之高阁的技术成果和专利不计其数。

玉环地处浙江沿海,是改革开放以后市场经济发展最迅速、人们思想转变最快的地区,从需求角度规划科技创新活动的方向和内容是玉环工业科技创新模式最大的特点。虽然与一些高校、科研机构云集的地区相比,玉环科技资源稀缺,研发实力单薄,但在市场需求的主导下,当地的科研资源的作用却能够得到充分的发挥,促进了当地工业技术实力的增强和工业产品技术含量的提高。

(一) 创新的环境:工贸一体发展和鼓励适用创新

一方面,玉环不断推进工贸一体发展,扩大对外出口贸易,强化需求对地方工业创新的导向作用。首先,通过完善流通渠道,加强市场信息平台和经贸平台建设,促进了工贸一体发展。其次,在鼓励企业采用单独设立营销服务网点、委托经销代理营销服务、与功能部件供应企业以货易货等多种营销方式的同时,重点鼓励有实力的企业自建营销渠道。再次,玉环还鼓励有实力的企业"走出去"设立营销渠道,积极拓展东南亚、南亚、拉丁美洲等发展中国家市场。最后,玉环还以提升品牌为目标,不断加强专业销售和服务队伍建设,加强售后服务,完善服务体系,提升龙头企业对市场渠道的控制力和对技术、市场需求变化的反应速度。

另一方面,政府为企业创新搭建公共平台,鼓励适用创新。首先,以建立独立的、实体性的玉环工业技术研究院为平台,实行政府补贴和接受委托市场运作相结合的运营机制,聘请国内工程专家主持,与国内著名研究院校、企业和专家建立战略合作关系,形成了玉环产业创新体系。其次,在产业创新体系的基础上,政府着重推动创新管理和创新活动六大功能的实现:科研院所科技成果转化、企业委托产品研发设计、检测检验中心、技术人员培训、本地企业技术交流平台以及加速国内外先进适用技术转移。最后,政府还积极鼓励本地企业与上下游企业和同业企业的合作创新,积极支持有实力的企业支持和参与行业标准制定,在部分领域率先掌握国内技术标准和主导权。

（二）创新的方向：从 OEM 到 ODM 的转变

创新是做强产业的基本要求，是实现产业可持续发展的核心途径。玉环工业企业始终坚持以培育和提升产业的核心竞争力为着眼点，积极推进技术创新和管理创新，实现由 OEM 模式向 ODM 模式的转变。对于前者，通过加大科技投入和研发投入，加快行业性的公共技术创新平台建设，鼓励企业瞄准当前科学发展的前沿技术，用高新技术和先进适用技术改造传统技术工艺，敢于善于把新材料、新工艺及时应用于产品开发；依托周边大学和科研机构资源，开展广泛的技术和产品开发。对于后者，通过鼓励企业吸收国内外一切优秀的管理方法，结合行业特点和企业实践创新管理模式，改进了企业管理工具和管理手段，提升了管理绩效。

（三）创新的重点：总成产品和新产品

总成产品是被消费者最终使用的产品，新产品则是消费者追捧的对象。玉环以需求为导向的科技创新模式下的创新重点，就是以不断提高总成产品比例，不断推出新产品为目标的集成创新和新产品创新。

以汽摩配产业为例，其创新的重点围绕三个方面展开：第一，大力发展汽车部件总成产品。总成化和模块化是汽车配套产业的发展方向，也是汽配企业进入高端市场的重要路径。玉环企业通过提升汽车部件总成能力，积极实施零部件生产企业向总成转变，已经初步培育出一批具有知识产权的创新型汽车部件总成企业，能够为整车厂提供专业化、系列化、个性化的汽车系统总成，重点开发全自动变速箱系统、燃油喷射系统（EFI）、制动防抱死系统和防滑装置（ABS/ASR）、控制传感系统、涡轮增压系统和汽车底盘的电子助力转向系统等汽车部件总成产品，并逐渐形成了模块化生产能力，能够提供完整的制动系统总成、转向系统总成、传动系统总成、底盘系统总成和悬挂系统总成。第二，发展新能源汽车零部件。随着全球对低碳化发展模式的日益关注和重视，新能源汽车无疑将成为未来汽车的发展方向。我国对新能源汽车发展给与了全面的政策支持，国内新能源汽车发展速度十分迅猛。预计到 2020 年，我国新能源汽车产业和市场规模将达到世界第一，新能源汽车保有量将达到 500 万辆；以混合动力汽车为代表的节能汽车销量将达到世界第一，年产销量将达到 1500 万辆以上。规模巨大的新能源汽车需求将对零部件配套产生非常大的需求，为零部件配套企业发展带来难得的机遇。玉环汽摩配企业抓住新能源汽车产业化的机遇，依托汽车零部件现有产业基础与优势，延伸发展电动汽车及混合动力等新能源汽车零部件，积极拓展新能源汽车零部件市场，在新能源汽车配套市场上抢得先机。第三，发展汽车配套电子产品。汽车电子是汽车工业和电子信息产业的交叉和结合，国外中高档轿车采用的电子信息设备已经达到30%~50%，汽车领域70%的技术革新来自汽车电子产品，因此汽车电子市场规模庞大。玉环汽摩配企业利用自身在汽车零部件生产上的优势，积极推进汽车零部件产品信息化，适时引进或培育汽车电子企业，研发和生产汽车电子类产品，并努力加强与汽车整车制造企业的联系合作，从门槛相对较低的车载电子装置入手，同时发展上游设备，结合整车制造需求伺机发展汽车电子控制系统。

另一个传统优势的行业——水暖阀门也是推进集成创新和新产品创新的代表。近年来，玉环水暖阀门企业重点发展技术含量更高的集成化、智能化和绿色化水暖阀门终端成套产品。加大对于太阳能技术、智能传感技术、新材料技术的应用和发展，以功能创新和工业设计水平提升为重点，大力开发终端成套产品。从产品上看，太阳能厨卫系统、家庭水处理系统、家庭供暖系统、自动智能化水暖阀门、无铅水暖阀门等产品都是玉环水暖阀门行业未来的发展的重点方向，适应产品发展的要求，水暖阀门行业的创新重点提升产品的工艺设计水平，加快同文化创意产业的融合，使产品具有更多的文化和美学内涵。

（四）创新的依托：品牌建设

品牌是区域经济和社会发展最重要的战略资源，也是企业做大做强的关键要素。品牌代表的是一个产品、一个行业、一个地区工业技术水平高低、质量好坏的集中表现，玉环以需求为导向的科技创新模式的依托就是多个层次的品牌建设。

首先，玉环积极推动地方品牌建设。例如，不断巩固和提升和"中国汽车零部件产业基地"品牌，精心打造玉环县"中国汽摩配产业创新型制造基地"和"中国玉环汽配城"两张名片，并发挥区域产业品牌效应，提升玉环汽摩配产业在国内外的影响力，促进玉环汽摩配产业集群的整体发展和升级；家具产业也不断强化和发展家具产品的"玉环流派"。在设计风格上，通过融合欧式古典风格与伊斯兰装饰风格，结合玉环传统的雕刻技术，集中发展以传统雕刻工艺为基础的套房家具系列；在生产工艺上，以中密度板为原料，表面贴木纹装饰纸或实木皮，以达到仿实木的效果。在传统以欧式古典家具为特征的"玉环流派"的基础上，适应国内需求特点，发挥玉环家具设计制造的优势，玉环家具企业还不断开发工艺型环保简洁家具产品，丰富玉环家具产品，扩大"玉环流派"在国内的影响力。

其次，鼓励品牌兴企战略。例如，汽摩配产业不断推进汽摩配企业实现由仿牌贴牌生产为主向创牌、创名牌转变，通过参展、推介会和品牌宣传形成一批中国名牌或中国驰名商标，打响了玉环县汽摩配产品品牌，提升了企业软实力和产业竞争力。

最后，根据工业科技创新的重点，玉环还积极推动总成品和新产品的品牌建设。例如，根据眼镜成镜品牌代替眼镜制造技术和工艺，成为眼镜的核心竞争力已是产业发展所趋，玉环眼镜产业不断尝试打造属于自己的成镜品牌。由于眼镜"半成品"的产品特性，在品牌建设上，眼镜品牌更多的时候要通过渠道品牌来体现。因此，玉环成镜品牌建设还坚持以渠道品牌为核心，眼镜企业在实施广告等营销手段时要与渠道的拓展同步。同时，玉环成镜品牌的概念风格也逐步成型，通过概念化的品牌建设，玉环眼睛配件行业避免同质竞争，增强品牌对产品市场开拓的作用。

四、玉环未来工业发展的政策建议

（一）促进产业协调发展

对接台州和浙江省产业发展规划，统筹玉环产业发展。合理设置工业、农业和服务业比重，大力发展先进制造业和现代服务业，促进玉环产业结构升级。出台针对战略性新兴产业和现代服务业的专项规划和扶持政策。深入推进信息化与工业化"两化融合"。加强分类指导和重点推进，在企业层面，重点提升主导行业、重点企业的信息化水平。切实抓好关键环节促进生产性服务业发展。大力推动企业开展研发设计。推进共性、关键性、前瞻性技术开发，提高企业自主创新能力；鼓励企业开展工业设计创新、建设工业设计中心和工业设计示范基地，推动产学研合作共建，加快工业设计产业发展。大力推动企业进行管理创新。加快企业管理理念、管理内容和管理方法创新,推进信息、物流、金融、会计、咨询、法律、人力资源等领域的专业化、社会化服务,通过高附加值、高层次、知识型的生产服务实现企业管理由粗放型向精细化转变,最终形成二、三产业协调发展的可持续发展格局。

(二)优化产业组织结构

在产业转型升级过程中,大企业发挥着不可替代的作用。玉环企业以中小企业为主,缺乏大企业、大品牌,横向企业之间关系松散,不利于提高集群的谈判能力和协作配套能力。政府应积极出台政策,推动企业之间开展重组兼并活动,整合品牌与渠道资源,嫁接先进技术。应该鼓励外资企业、外地企业并购当地企业,形成大中小企业和谐共生的产业组织形态。通过大企业带动和产业联动,增强产业创新升级的动力。深入调研,对于确实存在产业整合、企业合并倾向的行业,给予政策引导和推动,加速产业重组的进度;在公司治理结构方面给予指导,保障有关参与主体及个人的利益。通过扶持龙头企业上市,提高龙头企业对弱小企业的吸引力。可预期的企业上市后的股本溢价收益,将会大大提高民营企业主被整合的意愿。鼓励行业内、行业间企业组成战略联盟,改善市场竞争秩序,提高玉环企业的整体竞争力。

(三)合理产业空间布局

根据结构优化区、重点开发区、工业拓展区、工业限制区的城市功能区定位,优化基础设施和产业的空间布局。制定拆迁补偿办法,加快工业区块基础设施建设,尤其要注重园区与中心城区之间、园区之间的交通网络建设。积极推动现有工业园、各乡镇工业区的扩容、整合和提升,促进园区之间的融合发展。通过项目甄选政策,合理产业布局。按照"择优选精、专业聚集、适当集中"的原则,优胜劣汰,对进入专业园区的企业设置一定的行业和技术门槛,提高专业园区的土地利用效率。对于入驻专业园区的企业,给予税收和用地优惠;对于重点企业和项目的招商,不妨采取"一企一策"的柔性政策,千方百计吸引对产业链带动作用和园区示范作用强的企业,提高园区的产业吸引力。在园区内,以划分功能区的方式,建立展销区、物流区、生产区和商务配套区,使贸易、物流和生产区域既相对独立又相互连通。

(四) 加快产业转型升级

鼓励企业以新兴技术改造传统产业,在产业发展园区化的过程中,鼓励企业进行设备升级,带动产品升级换代。通过科技立项,加强产学研合作,促进高科技成果在玉环落地转化。大力推进企业与大学、科研机构之间的深度联姻,实现企业与研究机构的长期战略合作,开展模具加工、汽车核心部件开发等领域的共性关键技术攻关。推动"产业链招商",积极引进外部先进制造技术和现代服务产业,嫁接外部优势资源,推动产业链整体升级。

企业家是创新的发动机。通过各种方式激发企业家的创新意识,提高企业家的创新管理能力,是实现产品创新升级的根本途径。可以通过企业家协会、行业协会组织企业家进行集中培训,赴国内外先进制造基地参观,或者通过召开现场会的形式提高企业家创新的热情和信心。选择具备典型意义的企业,鼓励企业家制订战略规划,引导他们对产品创新升级进行理性思考,并定期跟踪,对实施效果较好的企业给予一定的奖励。以此推动传统产业转型升级。积极制订、修订切实可行的人才管理办法,实现人才"引得来、留得住"。首先,要在住房、子女就学等方面对高层次人才优先安排;以生活津贴和安家补贴等方式给予重点引进人才以政策倾斜。其次,对于重点引进的科研人员,配备相应的科研启动经费和科研条件,并给予所得税返还等优惠措施。最后,设置创新贡献专项奖,每年对有突出贡献的人员进行嘉奖。

(五) 鼓励自主创业

在产业园区规划创业企业孵化器,并配套公共服务机构,为创业种子提供优越的孵化环境。建立技术产权交易市场,促进技术成果的扩散。以科技孵化器为载体,推动科研项目在玉环实现产业化。合作可由政府搭桥、企业牵头。合作方式可以采用科研院所的科研成果折价入股形式,也可采用校企联合博士后科研工作站的形式,尽量避免合同式一次性交易,真正提高创新或转化水平。建立风险投资中介机构,为科技型创业企业和风险投资基金牵线搭桥。完善小型和微型企业的贷款担保体系,以公共财政、国有资本为主体,建立政策性担保公司,缓解创业企业资金瓶颈。规范民间金融，鼓励小额贷款公司发展，鼓励民间资金参与设立村镇银行，缓解企业创业融资难的问题。建立创业咨询服务体系，为创业企业提供全方位的指导。为新创企业提供标准厂房和仓储用房，在企业度过初创期之后，可脱离标准厂房进入相应的工业区发展。实施"新生代企业家"培养计划，建立全县新生代民营企业家名册并不断更新，组织创业企业家出国考察、进校培训，并定期举办新老企业家联谊对话活动，提高新生代企业家的战略能力和实战能力。

第七章 北京战略性新兴产业创新体系建设

战略性新兴产业具有独特的成长路径和培育机制，要求政府培育和促进战略性新兴产业发展的产业政策必须适应新兴技术和新兴市场的要求。北京在发展战略性新兴产业方面具有独特的科技优势和产业优势，在发展战略性新兴产业方面积累了丰富的经验，取得了显著的成绩。对北京市培育发展战略性新兴产业的经验进行系统的总结和梳理，对于促进我国战略性新兴产业发展，具有重要的理论意义和实践价值。2011年10月，课题组对北京市战略性新兴产业进行了为期一周的调研，实地调研和访谈对象包括北京市战略性新兴产业的典型企业、北京市经信委和相关区县（园区）管理部门。调研发现，北京培育发展战略性新兴产业的基本思路是，围绕"策源地"、"产业高地"、"应用示范先行区"和"全球对接窗口"四个战略定位的要求，按照"控制基础专利，加快科技转化；加强精致制造，形成综合优势；培育多元主体，增强产业活力；促进产业融合，优化产业层次"的指导思想，促进北京市战略性新兴产业由局部科技优势向系统科技优势、由单一研发优势向综合产业优势、由区域竞争优势向全球竞争优势不断提升；同时，针对决定战略性新兴产业发展的技术和产业两个层面的关键环节，北京市全面推进前沿/下一代技术、工程集成技术和共性技术三个技术领域的突破，有针对性地选择市场拉动、优势企业带动、创新集群整体提升、高技术创业创新和产业融合五条产业发展路径，构建"战略性新兴技术培育"、"战略性新兴企业培育"和"战略性新兴市场培育"三大机制。针对北京市战略性新兴产业进一步提升发展面临的挑战和机遇，课题组提出未来完善北京市战略性新兴产业政策的重点是加强对基础专利获取的知识产权政策支持、构建技术服务体系、加强知识型员工培育、建设现代化制造工厂和提高产业政策执行效率。

一、北京市战略性新兴产业发展面临的障碍

近年来,北京坚持高端、高效、高辐射的战略性新兴产业发展方向,一方面,以深化国有企业改革和壮大创新创业力量为动力,以中关村科技园区建设为重点,实施了一批重大科技成果产业化、技术改造和创新能力建设项目,在战略性新兴技术突破和战略性新兴产业培育方面取得了显著的成绩。另一方面,受制于体制性因素和首都城市定位的制约,北京市战略性新兴产业的发展也面临一系列挑战。

(一) 国际竞争力不足

与北京作为国家层面战略性新兴产业"策源地"和"产业高地"的定位相比照,北京战略性新兴产业的科技创新能力和产业竞争能力仍非常薄弱。与发达工业国家相比,科技投入强度低。以2009年为例,全国和北京的高技术产业研发强度分别为1.40%和2.05%,但同期美国、瑞典、英国、日本、德国等国家的高技术产业研发强度分别高达16.41%、12.23%、11.04%、10.64%和8.34%。从产业竞争能力看,芯片、大型装备的关键核心部件、控制技术和高性能材料等关键核心技术和装备主要依赖进口。企业的国际化层次低,能够主动走出去占领欧美高端市场的企业和产品少。

(二) 体制机制创新力不足

政府的管理体制机制僵化,大大增加了创业和企业运营的实际成本,降低了首都的投资吸引力。政策执行缺乏灵活性,政策落实缓慢,扶持力度弱,各级政府和园区管理部门在土地供应、企业扶持、人才引进、环境保护等方面的政策不能满足企业的现实要求,增加了企业的综合运营成本,不仅使北京在区域招商引资竞争中逐渐处于劣势,甚至部分本土培育成长起来的企业也开始外迁。体制机制不灵活的另一个后果是民营经济发展滞后,大量的公共科学技术成果由于缺乏承接和转化主体只能在其他地区产业化,成为首都科技资源优势不能顺利转化为现实产业竞争力的重要原因。

（三）产业化能力不足

科技成果转化的制度性制约和技术性制约严重，既有的科技优势没有转化为北京的现实产业竞争力。科技成果转化率较低，科技成果本地产业转化率仅在 29.6% 左右，占全国 1/4 以上的科技成果未能完全在京就地转化。造成北京市重大科技成果转化能力低下的原因，一是以民营企业为主的承接主体发育不完善；二是产学研合作的政策保障和平台服务缺乏；三是工程集成技术的突破、推广不足，成为制约科技成果本地转化的技术障碍。

（四）内生增长能力不足

多数行业的增长严重依赖央企和大型国企的大投资项目，通过招商引资引入的大型项目虽然单体投资规模大，但缺乏根植性，缺乏持续增长和升级能力。在战略性新兴产业领域，以北京为管理、投资总部的优势民营企业严重缺乏。在 2011 年中国工商联评选出的中国民营企业 500 强企业中，北京市仅有 5 家企业入围，其中工业领域仅有联想控股（电子信息）和建龙重工（钢铁与船舶）两家企业。创业环境不完善，高技术创业活力不足。海外归国的精英型技术人才从北京走出去，回国时却落脚到上海、深圳等地创业。

（五）产业配套能力不足

大型国有企业和外资企业的本地采购比例低，以高端装备、汽车、环保等产业为代表的机械型战略性新兴产业，北京本地的产业链条短，配套能力差，导致产业生产的综合成本提高，制约了产业的集群化发展。重点企业和重点项目多以单点形式存在，上下游延伸不够，为高端环节提供配套的一级、二级供应商聚集度低，产业链内部及产业链间协调互动发展的格局尚未形成。高端装备产业在大部分领域不能提供成套装备，系统集成能力差，产业链建设、工程成套和服务能力弱。

（六）精致化制造能力不足

与北京发展产业高端的基本定位和要素成本高企的禀赋特征相悖，要素节约、环境友好的现代化制造设备和工艺技术特别是现代化的现场管理

转型：建设创新型国家问题调研

方法和能够适应精致制造的现代产业工人严重缺乏，多数产业环节的多数企业仍然是简单劳动和土地密集型的，陷入与国内其他地区甚至周边地区"给土地、给政策"的低水平恶性竞争，制造业与环境、土地、劳动、物流的冲突越来越严峻。此外，北京在制约我国制造水平提升的机器人、人工智能和数字制造等重大制造技术和产品的突破能力缺失，没有发挥首都在促进我国战略性新兴产业高端发展中应当承担的引领、示范作用。

二、北京市战略性新兴产业的成长路径

按照国家发展战略性新兴产业的总体部署，紧紧抓住战略性新兴产业处于起步阶段、与发达国家站在同一起跑线上的战略机遇期和建设中关村国家自主创新示范区的重大机遇，充分结合首都的独特资源与优势，努力将北京建设成为全国战略性新兴产业的科技策源地、产业高地、应用示范先行区和对接全球的窗口。在产业成长路径方面，北京市着眼于构建战略性新兴产业的系统科技优势、综合产业优势和全球竞争优势，立足于各具体产业的发展条件和特征，高效利用北京的优势资源，着力破解制约战略性新兴产业发展的突出问题。

（一）总体路径

与兄弟省市发展战略性新兴产业的定位相比，北京市战略性新兴产业的发展因地制宜地紧紧围绕以下四个战略定位：①科技创新、模式创新的国家战略性新兴产业策源地：北京战略性新兴产业的培育和发展立足于满足我国产业发展的重大科技需求，充分利用北京的优势，在科学技术创新、体制机制创新和商业模式创新三个方面率先突破，引领与辐射全国战略性新兴产业发展；②在高端产业与产业高端引导区域协同发展的战略性新兴产业发展高地：北京紧紧抓住高端的产业与产业的高端两个方面，聚集首都优势资源，形成高端优势，带动环渤海经济圈发展，使产业发展水平、区域带动能力都走在全国前列；③新兴技术产业化和市场推广应用的战略性新兴产业示范先行区：北京通过模式路径探索和政策引导，在新兴技术产业化进程以及市场推广应用两个方面先行先试，发挥战略性新兴产业发展的标杆与示范作用；④我国对接全球新兴产业高端要素和市场的重要窗口：北京充分发挥首都各类要素资源汇集的作用，把握全球新兴产业的发展态势，致力于促进战略性新兴产业发展过程中国内、国际两个市场的产业衔接、人才交流和国际合作。

在服从于产业定位的总目标下，北京战略性新兴产业成长路径的选择着眼于三个优势的提升。第一，由局部科技优势向系统科技优势提升。以构建系统科技优势为目标，着力解决基础研究优势与应用技术开发能力、个别关键技术优势与关键技术组合能力的"断裂"、"脱节"问题，大幅提升战略性新兴技术的工程化、产业化能力。强化统筹规划意识，大力推进科技总体布局调整，从整体上形成技术突破能力。第二，由单一研发优势向综合产业优势提升。在进一步提升北京在基础研究和技术研发等领域领先优势的基础上，通过发展高端精致制造环节，整合提升上游研发和下游商务服务等环节，形成"研究开发—精致制造—商务服务"的综合优势。在发挥大企业优势的同时，积极培育发展民营经济，提高中小微企业的创新创业活力，形成多元主体相互竞争、合作的产业组织格局。第三，由区域竞争优势向全球竞争优势提升。着眼于全球竞争地位的提升，加强企业对于在国家间产业技术突破和产业竞争过程中起到核心作用的基础专利的控制，力争使部分战略性新兴产业在全球产业体系中具备竞争力，有力支撑北京建设中国特色世界城市的发展目标。

（二）战略性新兴技术突破路径

战略性新兴技术突破路径主要针对于以重大技术突破为带动力的战略性新兴产业领域。实现战略性新兴技术突破是北京战略性新兴产业发展的主攻方向之一。战略性新兴技术突破路径具体包括以前沿技术和下一代技术突破为重点的技术引领路径、以系统集成技术突破为核心的工程化产业化路径、以共性技术突破和推广应用为核心的整体技术能力提升路径。

1. 以前沿技术和下一代技术突破为重点的技术引领路径

技术进步具有明显的累积性，前沿技术和下一代技术是面向未来的开创性技术，对于战略性新兴技术持续的、长期的进步具有极为深远的影响，是保持技术持续领先的战略要求。北京市通过加快战略性新兴技术创新，形成"发展一批，培育一批，储备一批"的技术领先格局。第一，北京具有得天独厚的科研资源优势和较强的创新能力，是全国核心的技术创新策源地，有能力在前沿技术和下一代技术领域实现突破。第二，为了巩固和提升北京战略性新兴技术的领先优势，北京不仅加快当前具有紧迫需求的战略性新兴技术的突破，助推战略性新兴产业的成长，而且加强对前沿性新兴技术的跟踪，加强下一代战略性新兴技术的储备。第三，北京还不断加强基础专利的储备，强化对技术标准制定权的掌控，使前沿技术和下一代技术的突破成果为我所用，逐步使北京市成为全国乃至全球战略性新兴技术的引领者。

2. 以系统集成技术突破为核心的工程化、产业化路径

系统集成技术能力是更高层次的综合技术能力，决定了新技术工程化、产业化的潜能与应用前景。战略性新兴产业的产品具有复杂性，即产品组成复杂、产品技术复杂、制造过程复杂和项目管理复杂，涉及多种单一技术的系统集成，典型的如高端装备制造业等。北京在诸多单项新兴技术方面具有较强的先发优势，系统集成技术开发所需的软、硬件条件较为理想，为系统集成技术的发展奠定了良好基础。北京市在战略性新兴技术的工程化、产业化过程中，不仅加强单项关键技术的突破，更努力实现系统集成技术的突破，消除阻碍系统集成技术能力提升的技术性障碍和制度性障碍，加快推动战略性新兴技术的工程化、产业化，有力支撑战略性新兴产业的成长。

3. 以共性技术突破和推广应用为核心的整体技术能力提升路径

产业共性技术在整个技术创新链、产业价值链中处于基础性地位，它的有效供给有利于提升产业技术水平、产品质量和生产效率，能够改善企业获取技术的能力，降低企业后续应用性研发的技术风险。只有当产业共性技术得到成功推广应用后，它所蕴涵的巨大经济和社会效益才能得以实现。北京既重视通过共性技术突破以破解战略性新兴技术进步的瓶颈，也重视共性技术的推广应用，加快技术服务、产权交易市场的发展，加强共性技术平台建设，提升战略性新兴共性技术对全市产业高端化的带动作用。

（三）战略性新兴产业跨越发展路径

战略性新兴产业跨越发展路径主要针对于技术较为成熟并已进入大规模产业化阶段的战略性新兴产业领域。战略性新兴产业跨越发展路径具体包括市场拉动型产业发展路径、优势企业突破型产业发展路径、创新集群型产业发展路径、高技术创业型产业发展路径、融合型产业发展路径。

1. 市场拉动型产业发展路径

市场拉动型产业发展路径是指通过市场需求的培育、需求层次的提升、需求规模的扩张带动相关战略性新兴产业的快速成长，具体包括三个层次：一是通过示范应用工程带动新产品市场的开拓，培育新的社会消费习惯，提升新兴产品的社会认知度，缩短新产品为大众接受的时间，典型的如新能源示范工程；二是通过高端产品市场尤其是国际高端市场的开拓，提高产业成长的起点，占据产业链的高附加值环节，如高端节能环保产品在"绿色北京"项目的推广使用；三是通过商业模式创新等途径，加快产业市场规模的扩张，促进新兴产业规模的快速成长，典型的如新一代信息技术产业通过商业模式创新快速打开市场。对于市场拉动型产业发展路径，北京市产业政策的着力点是促进新兴市场需求规模和质量的有效提升。

2. 优势企业突破型产业发展路径

在投资成本高、资金需求大、技术壁垒高、规模经济性强的战略性新兴产业领域，优势企业相比于追随型企业在技术能力、生产要素、市场势力和品牌效应等方面更具优势，推动战略性新兴产业快速成长的动力和引领示范效应也更为明显。典型的如航空航天产业、新能源汽车产业中的大型骨干企业，在较大程度上能够主导产业成长。在这些战略性新兴产业领域，优势企业的突破是产业跨越发展的基础动力，产业快速成长的关键在于优势企业的技术突破和产能扩张，进而带动大量追随型企业快速成长，最终实现产业规模和发展水平的整体提升。对于优势企业突破型产业发展路径，北京市产业政策的着力点在于为优势企业的快速成长提供必要的扶持，加强优势企业与追随企业之间的联系和交流。

3. 创新集群型产业发展路径

在产业链条长、产业配套能力要求高、企业集聚倾向高的战略性新兴产业领域，集群式发展是促进产业成长的基本方式。持续提升产业集群的创新能力可以有力推动产业的快速成长，并带动配套产业和生产性服务业的发展，不断增强产业的根植性。典型的如高端装备制造业等。在这类战略性新兴产业领域，产业集群的创新环境、创新意识、创新资源、创新网络和创新活动等是影响产业创新能力和产业成长的关键因素。对于创新集群型产业发展路径，北京市产业政策的着力点在于，以战略性新兴产业基地的建设为抓手，促进产业集群创新能力的持续提升，加大产业集群公共平台对企业的服务范围。

4. 高技术创业型产业发展路径

在依赖于高端要素投入驱动产业快速成长的战略性新兴产业领域，典型的如生物产业，一方面通过将北京现有的人才、知识、信息、技术、资本和生产性服务等高端生产要素引导至战略性新兴产业领域，提升本地战略性新兴产业的创新创业活跃度；另一方面通过承接、吸纳和对接国外高端生产要素，促进海外留学人才归国创业，加快推动北京战略性新兴产业的成长，抢占成长中的国内外新兴市场。对于高技术创业型产业发展路径，北京市产业政策的着力点在于营造有利于高技术创业的经济、社会环境，实现高端要素向战略性新兴产业创业企业的集聚。

5. 融合型产业发展路径

在产业关联度高、技术和产品适用范围广、上下游产业链长的战略性新兴产业领域，通过军民融合、工业与信息化融合、工业与服务业融合、中央企业和地方企业融合等方式，不断延伸、完善、提升产业链以形成产业链优势，释放战略性新兴产业对传统产业的提升带动效应，在推动战略性新兴产业和企业快速成长的同时，带动关联产业领域的协调式发展，并形成双向互促的良性循环。对于融合性产业发展路径，北京市政策的着力点在于破解限制产业融合发展的制度性障碍。

表7-1 北京八个战略性新兴产业的成长路径

	以前沿技术和下一代技术突破为重点的技术引领路径	以系统集成技术突破为核心的工程化、产业化路径	以共性技术突破和推广应用为核心的整体技术能力提升路径
市场拉动型产业发展路径		节能环保 新能源汽车产业	新能源
优势企业突破型产业发展路径		航空航天产业、新能源汽车产业	新材料
创新集群型产业发展路径	生物产业	高端装备制造业、新一代信息技术产业	
要素集聚型产业发展路径	生物产业、新一代信息技术产业		
融合型产业发展路径	新一代信息技术产业	航空航天产业	

三、北京市战略性新兴产业的培育机制

按照北京战略性新兴产业发展的总体定位要求，北京市结合"3+5"成长路径，通过发挥首都优势，创新体制机制，优化发展环境，激活产业主体，构建"战略性新兴技术培育"、"战略性新兴企业培育"和"战略性新兴市场培育"三大机制，为战略性新兴产业成长提供保障。其中，战略性新兴技术的培育为企业成长提供原动力，是新兴市场增长的条件；战略性新兴企业是新兴技术成果转化的重要载体，是新兴市场开拓的主体；战略性新兴市场引导技术研发方向，是企业成长的支撑。

（一）战略性新兴技术培育机制

1. 发挥科技优势，形成新兴技术突破机制

充分发挥北京高校、科研院所密集优势，促进官产学研结合，保持和强化新兴技术研发在全国的领先地位，并不断提升其在全球的竞争力。根据北京的科技资源特征和技术禀赋，结合北京新兴产业"策源地"的定位要求，新兴技术突破机制的主要内容包括：①以未来技术为研发重点。根据全球新兴产业和新兴技术的总体发展趋势，制定未来技术研发路线图，致力于战略性新兴产业前瞻性、战略性技术的研究与开发。这不仅是北京战略性新兴产业长期发展的动力源泉，而且也是发挥北京在全国作为新兴产业"策源地"作用的要求。②以市场需求为导向。只有被市场选择的技术才有可能被成功产业化和商业化并最终转化为经济效益，因而新兴技术研发必须适应市场需求的变化。③由政府统一制定技术研发目标。借鉴日本经验，由政府组织绘制产业技术路线图，从宏观层面、长期角度确定北京战略性新兴技术研发目标。统一制定研发目标有助于避免重复研究造成的浪费，同时消除各自为政容易造成的研发空白。④积极与国家重大科技专项对接。这些重大专项具有国家财政资助支持，且主要指向基础性和长期性的技术研发，是北京实现新兴技术突破的基础。⑤以行业领军企业为中心。行业领军企业具有较好的研发设施，研发人力资源丰富，具备引领新兴技术突破，以及将技术成果转化为产品的能力。行业领军企业为了保

持长期竞争优势，也有动力引领新兴技术研发。⑥以高校和科研院所为补充。高校和科研机构具有非营利性特点，能够避免在选择研发重点时只注重短期收益、忽略长期效益的"短视"。⑦相关企业广泛参与。中、小、微企业虽然整体技术研发实力较弱，但是一些技术型中、小、微企业在细分专业领域可能具有很强的技术实力。这些企业参与新兴技术研发还有助于提高全行业实现技术突破的热情，对新兴技术的产业化也起到积极推动作用。⑧以技术联盟为组织形式。新兴技术研发难度大、周期长，所涉及的技术类别也比较广泛，研发活动需要多方协作，稳定的技术联盟是有效的组织形式。

2. 推进工程集成，形成科技成果转化机制

在相关技术取得突破的前提下，工程集成的主体可以是大型企业，也可以是专业化工程集成机构。①借助大型企业技术整合力量，对相关技术进行集成，推动科技成果转化。鼓励大型企业成立中央研究院，设立工程集成专门部门，以系统化产品生产为目标，对企业内外部技术资源进行整合，为企业的工程集成服务。政府为企业的重大工程集成项目提供税收减免、人才调动、技术引进等方面的优惠政策，特别注重对复杂产品系统的集成进行专项资助。②发展一批专业化工程集成机构，通过集成创新，构建技术到产品"多对一"转化通道。着力培育工程集成机构的五种能力，使之在整合技术资源方面发挥作用：一是产品架构设计能力，包括形成产品概念，甄选或建立技术标准，选择目标市场和制定行业的长期发展规划；二是编制和管理各类合同的能力，其目的是形成排他性的联盟，协调和分配利益，保证联盟的稳定性；三是相关技术整合和短板技术突破能力，包括根据复杂产品系统的特点选择技术和工艺提供者，组织对连接性技术的突破；四是实施工程化实验的能力，包括寻找工程化实验的场所和搜集掌握实验数据；五是进行产品商业宣传的能力，包括组织广告宣传活动和培育品牌。

3. 完善创新系统，形成共性技术推广机制

成立北京市工业技术研究院，加快推进共性技术突破和推广。经过多年酝酿，2011年12月18日，由北京市科学技术研究院和北京工业大学联合共建的北京工业技术研究院正式宣布成立。北京工业技术研究院承担的主要功能是区域性技术创新、成果转化、产业育成等。研究院的功能侧重于对产业前沿信息的分析和整理，侧重于对现有各类技术成果的集成创

新,侧重于对产业重大关键技术和共性技术的攻坚克难,侧重于对国外先进技术的引进、消化、吸收基础上的再创新。北京市工业技术研究院由政府、高校、科研机构、企业和社会力量共同参与的,能够使得科技成果转化系统中的各要素高度聚集起来,各种要素相互综合、相互配套,弥补现有国家或区域创新体系中的大学、科研院所和企业研发机构之间创新衔接的不足,建立起能实现科技成果"连续转化"的机制。与企业所属研发机构、大学、国立科研机构等其他研发组织不同,北京工业技术研究院有三个创新特点:一是面向特定的产业技术研发领域,具有较强的应用导向;二是强调市场和需求驱动型的创新,融知识创新、技术创新和衍生创业为一体;三是面向首都区域创新,表现出明显的公共技术服务功能和创新网络的组织引领功能。从组织结构看,研究院下辖三个研究中心。其中,产业技术研发中心根据首都经济社会的发展需求,以提升产业技术和创新能力为目标,通过关键性、创新性以及前瞻性技术的开发与推广,协调、组织对企业发展中重大项目的科研攻关,促进产品更新、产业升级和产业结构转型,在重点产业领域形成一批核心专利技术。高新技术企业孵化中心以北京市重点支柱产业为方向,筛选出市场前景好、符合首都经济发展方向的成果进行孵化,以衍生公司的形式转化科技成果。吸引创业者"带着项目来,形成产业走",帮助创业者把发明和成果尽快形成商品进入市场,降低创业企业的创业风险和创业成本,提高衍生企业创新的成活率和成功率。企业发展服务中心的目标是推动科研成果直接服务于企业,协助企业解决自身创新发展中的组织、管理问题,工业技术研究院以开展"合同科研",为企业客户尤其是中小企业客户量身定做各种技术作为最主要的服务方式。

(二)战略性新兴企业培育机制

1. 加强政策引导,形成龙头企业带动机制

(1)利用北京的比较优势和窗口优势,加大招商力度,吸引新兴产业重大项目落地北京。强化北京技术优势、人才优势、融资优势、市场优势,将投资额大、技术水平高、市场前景好的新兴产业作为北京市招商引资的重点。编写新兴产业国内外主要研发和制造企业名录,选取既有发展潜力又符合北京要求的企业,由政府部门牵头对这些企业进行专门招商。特别重视对外资的引导,结合北京对接全球战略性新兴技术、人才和产业

的重要窗口的定位要求，不断提高新兴产业在引进外资中的比重。注重支持大型民营企业在京新兴产业投资项目，从税收、基建、人才、用地、物流等多方面为项目建设做好配套工作。

（2）利用重大投资项目推动在京大型企业向新兴产业领域转型。加强对大型企业的引导，对企业重大转型项目给予政策支持，特别重视支持在京汽车企业对新能源汽车的投资项目、石化企业对新材料的投资项目、装备企业对高端装备和新能源的投资项目、医药企业对生物医药的投资项目以及电子企业对下一代信息技术的投资项目。

（3）不断强化大型企业的行业引领能力，使其具备稳健的现金流和财务能力、具备现代公司治理结构、依靠创新实现企业增长，拥有规模化产量、高市场占有率、优势品牌，注重环保和社会责任。鼓励具有行业领军实力的大型企业或企业集团融入新兴产业国际分工体系，参与国际高端市场竞争。

2. 优化服务环境，形成中小企业成长机制

针对中小企业发展的现实特点和需求，建设专业、覆盖广泛、公益性和综合性的中小企业服务体系，加速新兴产业领域中小企业的成长。

（1）以现有中小企业服务中心或中小企业促进会为基础，组建北京战略性新兴产业中小企业综合服务机构。以综合服务平台为主体，汇总和统计服务机构、服务平台和服务业务信息，搭建服务信息综合管理平台，征集和聘任各领域专家，加强中小企业服务智力支持，促进实现全市中小企业服务资源的统一配置。通过建立热线电话、网上咨询、网络订购和速配等便捷通道，加速服务与中小企业需求的对接。将综合服务机构建设成为整合和调动各类社会资源、实现中小企业服务需求"分诊"和快速响应的"门户"。

（2）建立中小企业综合服务机构与协会、商会和研究会等社团的长效联系机制，理顺体制机制，充分发挥社团的积极性和创造性，将社团建设成为广大中小企业规模化、组织化服务管理的重要推动力量，建设成为中小企业与综合管理机构和各类公共服务平台对接的重要载体。

（3）鼓励发挥社团组织在行业标准制定、行业自律、信息发布、展览展示、促进产学研合作、参与政府政策制定等方面的积极作用，支持社团以组团、联合等灵活多样的方式开展中小企业服务工作。以满足中小企业服务需求为根本要求，建立适合中小企业发展现状的服务机构运行机制。

(4) 按照公益性公共服务、商业性公共服务和商业性个体服务适当分工、协调发展的原则，推动形成公益性公共服务政府采购，商业性公共服务政府补贴、机构合理盈利、企业合理付费，商业性个体服务市场化定价、政府有效监督的有利于中小企业服务体系可持续发展的运营机制。

3. 促进知识聚集，形成创业企业繁荣机制

(1) 以园区为依托，促进知识和企业家的聚集。以各类专业园区为基础，促进企业集聚发展，共享园区基础设施和各类公共平台。扩大中关村科技园区的规模，完善基础设施，提升服务水平，调整各专业园区布局，强化其对北京战略性新兴产业发展的载体功能。推动区县专业园区与中关村科技园之间形成有机联系，实现整体效率最大化。在产业园内，配套循环经济设施、孵化器、公共服务机构和生活设施，完善产业发展的硬环境与软环境，使产业集聚平台由单一的生产制造功能向综合研究开发、技术转换、投资融资、人才培养、生产制造、销售服务复合功能转型。

(2) 重视高新技术创业和微型企业发展，重点培育"种子型企业"。新设立企业和微型企业虽然在规模上比不上大型企业和中小型企业，难以生产整机和成套产品，但是掌握特定关键领域的技术、工艺，能够为产业发展提供短板技术、生产关键零部件、完成特殊制造工艺。这些企业如同"种子"，在行业中比重较低，但起着关键和发源的作用。各新兴产业密集的工业园区应成立创业促进处，中关村科技园成立北京战略性新兴产业创业中心，为新设立企业和微型企业的发展服务。北京市特别鼓励科技人员的创业活动，成立专门小额贷款基金缓解项目启动时资金短缺的问题，开设绿色通道为技术创业人员提供"一条龙"服务。

4. 激活产业联盟，形成产业整体联动机制

(1) 产业联盟有实体型机构，制定并严格执行联盟章程，保证联盟的独立利益，理顺体制机制，充分调动联盟在促进产业链合作、争取政策支持、保障产品质量、规范市场竞争、推动专利共享、发展自主技术标准等方面的积极性，促进产业内外相关主体的联动。

(2) 产业联盟的会员组织采取"行业领袖+广泛参与"的形式。核心成员（理事会成员）必须是掌握并能够不断改善核心技术的企业或机构，对产业发展起到引领作用；同时，广泛吸收满足条件的相关企业、研究院所、高校，推动各种主体在产业链上的合作与分工。

(3) 产业联盟具有发展性。在技术研发方面，联盟通过督促会员坚持

既定技术路线，不断提高联盟标准的市场占有率；在生产组织方面，不断协助联盟企业降低生产成本、提高生产效率；在市场开拓方面，通过设立信息中心、共建销售渠道不断扩大联盟产品销量。

（4）做好联盟与企业的对接工作。在北京市经信委的指导下，中关村科技园、各新兴产业工业园、新兴产业联盟组织联合成立"北京市新兴产业联盟对接中心"，专门负责促进企业与相关联盟的对接工作。中心通过召开会议和举办宣传活动，帮助企业了解联盟作用和运转机制，提高企业加入联盟的积极性，增进联盟组织与企业之间的相互了解，协助企业加入联盟组织。

（5）联盟具有开放性。利用北京窗口优势，一方面吸引国外跨国公司加入，提高联盟的国际化程度；另一方面促进各新兴产业联盟组织与国外相关联盟接触，在技术研发、专利共享、市场开拓等方面开展广泛合作。

（三）战略性新兴市场培育机制

1. 加快应用示范，形成新兴市场培育机制

（1）结合"先行示范区"定位，形成北京战略性新兴产业公共产品"大产业、大平台、大营销"的销售局面。大产业是指以八大战略性新兴产业为基础，重点支持电动公交车、电动公务用车、电动出租车、自供能交通照明、智能卡等公共产品的研发和生产。大平台是指推动北京几大示范工程的建设，即公交集团电动车示范工程、延庆电动出租车示范工程、八达岭太阳能电站、农村绿色照明工程、市政一卡通工程等。这些工程在改善北京市容市貌，推动节能减排，提高城市管理信息化水平的同时，也成为集中展示新能源、新能源汽车、新一代信息技术等战略性新兴产业产品的平台。大营销是指构建新兴产业公共产品采购网络，重点打造两个市场，即实体性的政府采购接待中心和网上超市。

（2）对首次引进新型装备、设备的单位和购买新产品的个人进行财政补贴，打开资本类产品销售局面。重点补贴对象包括：购买北京制造绿色环保设备、节能减排设备、高端装备的企业，购买新能源汽车、节能照明系统的单位或个人，购买新能源电能的电力企业，购买新型医疗设备的医院和其他医疗机构。

（3）利用北京全国政治、文化中心的优势，在重点区域建设体验设施，向普通消费者（包括市民和旅游者）宣传新产品、新技术，引起全社

第七章 北京战略性新兴产业创新体系建设

会对北京战略性新兴产业发展的关注。可以考虑采取的形式有：在现有各类博物馆中设计相关新兴产业的参观项目、多家企业联合建设行业展示中心、企业自建体验中心等。

2. 创新商业模式，形成规模市场增长机制

（1）打造和控制新兴产业产品销售关键平台。绝大多数新产品都可以在传统产品的实体商店销售，例如新能源汽车可以在传统汽车4S店销售，信息家电可以在传统家电商店销售，电子出版物可以在传统书店销售。但是，某些新兴产品采用了全新的产品架构设计，满足全新的需求，传统实体商店难以满足产品展示和销售的要求，需要新建实体商店。例如，新能源装备产品的销售就需要创新实体商店形式。同时，网络营销已经成为当前发展最为迅速的商业模式，也是众多新兴产品上市的重要渠道。

（2）促进新兴产业的客户服务体系建设。新技术实现大规模产业化的一个必要条件是稳定的产品质量，而产品质量的稳定和提高需要质量标准体系的完善，产品标准的制定和推广也有助于消费者获得满意的售后服务。以质量标准为基础，新兴产业客服网络由企业自建网络和第三方专业服务商共同构成。新型机械、装备的定制化程度高、售后维护难度大，可以企业自建售后服务网络为主；汽车、消费电子产品模块化程度高，市场覆盖面大，可以采取企业自建网络与第三方专业服务商相结合的形式建设客服网络。

（3）创立培育新兴产业品牌体系。一些传统产品虽然销售量下降，但其品牌历史悠久，社会认知度高，在国内外市场具有相当高的知名度。以这些知名品牌为基础，进行重新调研、重新评估和重新定位，实施品牌再造，将再造后的品牌用于新产品上市，使老品牌获得持久竞争力，也加快新产品被消费者接受的过程。同时，一些新兴行业领域不断创造新的品牌，根据新产品的特征和目标用户群体的习惯，打造和培育一批新品牌。

3. 瞄准欧美市场，形成高端市场引领机制

北京是推动我国对接全球战略性新兴技术、人才和产业的重要窗口，行业管理水平、企业技术实力和市场开拓能力在国内保持领先，新兴产业产品出口不断加大对欧美高端国际市场的开拓力度。

（1）指导企业建立有序高效的全球化销售网络，培育和发展海外代理商，为全球用户提供全方位营销服务。生产资本品的企业可逐步建立海外组装工厂和商务代表处，与国外组装企业和销售公司建立信息通道和进出

口协调机制；生产消费品的企业积极跟踪国际市场消费动向，运用柔性生产技术使生产系统能快速适应市场需求的变化。

（2）设立北京战略性新兴产业海外资讯中心。中心为实体性机构，实时接收来自欧美等主要高端市场发送回来的产品质量投诉和问题咨询，专业市场分析人员对信息进行分类、汇总后将结果回馈给新兴产业政府管理部门、科研机构和高校、行业协会、联盟组织和企业。同时，定期举办针对市场变化和质量问题的全球电话会议，组织相关企业人员和分布于北美、欧洲国家的销售代理共同探讨新兴产业市场需求变化方向以及新出现的质量问题，及时解决客户提出的问题。

四、北京市发展战略性新兴产业的组织保障和政策措施

（一）完善组织保障，形成部门合力

由市领导牵头，成立北京市战略性新兴产业领导小组，对接国家部际协调机制和北京市各有关部门、区县及相关产业园区，形成跨部门、跨职能的"合纵连横"式的组织保障体系。构建北京市战略性新兴产业领导小组工作推进机制，整合各部门政策资源，形成政策合力，加强对产业发展重大问题的沟通和协调。在中关村"1+6"政策框架的基础上进一步深化和创新，依托中关村创新平台，引入专家咨询顾问、产业界人士等共同参与机制，定期开展各方联席工作会议，从产业发展趋势、技术路线、政策制定及具体实施等方面全面统筹北京市战略性新兴产业发展的相关问题。协调统计局、工商局等相关政府部门，对北京市战略性新兴产业统计分类、企业分布和产业发展情况进行系统调研。加强北京市战略性新兴产业的专题信息与统计数据基础设施建设，对战略性新兴产业定期进行监测和分析，及时跟踪和把握产业发展最新态势，并制定有针对性的应对措施。

（二）重视基础专利，加强知识保护

将北京市建设成为国家知识产权保护的示范城市，助推北京市战略性

新兴产业发展。制定《北京市知识产权战略》，鼓励知识产权的创造、保护和运用，依据战略性新兴产业技术创新战略和技术路线图，加强专利获取与布局的谋划。在对技术创新发展态势分析的基础上，积极配置资源，引导重点领域形成基础性专利，建立有利于实现北京市重点产业技术创新目标的专利池和知识产权支撑系统。构建知识产权专题信息库和基础数据库，定期发布北京市战略性新兴产业领域知识产权动态信息及知识产权报告。建立和完善企业和政府知识产权管理部门之间的双向交流反馈渠道，针对战略性新兴产业发展带来的知识产权新类别的出现，及时跟踪、拓展保护范围和权利谱系。完善和推进以政府为主导，企业、产业（技术）联盟等行业组织、研究机构和驻外相关机构等共同参与的海外知识产权保护服务网络，在企业开拓国际市场、海外知识产权申请和保护、应对国际知识产权纠纷、促进国内国际标准制定等方面充分发挥协调作用。

（三）构建服务体系，促进技术流动

以建设北京市战略性新兴产业网为平台，整合各类战略性新兴技术、风险投资、商业与政策信息等，为相关参与者提供全方位服务。推动境内外创业投资基金和创业投资企业在北京的设立与发展。鼓励和引导国家大学科技园、科技企业孵化基地、生产力促进中心等各类创新服务机构的发展。完善创业孵化机制和创业金融服务体系，加快建设"中关村科学城"高端研发技术服务创新聚集区，创建具有国际领先水平的创业环境。协调、整合本地科研院所资源，鼓励和引导战略性新兴产业领域的企业共同建立产业共性技术研究院和实体性产业（技术）联盟，完善资金来源、平台建设及运行机制，部署战略性新兴产业的共性技术和前沿技术跟踪及研究。强化对北京市战略性新兴产业的技术交易、转移与合作的支持力度，继续推进中国技术交易所建设，完善技术交易平台及服务体系，使北京成为战略性新兴产业技术交易的高地。发挥中关村国际标准大厦的集聚效应，搭建标准创新和检测认证公共服务平台，引导北京市战略性新兴产业的标准先行。

（四）吸引精英人才，培育知识员工

建立精英人才专项扶持政策及专项资金，完善精英人才物质性和非物质性激励机制和措施。加大高层次创新创业人才引进和培育力度，逐步造

就一批掌握核心技术和具备世界影响力的科技精英和优秀创业团队。为高层次科技创业人才引进和带动的高端科技项目提供经费支持,并对精英人才在北京创业、生活等各方面提供配套服务和措施,对涉及户籍、子女就学、购房、购车等迫切需要解决的现实问题给予政策支持。同时,在制造业领域,战略性新兴产业多数属于高端、精致制造,对产业技术工人的技能要求较高,涉及高技能产业技术工人的长期培育和培养。要整合本市教育培训资源,构建院校与企业之间高技能人才的培养平台,通过校企合作、产学结合、半工半读、定向培养,探索建立适应北京战略性新兴产业发展所需的精英式产业技术工人培养制度,形成能够支撑北京市产业高端发展的一大批知识型员工。

(五)政府主导开发,改善投资环境

鼓励北京市战略性新兴产业园区在开发主体、开发方式及配套服务上进行改革和完善。推动中关村科技园区优惠政策在其他各园区的落实,促进人才、资金、技术等创新资源向各大园区集聚。针对北京战略性新兴产业的发展阶段特征,目前应重点由政府主导战略性新兴产业园区开发,实施相对较低成本的企业进园政策。设立产业园区开发专项建设基金,对产业园区内基础设施项目的贷款提供财政贴息扶持等政策,并对园区内涉及的战略性新兴产业领域的相关企业提供包括融资政策、科技创新政策和人才管理政策等全方位、全过程的支持和服务。另外,在强化北京市工业用地集约开发利用的同时,仍需加大对本市战略性新兴产业园区建设用地的支持,在建设用地审批制度、用地计划指标和程序简化上进一步改革和完善。针对战略性新兴产业重大项目,可以探讨用税收抵扣企业对土地的成本投入,解决土地成本较高给企业发展带来的压力。

(六)建设现代工厂,加强精致制造

传统制造聚焦于低端粗放制造,而现代工厂的核心在于提高制造业的精致水平。战略性新兴产业代表了资源节约、环境友好以及技术和信息密集的产业特征,属于高端、精致制造。精致制造能力将成为提高战略性新兴产业国际竞争力的重心,尤其是制造的敏捷性、柔性化和智能化将成为竞争优势的重要来源。通过借鉴日本经验,积极发展制造业"母工厂",以母工厂信息化、柔性化、智能化、绿色化建设为抓手,加大财政支持力

度，扶持战略性新兴产业在精致制造方面的软硬件基础设施建设，从而带动精致制造技术和现场（车间）精致管理水平的提升，促进北京战略性新兴产业向高端、精致化方向发展。同时，通过精致制造带动北京传统制造业由粗放制造向精致制造转变和升级。着力创新军民结合体制机制，利用和拓展军工企业的工程集成技术优势，加快军工领域高精尖制造技术在民用领域的合理扩散与改造应用，带动北京战略性新兴产业制造技术水平及精致化程度的提升。

（七）促进双向流动，提升开放水平

利用出口信贷和出口信用保险，积极支持北京战略性新兴产业的重点产品、技术和服务走向海外市场，尤其是美国、欧盟、日本等国际高端市场。鼓励有实力的北京本地企业"走出去"获取国际高端技术要素，兼并具有技术实力的国外中小技术公司，转移和消化吸收国外一些新兴技术。北京本地领先企业通过在海外联合设立研发机构，加强科技合作与信息交流，有助于充分利用国际技术、资本、人才等创新资源，提升国际化开放合作质量和水平，共同创造和分享合作成果。在国际合作尤其是在境外合作过程中，北京要积极利用保险等风险管理工具，对本地战略性新兴产业对外投资及各种形式合作提供全面的风险保障和风险信息管理咨询服务，为技术尤其是关键、核心技术跨境转移面临的制度障碍提供完备的应对措施。此外，要引导和鼓励各类商业协会、产业联盟、技术联盟等行业组织在企业国际化过程中发挥协调和指导作用。

（八）改进执行方式，提高政策效率

统一和完善具体政策实施操作细则，明确政府相关部门职责和分工，优化政策执行过程。借鉴吸收国外政策执行经验，实行项目制的政策执行方式，将战略性新兴产业政策落实到具体的项目上，每个项目具体安排负责人全过程跟踪实施，并对项目扶持执行情况进行持续监督和分阶段的评估。同时，根据战略性新兴产业的特殊性，例如技术（产品）的复杂性、系统性和产业主体培育的长期性等，建立稳定的、可持续的产业项目动态培育机制。在政策落实和执行过程中，要注意衔接既有政策措施，加强既有高新技术企业优惠政策与战略性新兴产业政策的协调，并根据实际情况和发展变化及时进行政策动态调整和完善。此外，在政策扶持上应突破传

统的以规模化为主的统计指标和口径，增加技术含量、产品创新性、技术成熟度、产业化、商业化程度等针对战略性新兴产业特征的衡量指标。在一些技术成熟度低、发展方向不明确的领域，要鼓励技术多样化和多路径发展，避免政策扶持上也陷入锁定。

第八章 苏南地区产业转型升级的经验

经济开发区已经成为推动地方产业集聚和经济增长的重要载体，成为各地高新技术产业、先进制造业和现代服务业的重要基地和核心集聚区。作为区域经济发展平台，经济开发区通过产业集聚和产业链延伸，带动地方传统产业逐步升级，不断提高自主创新水平，有力地推动产业结构优化升级和经济结构调整，提升了综合竞争力。通过研究开发区产业结构优化调整的特征观察苏南地区转变经济发展方式的路径和机制，是本章的主要目的。2011年6月，调研组对江苏省溧阳市经济技术开发区进行了为期一周的调研。调研发现，对于溧阳经济技术开发区这样一个中等规模的开发区、重工业型的开发区、半开放型的开发区、高速成长的开发区、"通过型"的开发区和生态型的开发区，产业结构调整的核心任务，是从本地的比较优势出发，加快促进传统产业转型升级和战略性新兴产业培育发展。针对区域经济发展面临的障碍和瓶颈，溧阳市的基本政策思路是，以中心商务区建设为平台发展区域性总部经济和服务经济，提升地区的高端要素集聚能力，加强城市化对工业化的支撑，促进新型工业化和现代城市化建设双轮驱动；以战略性新兴产业为先导、先进制造业为主体、现代服务业为支撑、功能性农业为补充构建多元化、多层次的现代产业体系；通过做多中型企业、做强大型企业、做活小微企业，优化产业组织结构；通过增量优化和存量调整，双管齐下地突出南北两个园区的功能定位和错位发展。为加快产业结构调整，我们建议在加快资金等各种要素集聚的同时，重点是全面优化溧阳经济开发区的投资和经营环境，提升地区承接产业转移、促进产业转型升级的"软实力"。

一、经济发展的总体情况和特点

溧阳市位于江苏省南部、苏浙皖三省交界处,地处长江三角洲,属上海经济区。总面积1535.87平方公里,总人口78.15万人。2010年全市实现地区生产总值424.66亿元。"十一五"年均增长18.5%,人均生产总值超8000美元;实现财政总收入80亿元,其中地方一般预算收入29亿元,分别是2005年的3.8倍和3.2倍,年均分别增长30.4%和26.1%,经济总量稳步提升。但是溧阳经济发展还存在一些困难与问题,例如经济总量不够大、综合竞争力还不强、产业结构不合理、农民持续增收难度增加等。与周边同等城市相比,溧阳经济发展则略显落后。2006年溧阳市地区生产总值在苏南地区11个县级城市排名第8位,人均地区生产总值排名第9位。2010年,地区生产总值排名仍是第8位,但与第7名太仓市的差距在拉大,人均地区生产总值则下降更加明显,在苏南11个县级城市中位列第10,略高于金坛市。

溧阳经济开发区成立于1992年,位于溧阳市中心区域。全区行政区域面积155平方公里,工业园区面积70平方公里。经过多年开发,开发区综合实力不断提升,已经形成了输变电、机械冶金、食品加工、生物医药、新能源新材料等为主体的工业体系。经过十多年的发展,溧阳经济开发区已经成为溧阳经济发展的最主要的推动力。"十一五"期间,开发区经济增长对溧阳经济贡献超过60%,地位越发重要。在后金融危机时代,溧阳经济发展机遇与挑战共存。面临新一轮国际产业转移与国家长三角区域规划战略的新机遇,溧阳经济开发区尤其要发挥得天独厚的地理位置加快发展,准确定位未来的主导产业,妥善处理与周边经济开发区的竞争,在区域范围内形成合理分工,推动溧阳经济又快又好的发展。

开发区具有以下自然性和经济性的比较优势:

(一) 优越的区位交通

溧阳位于江苏省苏南,地处长三角,属于上海经济区。距离上海、杭州200公里,距南京、宿州、张家港百余公里,距南京禄口机场68公里,距常州机场 60 余公里。距离常州港口 70 公里、镇江港 90 公里、南京新生圩港 110 公里。溧阳是苏南地区的交通枢纽,三省通衢之地,区位条件十分优越。溧阳是典型的交通枢纽城市,宁杭高速、扬溧高速纵横全境,溧芜高速、溧黄高速、常溧高速即将建成;铁路方面,宁杭城际高速铁路在溧阳设有中心节点站,建成后溧阳到南京、杭州只需半小时,到上海仅一小时,此外,苏皖赣铁路江苏段已经完成前期勘址,即将开工建设,这些与 104 国道、239 省道、241 省道等公路主干道构建了四通八达的陆路交通网络。水运方面,现有两条国家三级航道芜申运河和丹金溧漕河,1000 吨级的船只可直达长江沿线各个主要港口。开发区充分利用溧阳快速崛起的立体交通格局,交通便利。发展大的水陆空交通网凸显了开发区三省通衢的区位优势。"十二五"期间,溧阳将进一步打造现代交通运输体系,预计工程建设方面投资总额超过 100 亿元,实现境内高速公路通车里程超 100 公里,改造新建干线航道超 100 公里,改造新建国省干线一级公路超 100 公里,改造新建县乡道路二级公路超 100 公里,新增绿色通道绿化面积超 100 公顷,建成市区环通交通网、市镇专线交通网、市际外环交通网。

(二)较低的要素成本

要素成本主要反映在劳动力成本、土地成本等方面。首先看劳动力成本,劳动力成本通过平均工资来体现。2009 年,常州市在岗职工平均工

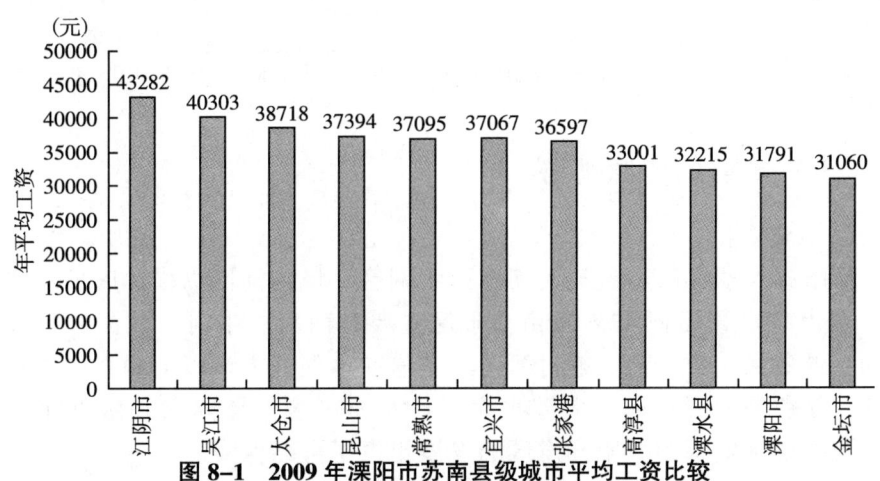

图 8-1 2009 年溧阳市苏南县级城市平均工资比较

资料来源:根据《江苏统计年鉴》(2010) 中数据绘制。

资为 39220 元，溧阳市在岗职工平均工资为 31791 元，低于常州市平均水平 7429 元。同苏南十一个县级城市相比，溧阳位于第十位，在岗职工平均工资在苏南地区属较低水平，劳动力成本低的优势明显。

土地成本通过工业用地价格来反映。根据国土资源部发布实施《全国工业用地出让最低价标准》的通知中所确定的全国工业用地出让最低价标准，考虑到各区县所采取的各项优惠政策，用地价格实际要低于此标准。即使采用最高标准 204 元/平方米，苏州、无锡、常州所辖城区的土地价格为 480 元/平方米，是溧阳的 2.35 倍；江阴、昆山、张家港等县级市的土地价格为 288 元/平方米，也是溧阳的 1.41 倍。从城市工业用地等级来看，溧阳市工业用地等级属第九级，在苏南地区仅高于常州的金坛市，在苏南属较低水平，工业用地价格低廉的优势较为明显。

表 8-1　溧阳市与苏南主要地区城区工业用地价格的比较

地　　区	工业用地等级	工业用地价格（元/平方米）
常州（天宁区、新北区、钟楼区）、苏州市（沧浪区、虎丘区、金阊区、平江区）、无锡市（北塘区、滨湖区、崇安区、南长区）	4	480
南京市栖霞区、常州市戚墅堰区、苏州市（吴中区、相城区）	6	336
江阴市、昆山市、张家港市、南京市（六合区、浦口区、江宁区）、无锡市（锡山区、惠山区）	7	288
常熟市、吴江市、宜兴市、常州市武进区	8	252
溧阳市、太仓市	9	204
金坛市	10	168

资料来源：国土资源部关于发布实施《全国工业用地出让最低价标准》的通知（国土资发 [2006] 307 号）。

（三）丰富的资源优势

1. 水资源

溧阳属太湖水系，位于太湖湖西水网区，境内河网纵横，库塘星罗棋布。全市有水域面积 42.6 万亩。干河主要有南河、中河、北河、丹金溧漕河、溧戴河、竹簧河、赵村河。库容量在 1 亿立方米以上的大型水库有 2 座，分别是沙河水库、大溪水库，且水质一直保持国家 II 级饮用水标准。丰富的水资源为溧阳开发区的发展提供了可靠保障。

2. 土地资源

溧阳市域面积1535平方公里，其中耕地面积112万亩，林地32.8万亩，人口密度为507人/平方公里。溧阳经济开发区行政面积155平方公里，工业园区面积70平方公里。在长三角特别是环太湖经济发达区内，属相对地多人少地区。农民居住的集中程度较高，土地开发条件较好，工业开发成本较低。

3. 矿产资源

溧阳矿产资源十分丰富，境内有石灰岩、方解石、磁石、膨润土、黏土、硅灰石、石英岩、石英砂岩、大理岩、建筑砂、煤炭等，其中已探明的储量，石灰石10亿吨，方解石、大理石均在1亿吨以上，陶土等工业粘土7000万吨，瓷石3000万吨，且品位优良，具有较高的开采价值。

4. 农业资源

溧阳地处中国亚热带季风气候北缘，全年四季分明，光热资源充足，雨量充沛，土壤肥沃，物种丰富，自然景观多样，是著名的"鱼米之乡"，先后被列为全国"商品粮基地县（市）"、"油菜籽生产百强县（市）"、"全国丘陵山区开发示范县（市）"。盛产水稻、油菜、蚕桑、板栗、茶叶、芹菜、西瓜、青梅、天目湖寿桃、淡水鱼、白壳虾、螃蟹等农副产品，素有"鱼米之乡"、"丝府茶城"之誉。溧阳拥有7万亩特色水果、8万亩茶、10万亩桑、10万亩板栗、10万亩竹、45万亩油菜籽、65万亩水稻，形成了优质粮油、经济林果、花卉苗木、蔬菜药材、特种水产、有机食品、观光农业等区域化、规模化、专业化生产基地。溧阳拥有丰富的牧草资源，是苏南地区重要的良种食草畜禽繁育基地。目前全市生猪存栏7万头，羊存栏25万头，牛存栏1500头，禽存栏200万只，同时发展了兔、鹿、狐狸、水獭、小香鸡、梅花鹿等特种畜禽。

（四）良好的生态环境

开发区所在的溧阳是国家卫生城市、国家环保模范城市和全国生态示范市。空气质量优良，达到国家一级标准，是苏南地区空气、水质最优的城市之一，生态环境优良，被称为长江三角洲地区的"都市后花园"。溧阳境内有国家顶级AAAA级旅游度假景观区天目湖景区、南山竹海景区。2008年被授予"中国十佳休闲生态城市"、"中国休闲旅游最佳目的地"，同时被《人民日报》、《光明日报》、《经济日报》等31家媒体的旅游记者评为"中国最具魅力的生态休闲旅游胜地"。2011年，由于良好的生态环境和旅游风光，经国际文化旅游促进会、中国县域经济协会、中国旅游品牌协会专家团综合评审，溧阳被授予"中华最佳休闲度假旅游城市"的荣誉称号。

近几年，溧阳经济开发区积极发展循环经济，坚持走新型工业化道路，切实做好企业节能减排工作，单位GDP能耗、污染物排放等指标均列全省前列。良好的生态环境，既十分适宜居住生活、休闲度假、观光旅游，又十分适宜对空气、水质量要求较高的食品工业、生物制药和高科技产业发展。

二、经济发展的特点和制约因素

"十一五"以来，开发区经济发展总体呈现总量快速增长、结构不断优化的良好态势，但体制性和结构性的因素仍然严重制约开发区的转型升级。

（一）"十一五"经济发展的特点

1. 经济快速持续增长

2006年以来，溧阳经济开发区经济高速增长，经济规模不断扩大。"十一五"期间，开发区GDP占溧阳市比重由2006年的26.40%上升到2010年的42.88%，年均增长60%左右，超过溧阳市近15个百分点。2010年，开发区GDP达到182亿元，与2006年相比，增长了2.17倍，对溧阳经济发展的推动作用突出。

"十一五"期间，开发区全社会固定资产投资累计274.9亿元，年均增速41.74%，高于溧阳市近20个百分点。2010年开发区全社会固定资产投资达到93.5亿元，相比2006年增长了2.95倍，占溧阳市比重由2006年19.79%提高到33.80%。

2. 综合实力稳步增强

经过多年的发展，开发区拥有超亿元企业25家，超10亿元企业5家，超50亿元企业2家，超200亿元企业1家。2011年8月，江苏省商

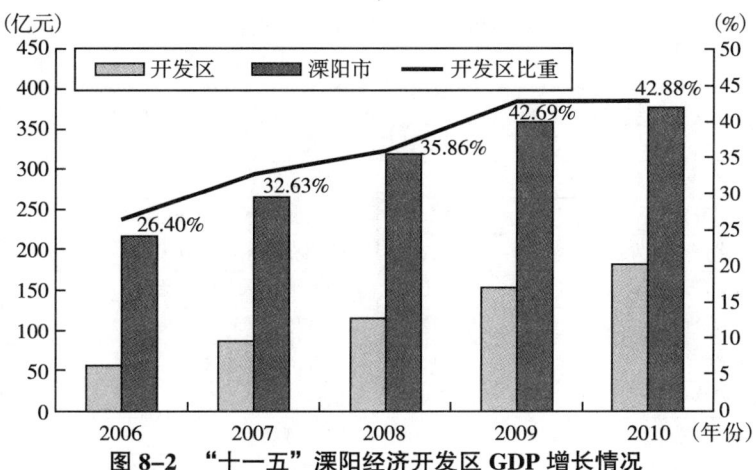

图 8-2 "十一五"溧阳经济开发区 GDP 增长情况

资料来源:《溧阳统计年鉴 2006~2011》。

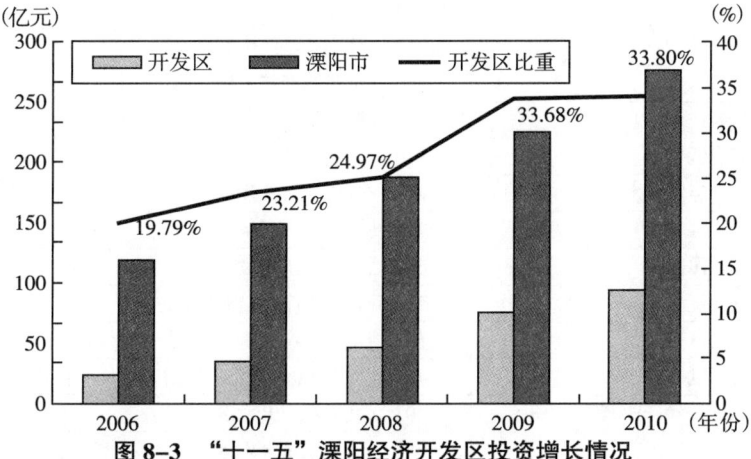

图 8-3 "十一五"溧阳经济开发区投资增长情况

资料来源:《溧阳统计年鉴 2006~2011》。

务厅对全省 123 家省级以上开发区从经济实力、产业结构、科技能力、开放水平、集约程度、环境保护、社会贡献和管理状况 8 个方面进行评价,溧阳经济开发区位列前 30 强,与 2006 年相比提高了 6 个名次。在苏南 38 个国家级、省级开发区中,溧阳经济开发区业务总收入由 2006 年的第 21 位上升到 2010 年的第 17 位。

表 8-2 苏南地区主要开发区业务总收入

单位：亿元

2006 年		2010 年	
国家级	13525	国家级	45588
苏州工业园区	2561	昆山经济技术开发区	5476
昆山经济技术开发区	2407	无锡高新技术产业开发区	4449
无锡高新技术产业开发区	2236	常州高新技术产业开发区	2870
苏州高新技术产业开发区	2000	苏州高新技术产业开发区	2593
南京经济技术开发区	1358	昆山高新技术产业开发区	2188
张家港保税区	1271	南京经济技术开发区	2054
常州高新技术产业开发区	983	常熟经济技术开发区	1817
南京高新技术产业开发区	708	江宁经济技术开发区	1524
		南京高新技术产业开发区	1425
		吴江经济技术开发区	1289
省级	11764	省级	47113
江阴经济开发区	1510	江阴临港经济开发区	2016
常熟经济开发区	980	武进高新技术产业园区	1601
江苏昆山高新技术产业园区	941	张家港经济开发区	1526
吴江经济开发区	870	太仓港经济开发区	1376
江苏江阴临港经济开发区	869	锡山经济开发区	1125
江宁经济开发区	710	苏州吴中经济开发区	1022
南京化学工业园区	688	溧阳经济开发区	974
锡山经济开发区	550	常州天宁经济开发区	949
江苏太仓港经济开发区	512	吴江汾湖经济开发区	653
张家港经济开发区	461	常州钟楼经济开发区	639
江苏武进高新技术产业园区	403	宜兴经济开发区	579
苏州吴中经济开发区	381	金坛经济开发区	560
溧阳经济开发区	249	昆山花桥经济开发区	554
江苏无锡惠山经济开发区	247	苏州浒墅关经济开发区	514
江苏吴江汾湖经济开发区	238	常熟东南经济开发区	514
江苏常州天宁经济开发区	223	无锡惠山经济开发区	392
合计	33725	合计	92701

数据来源：《江苏省统计年鉴 2007》、《江苏省统计年鉴 2011》。

3. 工业经济迅速发展

开发区工业经济发展迅速，在溧阳市工业经济中的地位逐步提高，已经成为推动地方经济增长的最重要产业。"十一五"期间，规模以上工业总产值持续增加，占溧阳全市的比重由 2006 年的 31.71% 上升到 2010 年的 56.72%，年均增速达到 47.53%，超过溧阳市年均增速 20 个百分点。工业增加值年均增长速度 32.47%，占溧阳市工业增加值比重由 2006 年的 36.09% 上升到 2010 年的 53.52%，对地区经济增长的拉动作用十分明显。

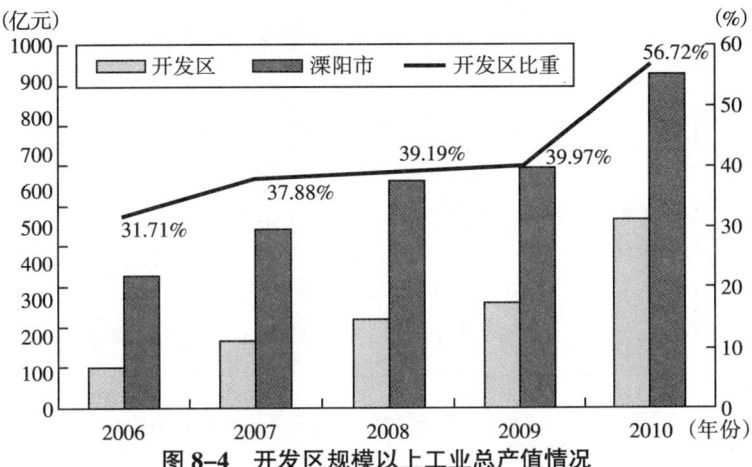

图 8-4　开发区规模以上工业总产值情况

数据来源：《溧阳统计年鉴 2006~2011》。

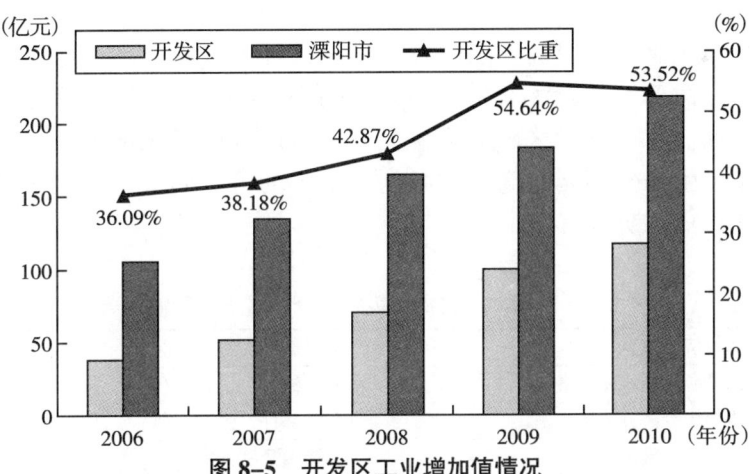

图 8-5　开发区工业增加值情况

数据来源：《溧阳统计年鉴 2006~2011》。

"十一五"期间，开发区工业对经济增长贡献率年均 42.4%，其中拉动地区生产总值增长年均 15.84 个百分点。除了 2010 年外，工业对经济增长的贡献率呈现出递增的趋势，图8-6反映了2007~2010年工业对地区生产总值增长的贡献率。虽然2010年的工业贡献率有所下降，但是工业仍然是经济增长的主动力。

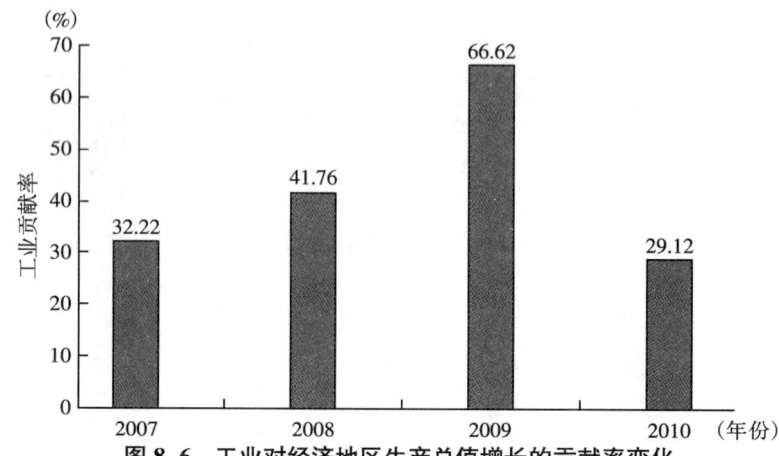

图8-6　工业对经济地区生产总值增长的贡献率变化
资料来源：溧阳经济开发区统计数据计算。

4. 产业特色初步形成

开发区产业定位明确，经过多年发展已经形成了以输变电设备、机械冶金、生物医药、新能源新材料等为主的产业特色，与周边开发区形成错位发展格局。目前开发区已形成输变电设备产业园、风电设备产业园、光伏产业园、生物医药园、高新技术创业中心的特色园区，各园区产业特色已经成步形成，见表8-3。

表8-3　苏南地区主要省级经济开发区主导产业情况

• 江苏溧水经济开发区	汽车零部件、食品、医药
• 江苏无锡蠡园高新技术产业园区	精密机械、电子
• 江苏无锡惠山经济开发区	汽车零部件、生物医药、纺织
• 江苏锡山经济开发区	江苏锡山经济开发区
• 江苏江阴经济开发区	纺织、化工
• 江苏常州戚墅堰经济开发区	机械、电子、轨道交通设备
• 江苏武进高新技术产业园区	机械、纺织、电子
• 江苏金坛经济开发区	服装、精细化工、机械电子

续表

● 江苏溧阳经济开发区	输变电设备、机械
● 江苏苏州浒墅关经济开发区	新型建材、精密机械
● 江苏吴江经济开发区	通讯设备、计算机及其他电子设备
● 江苏常熟经济开发区	新型建材、高档造纸
● 江苏张家港经济开发区	化工、机械
● 南京六合经济开发区	机械、电子、医药
● 江苏高淳经济开发区	医药、新材料、食品
● 南京栖霞经济开发区	医药、通信设备、计算机及其他电子设备
● 南京雨花经济开发区	电子信息、医疗设备、有色金属冶炼
● 南京江宁滨江经济开发区	机械、电子、纺织
● 江苏无锡硕放工业园区	汽车零部件、电子、医药
● 江苏宜兴经济开发区	纺织、电子、机械
● 江苏常州新北工业园区	化工
● 江苏昆山高新技术产业园区	机械、电子、金属制品

5. 外向经济不断壮大

开发区外向型经济发展较快，利用外资总量稳步上升，外资项目数量明显增多，对外贸易保持稳定增长。虽然国家出口退税政策的改变对出口企业的影响较大，但由于开发区积极落实扶持出口企业发展的各项优惠政策，进出口贸易仍保持良好发展势头。"十一五"期间开发区进出口总额年

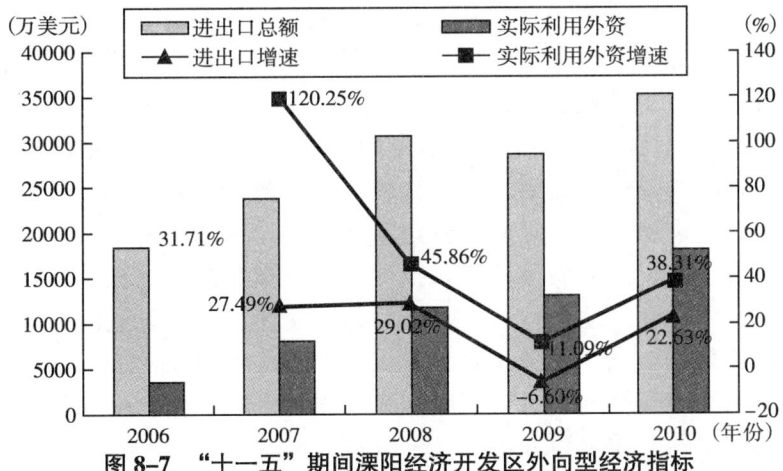

图 8-7 "十一五"期间溧阳经济开发区外向型经济指标
资料来源：溧阳经济开发区统计数据。

均增速达到 18.13%，2010 年达到 3.52 亿美元，据初步测算，开发区进出口贸易拉动全区工业产值增长约 7.49 个百分点；实际利用外资年均增速达到 53.88%，2010 年达到 1.81 亿美元。

6. 投资环境逐步改善

（1）基础设施。2005 年以来，开发区基础设施不断得到改善，年均投资额 4 亿元以上，2010 年基础设施投资额 5 亿元。截至 2010 年，开发区累计完成基础设施投资额达到 50 万元。企业规划区内基本实现"九通一平"。开发区稳定的能源供应，华东电网供电，常年电力稳定，园区企业已连续多年无限电现象；园区内建有 11 万伏变电所二座，电力充沛。对特殊要求的生产企业可提供双回路供电，确保企业安心生产。同时，溧阳境内建有总装机容量 160 万千瓦的抽水蓄能电站，用以保障电力峰谷用电平衡。供热供水供气方面，开发区提供管道蒸汽，区内有热电厂二座，装机容量为每小时 420 千瓦。供汽能力 250 吨/小时。供水能力 10 万吨/日，自来水水源为天目湖国家二级饮用水。开发区内建有"西气东输"的天然气门站，能够提供优质廉价的天然气。污水处理方面，目前开发区日处理污水能力 5 万吨以上，采用雨水分流、清浊分流的排污体系。

（2）金融配套。溧阳除了中国银行、中国建设银行、中国工商银行、中国人民银行国有四大银行，还有中信银行、交通银行、浦发银行、江苏银行等 20 余家投融资机构，服务网点密布，融资渠道畅通。市政府每月都牵头组织银企联席会议，帮助企业解决生产经营中的各种资金问题。同时，开发区还成立了产业发展基金，对于重点发展的战略新兴产业，通过注入政府引导资金的方式，引导风险投资以及民间资本投资企业，帮助区内企业解决发展中的融资问题。

（3）政策支持。开发区不断健全制度、出台政策，努力营造政策洼地，在投资激励、税收激励、人才扶持、科技成果转化、生活保障等诸多方面助推企业发展。用地保障执行国家九类用地区域大的地价标准，对外商投资项目、内资重大项目，高科技项目以及指明品牌的投资项目实行一事一议，优先保障用地指标。根据项目的投资密度、建设进度、科技含量给予一定比例的奖励。企业按计划达产后，根据企业的税负贡献给予 2~5 年一定比例的现金奖励。对于高层次人才来开发区工作，可享受创业扶持资金、人才津贴、住房等方面的激励政策。

（二）当前经济发展面临的问题和瓶颈

1. 产业结构偏重

近年来，开发区经济保持较快的发展态势，但是长期积累的结构性矛盾尚未解决。开发区工业增加值近年来总体呈上升趋势，虽然2010年有所下降，但是占比仍达到45.34%（见图8-8）。

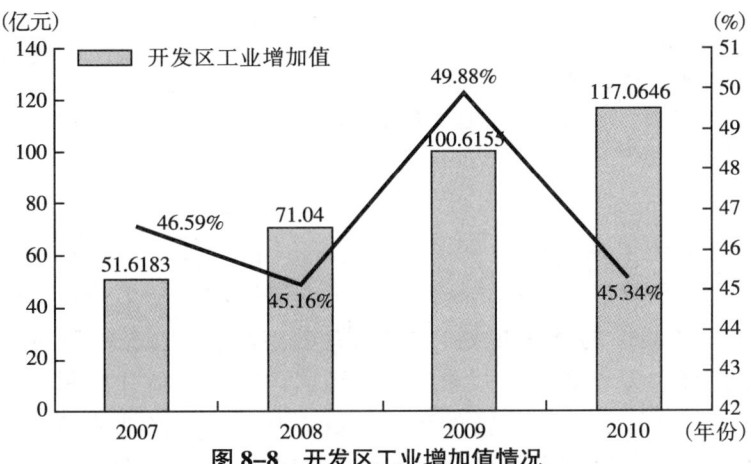

图 8-8 开发区工业增加值情况

资料来源：溧阳市经济开发区统计数据。

从产业结构来看，开发区经济粗放型增长的格局尚未改变，仍然以冶金等高耗能产业为主。根据统计数据，开发区2010年的工业增加值中，冶金产业总产值285亿元、增加值40亿元，分别占开发区工业增加值的50.72%、34.17%，而且冶金产业目前主要集中在钢铁的制造加工环节，产业链条相对较短；以新材料为代表的高新技术产业总产值仅8.85亿元，工业增加值仅1.1亿元，发展相对滞后（见图8-9）。

2. 配套能力较弱

一是生产性服务业发展不足。近年来，开发区工业发展迅速，而为工业发展提供中间服务的信息、金融、物流、批发、租赁等各类生产性服务业发展不足，这直接制约了经济的整体竞争力的提升。二是产业本身配套能力弱。一些优势产业如钢铁、输变电，仅仅是企业在空间上的聚集或简单"扎堆"，尚未形成一体化的产业链条和专业化分工体系。钢铁冶金产业是开发区的传统优势行业，但是该行业产业组织分散，集群效应尚未充

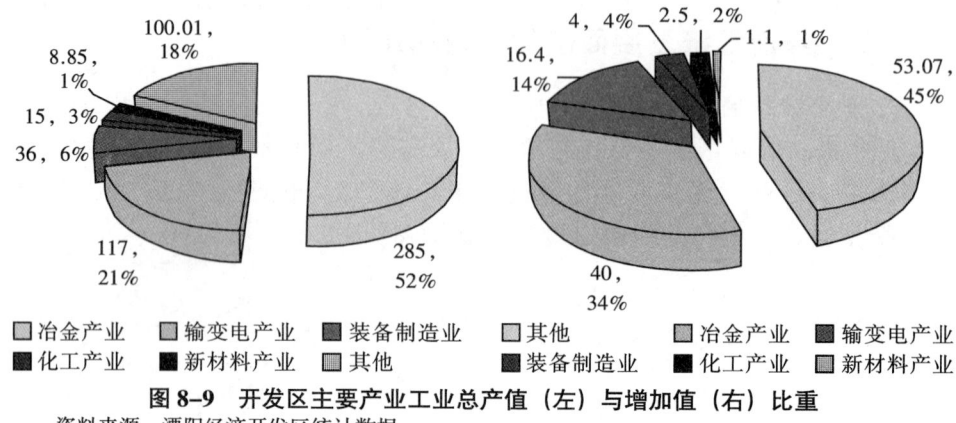

图 8-9 开发区主要产业工业总产值（左）与增加值（右）比重
资料来源：溧阳经济开发区统计数据。

分发挥。

3. 园区功能不强

（1）园区产业规划不精。全市"一区六园"和三个工业集中区之间没有前瞻性、全局性的统一规划，布局雷同，没有形成统筹项目、分类布局、错位发展、差异竞争的产业定位。园区内产业同质化严重，不利于企业间的相互协作配套和产业链的延伸，更不利于形成产业集群。规划时没有过多考虑未来战略储备地的需求，缺少配套项目发展空间，开发区无法实现以产业为依托、集约化的生产发展模式。

（2）生活配套服务设施缺乏。随着开发区建设的不断发展，外来员工规模不断扩大，但是开发区内目前还没有相应的配套生活服务设施。缺少员工居住区、蓝领公寓、人才公寓等基本生活服务设施，不利于吸引人才。

4. 外向程度较低

开发区外向型经济发展速度较快，但起步较晚，与周边地区相比外向程度相对较低。经济外向程度可采用外贸出口占 GDP 比重、实际利用外资占全社会固定资产投资比重、外商投资与港澳台企业产值占工业总产值比重三项指标来反映。从出口占地区生产总值比重来看，2010 年开发区外贸出口占地区生产总值比重为 7.2%，实际利用外资占全社会固定资产投资比重为 11%。与苏南三个市的平均水平相比，开发区外贸对经济增长的拉动作用相对不足，经济外向型水平较低。

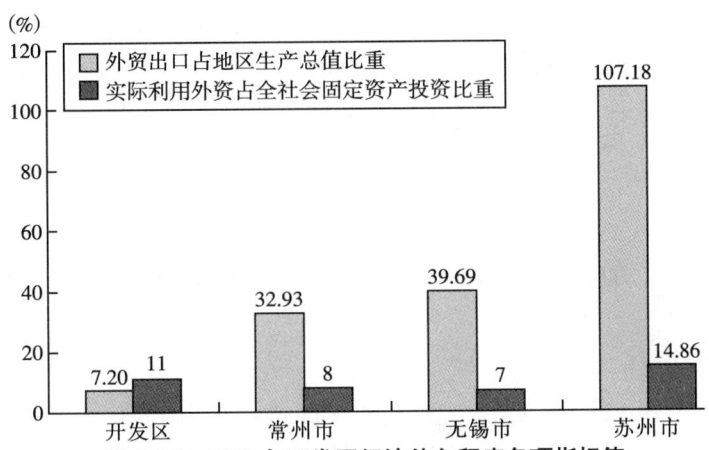

图 8-10　2010 年开发区经济外向程度各项指标值

资料来源：根据溧阳经济开发区统计数据计算。

与苏南地区开发区相比，在苏南 38 个国家级、省级开发区中溧阳经济开发区进出口贸易总额排在第 28 位，处于中下游；实际外商直接投资额也处于苏南开发区的中下游，2010 年排名第 24 位。外向型程度与开发区经济规模在苏南开发区中的地位不协调。

5. 要素保障不足

开发区在高层次人才、创新型人才、创业人才的引进、使用，以及与大专院校科研院所联合培养人才上还缺乏比先进地区更优惠、更灵活、更有效的政策和机制。目前开发区人才结构不合理、总量少，尤其是高层次人短缺，特别是优秀企业家、高级管理人才、高级专业技术人才包括高级技术工人匮乏。创新创业型人才少，人才支撑发展的成效不十分明显。

土地供给存在体制障碍。一方面是由于国家对工业用地的规定，开发区土地供给已经不能满足未来发展的需要。近年来，开发区招商引资成效显著，一批大项目、好项目相继落户，但因为土地供应所限，一些项目因此迟迟不能开工，大大抑制了开发区的发展。

另一方面，企业融资渠道不畅，资金筹措难。目前开发区企业，特别是中小企业普遍存在融资难的问题。由于信贷政策调整，贷款难让中小企业普遍感到资金吃紧，致使企业发展缺乏资金支撑；加上开发区融资平台还不太广，难以筹措足额的资金来保障经济的持续强势增长。当前开发区中小企业面临融资难的问题，主要原因有两个：一是资本市场建设落后，中小企业融资渠道单一，绝大多数企业依靠国有四大银行融资。二是民营企业处于发展时期缺乏足够的资产抵押和担保。即使拥有一定资产的民营企业，在进行抵押担保贷款时也难面对有关部门的公证、评估、等级等各种规费。

三、转变发展方式的总体思路和原则

开发区力争以构建现代产业体系、促进溧阳经济跨越发展为总体目标，按照"提升城市层次，完善产业体系，培育企业梯队，突出园区功能，搭建承接平台"的基本思路，以中心商务区建设为平台发展区域性总部经济和服务经济，提升溧阳的高端要素集聚能力，加强城市化对工业化的支撑，促进新型工业化和现代城市化建设双轮驱动；以战略性新兴产业为先导、先进制造业为主体、现代服务业为支撑、功能性农业为补充构建多元化、多层次的现代产业体系；通过做多中型企业、做强大型企业、做活小微企业，优化产业组织结构；通过增量优化和存量调整，双管齐下地突出南北两个园区的功能定位和错位发展；通过创新招商机制，改善投资环境，搭建高层次、大容量的产业承接平台。

（一）总体思路

按照"突出重点、形成层次、高端定位、错位发展"的原则，通过大力发展光电产业、储能与动力电池、新材料产业、健康产业、通用航空制造业中的高技术、高附加值、高世代产品和产业环节，建设既符合溧阳实际又利于跨越赶超的战略性新兴产业体系，与江苏和长三角战略性新兴产业形成优势互补的竞合发展格局，大幅提升溧阳在江苏省战略性新兴产业培育发展中的战略地位。按照"项目突破、产品优化、技术突破、工艺提升"的路径，促进输变电设备、装备制造、冶金及金属加工等传统优势产业的转型升级，力争通过5~10年的奋斗，将以溧阳经济开发区为核心的"一区三园"打造成为江苏省传统产业转型升级的示范园区、全省培育发展战略性新兴产业的关键节点。

1. 培育新兴增长点，构建多层次现代产业体系

以战略性新兴产业为先导、先进制造业为主体、服务业为支撑，建设结构优化、技术先进、清洁安全、附加值高、吸纳就业能力强的现代产业体系。通过坚决有序地淘汰落后产能，突出园区现代产业定位；通过鼓励以新产品开发和新工艺投入为依托的新增投资，提升传统优势产业层次；通过跨越发展储能与动力电池、光电、新材料等战略性主导产业，提升溧阳在江苏省战略性新兴产业培育发展中的战略地位；通过培育发展通用航空制造、健康产业等新兴潜导产业，提升溧阳产业结构的层次性和经济增长的可持续性；通过发展现代服务业和生产性服务业，提高园区的高端要素集聚能力。通过现代产业体系建设，做大经济规模，解决目前产业结构重、产业层次低的问题，缓解钢铁、水泥等资源密集型行业发展带来的资源、环境约束问题。

2. 提升城市功能层次，促进二、三产业互动发展

以经济开发区为依托，通过拓展和提升城市中心商务区建设，大力发展区域性总部经济和服务经济，提升城市的功能定位，提高人才、技术等高端要素的集聚能力，促进二、三产业融合发展。江浙地区和全国多数县级市由于在工业化中后期没有适时改变片面、粗放的工业化发展道路，造成本地企业的根植性差、对外地企业的吸引力不足的问题，进而形成产业定位不突出、产业布局散乱差、产业可持续发展能力低下的问题。溧阳的经济发展要充分吸取这些地区经济发展中的教训，充分利用目前土地预留足、环境生态好、区位条件优的独特优势，走新型工业化和城市化建设双轮驱动的经济发展战略，避免走片面工业化而积重难返的错误道路。

3. 做大中间层企业，形成多层次企业梯队

"两头大、中间小"的产业组织结构是造成溧阳传统优势产业陷入增长瓶颈的根本性原因，是制约溧阳经济可持续发展的长期性矛盾。未来溧阳的产业组织结构调整，要在进一步突出大企业引领带动作用的同时，重点做大中等规模企业群体，形成大型企业技术和品牌优势突出、中等规模企业成长性好、小微企业配套能力强、创业活动充满活力的产业组织结构。大型企业以知识产权和品牌建设为抓手，引导大企业加强重点实验室和工程中心建设，鼓励以新产品开发和新工艺应用为依托扩大再投资；以引导、鼓励发行上市为抓手，引导中等规模企业加强战略规划并利用资本市场实现跨越式发展；以综合性服务机构建设为抓手，完善小微企业和创

业服务体系建设，通过完善环境实现小微企业的集群式提升发展。

4. 协调园区产业定位，优化产业空间结构

突出北部园区的产业功能和商务功能，强化南部园区的生态功能和服务支撑功能；突出"一区"的龙头带动功能和平台服务功能，强化"三园"的中小企业配套功能和特色产业补充功能。"十二五"时期，重点以增量发展带动"一区三园"和天目湖工业园的结构优化和功能互补，"十三五"及更长时期内考虑以存量调整进一步突出南北园区的产业定位和错位发展。由于经济开发区和天目湖工业园长期并行开发、独立运行，造成两个园区在装备制造、输变电设备、冶金、新能源、新材料等产业领域出现严重的重复建设，不仅增加了招商引资中的困难，更损害了区域内的产业链整合和要素优化。今后两个园区的发展要在明确各自功能定位的基础上，强化规划执行，理顺体制机制，形成两个园区合作竞争的发展格局。

5. 扩大对外开放水平，全面融入长三角国际分工

加大重点产业重点环节的招商引资，搭建高水平、大容量的产业承接平台，重点瞄准国际产业转移和长三角内部的产业转移，以发展高端产业和产业的高端环节为接口，全面融入长三角承接国际产业转移的趋势。加大本地优势资源与外部重大科技成果的对接，加强战略性新兴产业新产品的产业化支持力度。实施双向开放发展。改善硬件和软件投资环境，创新外资利用方式，鼓励外资向储能与动力电池、光电、新材料、通用航空制造、装备制造等重点产业倾斜投资，鼓励外资以控股和参股的方式参与本地工业发展，鼓励外资整合和拓展本地优势资源。注重引进国外先进技术与关键设备，积极改造传统产业和发展新兴产业，以进养出，提升溧阳各类产品在国际市场的竞争力。

（二）基本原则

1. 坚持工业发展与生态保护相结合

以建设"生态溧阳、幸福溧阳"作为经济发展的基本原则，突出可持续发展理念，大力发展循环经济、低碳经济、绿色经济，限制高耗能、杜绝高污染产业发展，加强环境保护，集约利用资源，实现工业发展与生态环境的协调可持续发展。

2. 坚持内生能力与外源发展相结合

在进一步扩大经济发展对外开放的层次和水平、创新招商引资方式、

加大招商引资力度的同时，积极改善本地的创业环境，促进本地民营经济数量和质量的快速提升，扩大中小企业群体，提高本地经济发展的根植性和持续性。

3. 坚持硬件建设和软件改善相结合

在加强硬件基础设施建设的基础上，以"小政府、大服务"为基本理念，推进管理体制机制创新，理顺管理主体层级，明确管理权限，提升服务水平，加强法制、社会信誉和文化建设，通过改善软性投资环境，将溧阳经济开发区建成吸引外部高端要素的"投资洼地"。

4. 坚持重点突破和全面提升相结合

识别产业提升发展过程中的瓶颈因素和重点环节，针对重点项目、重点企业和重点产品，集中优势要素资源进行重点突破，优先解决战略性、关键性的重大问题，以点带面地促进溧阳经济开发区工业的整体突破发展。

5. 坚持立足当前与蓄势长远相结合

加强产业配套环境建设，优化当前产业发展环境，不断夯实产业基础；同时加大技术研发、引进和储备力度，加快重点项目的策划与建设，增强产业发展后劲和实力，实现工业健康快速可持续发展。

四、产业转型升级的思路

（一）改造提升传统优势产业的思路

改造提升装备制造、冶金及金属加工、输变电设备等溧阳经济开发区传统优势产业，促进溧阳传统优势产业的二次跨越发展：

1. 突出龙头企业和项目的整合带动作用

以知识产权建设和品牌建设为目标，以重点实验室、技术中心和工程中心建设和发明专利形成为抓手，促进本地龙头企业市场竞争力的提升。积极引入大型企业和大型项目，以重点项目、重点产品和重点技术的突破，带动相关产业链的整体裂变、提升。

2. 突出集群式招商引资的配套完善作用

鼓励本地具有技术含量和良好市场前景的中小企业扩大再投资，鼓励本地和外地的高技术创业。加快对江苏和浙江等省份中土地约束紧、产业基础好的地区相关产业的集群式招商引资，依托溧阳本地的机加工能力优势，借外力做多企业群体，做大产业规模，加强配套产业发展，做宽、做长产业链。

3. 突出新产品和新工艺的改造提升作用

加强产品技术和工艺技术的改造，积极搭建公共技术平台，提高技术改造资金的力度，强化技术改造资金的使用效果。加强公共技术平台建设和重大关键技术突破，通过共性技术的推广应用促进传统产业的集合裂变。促进高新技术与溧阳传统优势产业的融合发展，促进传统产业工业化和信息化的融合发展，促进传统优势产业和战略性新兴产业的融合发展。

4. 突出产业融合促进传统产业转型

发挥溧阳本地装备制造业和机加工能力强的产业优势，促进各新兴产业之间以及新兴产业与传统优势产业的融合和嫁接，促进储能与动力电池、光电产业、通用航空制造业与装备制造业的融合发展，大力发展光机电一体化，促进新能源、新材料产业与通用航空制造业的融合发展，促进战略性新兴产业的"体系化"。

5. 突出综合服务机构和社会组织建设

政府牵头设立公益性质的溧阳企业综合服务机构。将综合服务机构建设成为整合和调动各类社会资源、实现中小微企业服务需求"分诊"和快速响应的"门户"和"超市"，建设成为与国家、省、市服务体系和政策体系纵向贯通的关键节点。以综合服务平台为主体，汇总和统计服务机构、服务平台和服务业务信息，搭建服务信息综合管理平台，征集和聘任各领域专家，加强对溧阳中小微企业服务智力支持。通过建立热线电话、网上咨询、网络订购和速配等便捷通道，加速服务与企业需求的对接。理顺体制机制，充分调动地区专业行业协会和商会的工作积极性和创造性，发挥社会性组织在协调信息、组织专业展览展示、招商引资中的协调带动作用。

（二）构建战略性新兴产业体系的思路

按照"突出重点、形成层次、高端定位、错位发展"的原则，建设既符合溧阳实际又利于跨越赶超的战略性新兴产业体系。以提升产业持续发展能力为主线，以建立健全产业体系为重点，使光电产业、储能与动力电池、新材料成为溧阳跨越发展和创新发展的重点领域和核心产业，使通用航空制造业和健康产业成为最具科技含量和成长潜力的新兴潜导产业，把溧阳经济开发区打造成江苏省具有国际影响力的储能与动力电池、光电产业和新材基地，建设成为江苏省独具特色的通用航空制造业和健康产业基地。

1. 点面结合地促进产业体系形成

以做大做强储能与动力电池、光电产业和新材料产业、做精做优健康产业和通用航空制造业为重点，构建以储能与动力电池、光电产业和新材料产业为支柱，以通用航空制造和健康产业为潜导的溧阳市战略性新兴产业体系。充分利用储能与动力电池、光电产业和新材料产业市场空间大、单体投资规模大、技术进步机会多、生产性投资更新快的优点，做大做强以储能与动力电池和光电产业为主体的战略性支柱产业；适应通用航空制造和健康产业企业规模和单体投资规模小、技术含量高、集群效应强、投资周期长的特点，做精做深以私人飞机和健康产业为主体的新兴潜导产业；同时继续提升新能源、高端装备产业的技术水平和品牌影响，形成多元化的战略性新兴产业体系。

2. 以高端定位促进错位发展和跨越发展

充分发挥溧阳的区位、空间和生态优势，扬长补短，重点发展高技术、高附加值、高世代的产品和产业环节，与江苏和长三角战略性新兴产业形成优势互补的竞合发展格局，大幅提升溧阳在江苏省战略性新兴产业培育发展中的战略地位。储能与动力电池、光电、新材料等新兴产业发展具有明显的"潮涌"特征，因此，溧阳储能与动力电池、光电、新材料产业的发展，在规划之初，就要树立高端定位、错位发展的观念，在形成完整产业链、提升产业根植性的同时，在政策上要积极鼓励企业在技术含量和进入壁垒高的价值链环节和生产设备领域延伸和发展，从高端切入，在生产技术和生产规模上瞄准国际先进水平，积极引进能耗低、污染小的国际先进生产工艺和设备，实现技术和规模效益优势，避免在低端价值链与其他地区的恶性竞争，真正形成可持续的产业发展格局。

3. 示范性企业和项目先行

溧阳储能与动力电池、光电和新材料产业的发展要着力培育一批技术能力和产业化能力强的核心骨干企业。按照"国际国内规模一流、技术一流、管理一流、效益一流"的要求，培育一批能够体现"可持续发展"要求、有能力对接国家和省市重大科技项目的优势企业，使之成为储能与动力电池、光电和新材料产业集群的核心主体,充分发挥其在产业集群建设中的龙头作用和集聚带动效应,逐步衍生和吸引更多相关企业集聚。以骨干企业为依托,充分把握国家重大科技项目产业化以及世界产业转移和长三角产业梯度转移的机遇,促进一批综合效益好、带动性强的大型产业项目落地,引导企业按产业链上、下延伸,带动一批配套项目。

4. 完善产业创新体系

坚持成熟技术的产业化与前瞻性技术研究开发并举,分工合作,优势互补,提高重点领域和关键技术的自主创新能力,逐步掌握产业发展的主动权。加强技术创新平台建设,推进以产业集群企业技术中心为主的技术创新体系建设,重点扶持技术创新能力强、辐射范围广的企业与园区合作建设储能与动力电池、光电和新材料产业共性技术和关键技术研发中心、服务中心和产品检测中心,构筑产学研合作长效平台。抓好储能与动力电池和光电领域核心企业国家级、省级企业技术中心建设,支持开发一批市场前景广、达到国际水平的新产品。

5. 积极扩大对外开放和合作

一是扩大对国内开放,积极搭建产业承接和产学研合作平台,围绕区域的特色资源和共性技术开展联合攻关,形成区域产业协作和战略联盟,强化与内地高校在科技成果产业化领域的合作。二是加强区域性合作,通过牵头组织江苏和长三角跨区域的储能与动力电池或光电行业协会以及储能与动力电池和光电产业联盟,争取区域竞争主导权,提升产业区域品牌。三是促进国际化开放发展,加大招商力度,努力在产业链关键环节取得突破,培育形成一批具有国际竞争力的龙头企业和知名品牌。调动、整合和利用全球资源,面向、渗透和拓展全球市场,加强在全球市场的影响力和竞争力,形成以"全球对全球"的竞争态势。积极承接国际跨国公司生产基地转移,探索国际合作新形式,建立规范的国际科技合作项目管理制度。鼓励企业参与政府间多边和双边科技合作项目。四是形成对日、对韩、对中国台湾长效合作机制,建立区域间的协会联系和企业联系机制,推动资源共享,加快储能与动力电池、光电和新材料产业领域的工艺标准和产品标准对接,促进人才、研发、服务、产业等资源的融合互动。吸引国外企业和科研院所来溧阳创办各种形式的创新机构,支持企业、高等院校和科研机构共同组团参与国内外科技交流和合作。

6. 加大应用示范工程建设

结合溧阳建设生态溧阳、宜居溧阳以及开发区建设生态型园区的机会，加大本市新能源汽车应用示范、光电应用示范和健康产业应用示范工程建设，促进溧阳储能与动力电池、光电产业和新材料新产品开发和新技术应用，通过应用示范工程建设快速提升溧阳的储能与动力电池品牌、光电产业品牌和健康产业品牌。完善政府采购制度，加强示范工程建设，对拥有自主知识产权和自主品牌的本地产品实行优先采购。加大财政支持力度，结合溧阳新能源汽车应用示范工程、LED应用示范工程和太阳能光伏应用示范工程，对本地储能与动力电池、光电企业生产或开发的试制品和首次投向市场的产品，技术先进、质量优良且具有较大市场潜力的，经认定，由政府进行首购；建立财政性资金采购自主创新产品制度，为储能与动力电池和光电产业发展提供市场支持。依托新材料重点工程，吸引一批高技术企业投资，突破一批关键技术，发展一批自主品牌产品，培育壮大一批创新能力强、系统集成和总承包实力雄厚的骨干企业。

五、加快平台建设、提升区域软实力的政策建议

通过六大平台建设，全面优化溧阳经济开发区的投资和经营环境，提升溧阳承接产业转移、促进产业转型升级的"软实力"。

（一）投资融资平台

通过组建园区开发公司，理顺体制机制，调动各方积极性，拓宽投融资平台和投融资渠道，促进园区建设的跨越发展。

在园区层面成立合资园区开发公司，以市政府为主导，通过提供相关产业政策支持、税收优惠等条件营造园区独特优势，积极引导央企、大型企业、跨国公司和国际财团出资入股，然后通过招商引资、土地出让等方式引进符合相关条件的工业发展项目。通过开发公司建设和运营，理顺溧阳市、开发区和投资商之间的经济利益关系，将溧阳经济开发区开发公司为园区开发建设的投融资平台。

条件成熟时，考虑在部分重点专业园区层面成立合资子公司，以园区

开发公司为主导，重点引进动力电池、光电、环保、通用航空制造与服务、装备制造等大型企业集团出资入股，通过专业开发公司的组建，结合产业投资基金，理顺园区、投资商和园区企业之间的关系。

（二）政策支持平台

整合财政资源，加大财政支持，分别设立溧阳动力电池和光电产业发展专项资金，加大对新兴产业和重点产业项目的市场调研投入、项目开发、风险投资、贷款贴息、贷款担保等方面投入，扩大科技资金使用范围，为重大工程的实施提供资金保障。加强资金支持力度，对承担国家级重大专项、重要计划和项目的企业和科研机构给予资金配套，对落户溧阳的国家重点实验室、国家工程实验室和江苏省的重点实验室、工程（技术）研究中心给予资金支持。对关键技术的攻关项目、对外开放科研实验设施的企业和科研院所以及建立技术转移中心的高校和科研机构给予奖励。

在土地政策方面，要着眼长远，改进规划，将土地指标优先供给优质项目，为高端、优质项目提供充足土地。对已经落户园区的效益不高、带动效果不明显的项目，可通过双向激励方式，促使其提高厂区土地利用率，腾退部分闲置土地。在融资环境方面，主动向金融机构推介优质项目，充分调动本地信贷机构的积极性，鼓励其向上级金融部门争取更高信贷额度。

（三）综合服务平台

建设园区企业综合服务机构，依托开放性信息服务系统，发挥其在服务体系中的核心作用，联系和引导各类服务机构，集合服务资源，畅通服务渠道，成为园区企业服务需求和各类服务供给有效对接的公共服务载体。形成专业素质高、服务意识强的园区企业专业人才服务队伍，完善企业服务人员聘用、选拔和激励制度，推动建立专家志愿服务队伍。逐步建立对园区服务机构的评估机制，制定评估标准，规范评价程序，建立企业评价渠道，推动服务机构的规范发展和服务质量的提高。

依托中心商务区建设，建立企业服务"超市"，将金融、保险、担保、物流、人力资源等各类服务企业集中在一起，为进驻的企业提供涵盖法律咨询、网站设计、人力资源、商务咨询等方面的"一站式"服务。

（四）科技创新平台

搭建多层次的科技服务平台体系，重点结合战略产业和支柱产业建设以研究开发前沿性技术、重大共性和关键技术为主的技术研发平台，以提供检测、试验条件为主的检测实验平台，以提供科技文献、专利、标准、情报等信息服务为主的科技信息平台，以提供促进科技成果转化服务为主的技术转移平台，以满足海外高层次人才的创业需要为主的高科技人才创业孵化平台，形成各类专业平台相互竞争合作、不断创新发展的局面。

在平台建设中坚持"政府引导、协会牵头、企业为主、对外开放"的市场化建设和运营原则，减少行政干预，理顺体制机制，充分调动企业、协会和各类中介组织的积极性。以平台搭建催化完善创新链条，以新产品应用带动新产品开发，以加强工业设计创新推动产品转型。在鼓励原始性创新的同时，鼓励引进消化吸收再创新，在支持产品技术自主创新的同时，支持新产品应用和创意设计，形成新产品研发、新产品应用、工程化、产业化的"一条龙"发展，提高新产品开发速度，提高产品质量和稳定性，形成完备的产业创新链条。

（五）招商引资平台

建立多样化、立体型的招商网络。大力开展驻点招商，积极实行组团招商，努力开展中介招商，重点突出园区招商，充分重视节会招商，精心组织亲情招商。按照产业链筛选出一批特色明显、带动作用强的项目，扎实做好项目的前期工作，特别是可行性研究。加强对项目的推介，使较为成熟的项目进入重点推进的项目库，提高招商效率和效果，扩大产业项目的整体影响力和吸引力。

提高产业领域对外开放水平，加大利用外资的力度。加强与中国台湾、韩国、日本等国家和地区的经贸合作，鼓励引进世界 500 强企业落户溧阳市，积极引进境内外知名服务企业来溧阳市投资。

加强对中央国有企业和沿海地区大型企业的重点招商。对利用市外资本新建的大型工业项目和服务业项目，对投资规模较大的项目给予适当倾斜。

（六）人才培养集聚平台

根据溧阳市产业发展的特点和要求，重点实施本地人才培养、高端人才引进、高层次人才流动，以及劳动者技能提升相结合的人力资源开发格局。加强劳动者专业技能特别是机加工技能的提升，加强培养职业技术人才，随着产业发展层次提高，逐步提升车间劳动者教育水平，健全多层次的教育培训体系。政府设立培训补贴，实施劳动者素质培训工程，提高劳动者的综合素质和劳动技能。

坚持"不为所有，但求所用"的人才战略，鼓励高层次人才流动。主要是产业领域的专家和教授级人才的短期流动，政府通过专项资金，鼓励和扶持企业聘请专家或顾问，解决企业自身面临的重大问题。完善高层次人才流动的绿色通道，为其在溧阳工作期间提供各种便利。

大力引进研发和高级管理方面的高端人才。要充分利用各种优惠条件和措施，积极引进相关产业领域的技术带头人和高级管理人才，解决溧阳产业发展和升级的高端人才瓶颈。

第九章 浙江余姚以市场转型驱动区域创新体系建设

在"调结构、促升级"的大背景下,中国塑料城适时提出要加快推进产品创新,促进市场转型升级。余姚市以塑料城转型升级为突破口,引领涉塑产业创新发展,是对浙江省加快转变经济增长方式、推进产业集群转型升级相关政策的具体落实。以提升中国塑料城竞争力为突破口,实现余姚涉塑产业结构调整和升级是产品创新升级战略的核心指导思想。中国塑料城的可持续发展以体制机制创新和科技进步为动力,充分发挥中国塑料城作为专业市场的辐射广泛性、效率倍增性和产业关联性的特点,着力推进产品创新和产业转型升级,延伸产业链条,推动涉塑产业集群与塑料专业市场的融合发展,促进塑料专业市场与塑料生产制造业、涉塑生产性服务业的整体提升和互促共荣,实现中国塑料城的发展由塑料交易与流通的单轮驱动向塑料交易与流通和生产制造并举的双轮驱动转变,进一步增强中国塑料城对拉动余姚经济发展的贡献能力。

面对区域经济发展的新形势、新机遇和新要求,中国塑料城产品转型的总体发展目标是:以贸易为基础,以创新为依托,在五年时间内,把中国塑料城打造成品牌知名度高、产品附加值高、产业集聚度高、信息化程度高、服务便捷性高的集现货交易和网上交易于一体的现代化涉塑产品交易展示中心和集研发、设计、生产、加工制造、销售等完整产业链于一体的现代大型塑料产业集群。中国塑料城作为余姚涉塑产业集群的引擎和核心、中国塑料产业集群的"领头羊"、中国塑料产业创新型制造基地以及具有国际竞争力、国内最大的综合性塑料专业市场的发展定位基本实现,以后应着力形成涉塑产业集群与塑料专业市场融合互动发展的良好格局,实现中国塑料城的"二次腾飞"。

从根本上说,加快中国塑料城转型升级,就是要实现"发展模式转型和整体功能升级"。然而，目前中国塑料城仍面临管理体制不顺、交易产品单一、市场主体分散、生产体系零散、创新要素缺乏、公共服务平台不健全等发展中的问题。要克服这些问题，加快中国塑料城转型升级的步伐，需要市政府从体制创新、平台搭建、产业培育和产业链打造、要素集聚和环境优化四个方面加以推进。

一、中国塑料城转型升级的外部环境

塑料产业作为石油化工的下游产业受外部环境影响较大，外部环境的特点及其变化将会影响塑料城的发展方向和战略活动。因此，制定塑料城转型升级战略，不仅要对塑料城当前的使命、目标、战略进行评价，也要对塑料城外部环境进行分析，以选择关键的战略要素。影响塑料城的外部环境因素很多，包括政治环境、社会环境、技术环境、经济环境等，考虑到与塑料城发展的相关程度，我们选取了政策环境、产业发展环境和产业发展趋势三个影响最大的外部环境因素进行分析。

（一）转变经济发展方式成为各级政府经济工作的主导方向

从中央部委到浙江省、余姚市政府已经出台的一系列政策，对塑料产业的发展具有重要的引导作用，有力地改善了塑料城的外部发展条件，大大激励了塑料企业做大做强的决心，因此，此时进行塑料城产品创新升级时间恰当，机遇难得，全面有力的扶持政策将成为中国塑料城实现产品创新升级的重要推动力。

1. 国家鼓励技术创新和产业升级的政策导向

近年来，中央各部委采取了多种政策措施，以转变经济增长方式，鼓励技术创新和产业升级为政策主导促进塑料产业发展，主要包含了提高塑料出口退税率、将塑料产业纳入产业振兴规划、实施增值税改革、将塑料列入鼓励进口目录等，实践证明这些举措都取得了良好成效。

表 9-1　中央各部委近年对塑料产业的主要扶持政策一览

出台部门	政策名称	出台时间	与塑料产业相关的政策内容	对塑料产业的影响
财政部、国家税务总局	关于提高部分商品出口退税率的通知	2008 年 10 月、2009 年 3 月、2009 年 6 月	三次提高部分塑料制品的出口退税率，主要商品出口退税率经数次回调，目前已提高到 13%	改变了 2007 年出口退税率下调到 5% 所带来的严重负面影响，为塑料行业企业带来了良好的发展机会
财政部、国家税务总局	关于全国实施增值税改革若干问题的通知	2009 年 1 月 1 日	增值税转型让技术密集型、资本密集型企业得到更多进项税额的抵扣，获得更多的减税收入，鼓励企业进行技术改造	有利于刺激塑料企业改进技术，采用先进设备，提高创新能力和市场竞争力，从而优化产业结构，促进塑料产业升级
国务院办公厅	装备制造业调整和振兴规划实施细则	2009 年 5 月	运用多种政策措施，努力推进装备制造业实现产业结构调整、升级，增强企业自主创新能力	国家推动装备制造业由大到强的转变，这必然会带动塑料机械行业"量增质升"
国务院办公厅	轻工业调整和振兴规划实施细则	2009 年 5 月	运用多种扶持政策实现轻工业（包括塑料产业）稳定国内外市场、增强自主创新能力、加快实施技术改造、推动产业有序转移、提高产品质量水平、加强企业自身管理、切实淘汰落后产能等规划目标	由于塑料行业是"满足内需型、出口导向型、就业支柱型、服务三农型"的产业，作为配套工业，国家宏观经济政策尤其是 4 万亿元投资、"家电下乡"等对行业拉动效果明显，即使在金融危机下塑料制品的产品销售收入也获得了持续增长
发展改革委、财政部、商务部	关于发布鼓励进口技术和产品目录的通知	2009 年 7 月	与塑料相关的复合材料、功能性高分子材料、工程塑料及低成本化、新型塑料合金生产等产业，新型聚酯 PTT、PEN、PPS 等成套装备的设计制造技术，60 万吨/年及以上乙烯成套设备制造技术开发及应用等都被列入鼓励进口目录，享受产品进口的贴息支持	加快塑料行业先进技术的引进，推动企业关键装备水平的提高

2. 加快转变经济发展方式、推进产业集群转型升级成为浙江省政策的主导方向

由于沿海土地资源、劳动力成本等明显高于内地，而塑料加工又是劳动密集型产业，因此近年来塑料产业从沿海企业向内地转移趋势明显。浙江省和余姚市出台的优惠政策提高了塑料产业在余姚的根植性，对中国塑料城未来发展影响深远。浙江省政策的主导方向是加快转变经济增长方

式、推进产业集群转型升级,为此浙江省出台了多方面政策进行了扶持。

表9-2 浙江省近年对塑料产业(塑料城)的主要扶持政策一览

出台部门	政策名称	出台时间	与塑料产业(塑料城)相关的政策内容	对塑料产业(塑料城)的影响
浙江省人民政府	关于推进先进制造业基地建设的若干意见	2003年9月	从改造提升制造业、发展培育制造业新增长点、促进产业空间集聚、加快科技创新步伐、加强职业人才队伍建设、推进国内外市场有效接轨、优化先进制造业基地发展环境七个方面提出了政策支持意见	有助于提升区域技术创新能力,培养技术创新人才,改善机械制造水平,促进产业集群发展,中国塑料城作为快速成长的塑料产业集群从多方面受惠于该政策
浙江省工商局	浙江省"十一五"商品交易市场发展规划	2006年11月	提出了重点市场商品品牌率达到50%以上的目标,将推动专业市场与产业互动发展,依托大型专业市场发展会展业,发展对外贸易参与国际竞争,推进信息化建设,提高市场组织化程度,完善配套服务体系等为导向,以优化市场环境、理顺经营管理体制、加强市场监管等为政策支持	为塑料城提升市场流通业态,调整市场结构,改善硬件设施,增强整体实力,促进传统市场向新型的、现代化市场转型,努力构建具有现代流通特征的商品交易市场体系进行了明确的政策导向
浙江省人民政府	浙江省人民政府关于印发自主创新能力提升行动计划的通知	2008年7月	全面改造提升传统工业使皮革塑料等6个重点行业的规模、效益和技术水平均居全国前列,到2012年,大中型工业企业新产品产值率达到30%左右;加快发展高新技术企业和科技型中小企业;加快运用信息技术改造提升传统服务业。为此要在提升科技人才规模和创新能力,营造良好创新环境,完善产学研结合机制,加大财政科技投入和金融扶持力度等方面予以支持	将激励塑料城企业积极引进国内外先进技术,加大企业技术创新投入,培养造就专业人才队伍,大幅提升原始创新、集成创新、引进消化吸收再创新能力,打造企业知名品牌,做大做强
中共浙江省委	中共浙江省委关于深入学习实践科学发展观加快转变经济发展方式推进经济转型升级的决定	2008年9月	力争到2012年,浙江在提高自主创新能力、调整产业结构、节约资源和保护环境、统筹城乡区域发展等方面取得重大突破,为此要在优化产业结构、优化要素支撑结构、优化需求结构、优化空间布局结构、加强体制政策保障和组织领导等七个方面提供政策支持	转变经济增长方式影响到社会生活的方方面面,中国塑料城从多方面受益于该政策

续表

出台部门	政策名称	出台时间	与塑料产业（塑料城）相关的政策内容	对塑料产业（塑料城）的影响
浙江省人民政府	浙江省人民政府关于进一步加快发展现代物流业的若干意见	2008年10月	到2012年，形成若干集聚辐射功能较强的港口物流枢纽、航空物流枢纽和综合交通物流枢纽，规划建设一批化工原料、建筑材料等专业物流基地，培育发展一批规模较大、信息化水平较高、整合资源能力较强的现代物流企业。为此要在改善现代物流业发展环境、优化物流业发展布局、提高物流业对外开放水平、加大财税扶持力度等方面予以支持	物流业与商品交易市场休戚相关，浙江省建设发达的现代物流将为中国塑料城创建先进的商品交易市场提供良好的流通基础，将降低塑料城的物流成本，提高塑料城的商品交易量
浙江省工商局	关于大力推进网上市场快速健康发展的若干意见	2008年12月	从推进多种模式网上市场发展、加大对网上市场的扶持力度和完善网上市场自律规范三个方面入手，提出了包括企业申办网上市场不收取任何费用；企业和个体工商户从事网上商品交易的可直接在网上亮照经营；支持打造品牌网店；支持建立网商协会，提高行业自律水平等十二条措施进一步引导民间创业，充分发挥网络经济的作用	充分利用信息和网络技术，实现有形市场和无形市场相结合是推动商品交易上规模、上台阶的重要举措，得益于该政策的推动，中国塑料城2009年实现了网上交易量和网上交易额双双超过现货交易的可喜局面
浙江省人民政府办公厅	浙江省人民政府办公厅关于加快块状经济向现代产业集群转型升级的指导意见	2009年6月	力争到2012年，全省形成10个左右销售收入超1000亿元、20个左右300亿~1000亿元、60个左右100亿~300亿元的产业集群。集群内形成功能完善的专业化分工协作体系、产业公共服务平台和支撑体系，创建一批知名度高的区域产业集群品牌。为此要在加强战略筹划、优化空间布局、培育龙头骨干企业、加强专业化配套协作、强化项目带动、完善创新体系、构建公共服务平台、提升集群品牌、推进可持续发展九个方面重点开展工作，并提出了一系列的政策支持措施	中国塑料城作为塑料产业集群，从多方面直接受益于此项政策

3. 以塑料城为突破口引领涉塑产业创新发展成为余姚市政策的主导方向

中国塑料城的发展离不开余姚当地政府的引导。塑料城发展初期，正是余姚地方政府的"默许保护"，为经营户提供灵活宽松的经营环境，同时由工商、税务等部门运用行政和经济手段诱导产业在空间上集聚才使得余姚塑料加工业获得了体制上的优势,培育了"余姚塑料一条街",此后又通过了多年的政策扶持,成长为"余姚市塑料市场",以至今天的"中国塑料城"。目前余姚市政策的主导方向是以塑料城为突破口引领涉塑产业创新发展。

表9-3 余姚市政府近年对中国塑料城的主要扶持政策一览

政策名称	出台时间	主要内容
中共余姚市委余姚市人民政府关于加快推进中国塑料城发展的若干政策意见	2006年5月	从市场体制、机制,市场经营主体,物流仓储体系建设,电子商务平台,涉塑产业会展,塑料产业链,塑料行业协会,服务环境等多个方面提出了具体的政策意见
余姚市人民政府关于加快推进中国塑料城发展的若干意见	2009年4月	从培育具有核心竞争力的龙头企业,打造塑料行业营销中心和物流基地,推进电子商务平台建设等方面提出了具体的激励政策
余姚市进一步鼓励发展模具行业若干意见	2009年4月	从鼓励模具行业做大做强、提高模具行业技术含量、推动模具行业外向拓展、优化模具行业发展环境四个方面进行了政策激励,特别是对企业推广应用先进技术、引进关键高端设备、实施技改项目、提高信息化水平等技术创新应用措施都给予了具体的资金奖励
中共余姚市委关于加快发展现代服务业的决定	2009年8月	要推进"中国塑料城"转型升级,加快推进中国塑料城中央商务区、中塑世纪大厦等重大工程和配套设施建设,进一步改善塑料城区块的交通、商务、居住环境;引导塑料企业加大科技研发投入,着力提高塑料产品科技含量,不断增强高端产品竞争力等
中共余姚市委余姚市人民政府关于加快推进经济发展方式转变和经济结构调整的若干政策意见	2010年2月	专门提出了"加快推进中国塑料城发展"的意见,市委市政府安排1000万元资金设立塑料专项扶持资金,专项资金主要用于鼓励企业做大做强、积极开展产学研合作、鼓励企业朝塑料改性方向发展、鼓励发展区域代理商或总经销商、鼓励建立涉塑营销中心、完善塑料城配套功能、推进电子商务平台建设七个方面,并提出了具体的扶持意见和奖励措施
中共余姚市委余姚市人民政府关于深入实施人才强市战略进一步加强人才工作的意见	2010年3月	2012年底前,重点抓好"113"精英人才引进计划和"1235"紧缺实用人才培养工程。为此在大力引进创新型人才和紧缺人才、切实加大各类人才的培养力度、充分发挥企业在人才队伍建设中的主体作用、积极营造人才工作的良好环境、进一步形成人才工作的强大合力六个方面实施政策激励,对不同层次人才给予了明确的资金奖励

从中央到浙江省、余姚市出台的一系列扶持政策为塑料产业和塑料城的发展创造了全方位的良好环境,指明了前进方向,成为中国塑料城产品创新升级的重大机遇。塑料城企业应该将企业的内部发展与外部的政策环境相结合,充分利用政策优势,这样才能够收到事半功倍之效,实现企业

的跨越式发展。

（二）绿色、环保、改性和集群化成为产业发展新趋势

在全球绿色浪潮和创新技术的推动下，塑料产业出现了绿色、环保、高科技和园区集聚的新趋势。塑料产业发展的新趋势正说明塑料城产品创新升级已成必然，因为若是不能够进行产品创新升级，塑料城将难以把握产业未来趋势，必定落后于潮流并很快被淘汰。

1. 绿色、环保成为塑料产业发展新方向

从消费品种来看，生物塑料发展前景看好。生物塑料一方面能够降低污染，实现自然降解；另一方面在油价高涨的今天能够减少社会和现代工业对化石燃料的依赖。在美国召开的塑料工程师学会年会上，专家预计，生物塑料生产将从2007年的26.24万吨提高到2011年的99.88万吨，这一预测显示了全球生物塑料生产在持续升温。但是截至目前，全球消费的生物塑料仍仅占全部2.31亿吨塑料的0.7%，应用市场空间与潜力较大。另据专家估计，在未来几年内，我国国内生物降解塑料在一次性包装领域的需求量将达约150万吨/年，无纺布领域将达30万~60万吨/年，在农业地膜领域将达约100万吨/年，在一次性日用杂品和部分医疗材料领域将达约50万吨/年，可降解生物塑料在中国市场潜力巨大。从企业生产来看，废旧塑料回收行业将蓬勃发展。倡导废旧塑料回收，进行塑料再生，一方面能够解决我国塑料资源紧缺的问题，另一方面能够减少塑料垃圾对环境的不利影响。目前，中国对进口塑料的依存度仍达44%，2008年、2009年中国分别进口了700万吨、720万吨废旧塑料，其中，2008年的进口量为我国节省了相当于第六大油田产量的石油，而塑料再生减少的同等数量的二氧化碳排放将为碳交易市场每年创收约1.7亿欧元（15.8亿元人民币）。此外，我国的计算机、电视机、电冰箱产品每年产生50万吨以上旧塑料，如果这些材料能够加以充分再利用，则国家每年不但可以节省大量的能源，更可以减少电子垃圾对环境的污染，一举多得。余姚利用废旧塑料有较长的历史，不少企业在回收利用方面已经积累了良好的经验，政府相关部门应该在废旧塑料回收的税收、环境治理、财政补贴等方面提供政策优惠，鼓励企业把握发展机遇。

2. 塑料改性等高新技术成为塑料产业发展重点

在沿原油向下的产业链中，改性塑料处于最末端，却是需求增速最

快、投资收益率最高的环节。改性PP、改性PVC在很多领域已经成功替代了工程塑料，共混改性和合金化也将在下游行业（家电、IT电子、汽车、家居建材、机械、航空航天等）迅速得到发展。目前改性塑料已大量应用于汽车、家电、电子电气、轻工以及军工等行业（见图9-1），预计在未来的5~10年内，改性塑料市场总需求量将保持10%以上的年增长率，2010年有望达到700万吨，国内改性塑料市场产值将有750亿~800亿元，而且目前我国改性塑料占通用塑料的消费量比重仅为全球平均水平的一半，未来仍有大幅提升空间。在国家优先鼓励发展的政策扶持下，改性塑料行业将会进入产能整合、技术升级的快速发展阶段。中国塑料城目前大约有20%的企业在进行改性塑料生产，改性塑料的广阔发展前景将为塑料城的改性企业发展提供重大机遇。

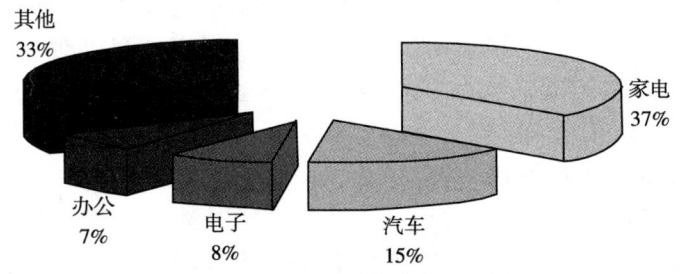

图9-1 改性塑料应用市场比例

3. 集群化成为塑料产业发展新趋势

产业集群在空间上形成产业集聚效应，作为一种空间经济现象，产业集群的规模效应、创新环境与知识的"溢出效应"，对区域经济的发展和区域产业结构、产业规模、产业风险等起到了至关重要的影响。产业集群内的企业通过专业化分工、合作与竞争，信息沟通与资源共享，建立行业规范和体系，拉长产业链，发展增值活动，从而推动产业经济的发展。我国塑料工业产业集聚化趋势明显。据统计，我国规模以上塑料企业数量2000~2008年年均增长12.8%，2008年底达到16277家。我国塑料企业的布局具有明显的地域性，主要集中在东南沿海，并呈现出集聚化态势。例如，广东省85%以上的塑料企业和产值都集中在珠三角地区。该地区目前是我国塑料行业最密集的区域，并形成了包括国内最大的塑料包装材料企业、国内最大的高性能改性塑料企业、亚洲最大的塑料饮料瓶和啤酒瓶企业等在内的一批大型、超大型塑料加工企业，产生了显著的产业集群效应。

(三) 塑料专业市场竞争激烈，转型升级成为必然趋势

从现实情况来看，我国塑料产业环境表现出以下特征：①塑料企业主要集中在中低端市场，高端市场被国外公司控制。②塑料加工企业集中度低，未能形成集约化规模经营。③区域发展不平衡，东部沿海比重大，西部省份正崛起。④塑料原料供不应求，需要大量进口。⑤中间商的利润下降。一是因为贸易商之间的同质化竞争激烈；二是因为随着许多大企业进行内部纵向一体化，中间商的生存空间被挤压。⑥低端的通用塑料，市场增长放慢，竞争更趋激烈，已经到了"微利是图"的境地，但对技术含量高的专用工程塑料、改性塑料，市场增长很快，利润率较高。

与塑料产业环境相适应，塑料专业市场竞争呈现出新特点：各塑料专业市场之间的不同主体竞争；塑料专业市场和大型超市之间的不同渠道竞争；外部塑料专业市场和企业内部纵向一体化、现货交易市场与网上交易市场之间的不同模式竞争。正是由于目前塑料产业的激烈竞争态势，才更凸显出塑料城产品创新升级，由产业链低端向产业链高端进化的必要性。

1. 各塑料专业市场之间的不同主体竞争

许多地方政府为顺应塑料产业集群发展的趋势，通过规划和政策引导，积极打造了当地的塑料专业市场（见表9-4），对中国塑料城构成了直接竞争。

表9-4 中国塑料城的主要竞争对手一览

专业市场名称	专业市场定位	专业市场特色
浙江台州国际塑料城	以塑料制品市场，机械模具市场两大专业市场为中心，首创全国"大塑料概念综合商品交易市场"	拥有国内最大的模具生产基地，是重要的再生塑料集散地，积聚了庞大的塑料企业群体，构成了完整的产业链，正逐步向汽摩塑料配件、机电塑料配件等高档次产品转型
广东顺德乐从塑料交易市场	华南最大的塑料专业市场和塑料物流、价格中心	不仅是国内首批兴办的塑料市场之一，而且获批首个中国国家级电子商务试点镇，将为当地的塑料专业市场提供更有力的技术和政策支持，乐从塑料市场的价格行情成为华南塑料行业的"晴雨表"
广东东莞的樟木头塑料市场	国内最早建设的塑料原料市场之一，已构成了以塑料原料和装备交易、深加工层层衔接的产业链	交通四通八达，位于广州、深圳、香港、东莞、惠州等华南最发达经济圈的腹地，CEPA实施和泛珠三角区域合作启动，使其得天独厚的区位优势得以发挥。市场空间广阔，已成为粤港地区最具规模的塑胶原料交易市场

续表

专业市场名称	专业市场定位	专业市场特色
华南国际工业原料城	大型综合物流及交易中心开发商和营运商，要为原材料及商品买家及卖家提供优质兼具成本效益的物流交易平台	地处深圳，区位优势明显，而且杜邦、GE、POLYONE、LG化工等国际塑料巨头已将技术研发中心或办事处迁至深圳，这为华南国际工业原料城里的华南塑料交易中心发展提供了更大的便利
江苏常州的长江塑料化工交易市场	集化工原辅料、塑料原料、助剂、塑料制品、机械、塑模具技术设备、橡胶及橡胶制品等交易于一体	与沪宁高速常州出入口零距离对接，辐射区域遍布整个长三角经济圈，区位优势得天独厚。企业享受国家级高新区优惠，已有英国BP公司、德国巴斯夫、日本三菱、韩国LG、中石化、中石油、扬子石化等著名公司入驻

一些地方还创办了各具特色的塑料展览交易盛会，比如广东乐从的"中国乐从塑料经贸洽谈会"，浙江台州的"中国塑料交易会"，山东青岛的"中国青岛国际塑料橡胶工业展览会"，上海的"中国（上海）国际工程、改性塑料工业展览会"等，都是以展示、贸易、招商、项目对接为主的国际专业展会，都以为参展企业创造贸易商机为目标。不管是目标定位，还是招商手段，都和余姚的"中国塑料博览会"非常相似，构成了直接竞争。

综合来看，各塑料专业市场的竞争呈现出以下特点：①定位雷同。大都以塑料原料市场起家，正向涉塑产业平台转型。②措施相似。大都举办了当地的塑料展览会，利用各种方式进行招商引资，项目对接。③政府主导。大都成为当地政府的招商平台，政策优惠力度大。

各塑料专业市场之间严重同质化的竞争将引起塑料原料销售的区域化，而中国塑料城有90%以上的塑料原料是销往全国各地，周边塑料市场的崛起将分流中国塑料城的客源和货源，削弱中国塑料城的集散功能，加剧区域市场竞争，这势必对中国塑料城发展构成极大的挑战。

2. 塑料专业市场和大型超市之间的不同渠道竞争

当中国塑料城以中低端塑料原料销售为主时，沃尔玛、家乐福、百安居等大型超市对销售影响有限，但随着塑料城经营逐步向塑料制品、塑料配套产品等涉塑产业扩展，产品层次由中低端逐步向高端进化时，与大型超市很快出现了直接竞争。面对大型超市的竞争，中国塑料城组织松散、功能单一等弊端显现，具体来看，中国塑料城与大型超市相比，具有以下竞争劣势：

（1）中国塑料城知名品牌欠缺。许多超市都推出了自有品牌的商品，并充分利用超市的高人气获得了高收益。而与之相对应的是,塑料城大多数厂商都只是国内外知名品牌的代理,缺乏自有品牌,这使得塑料城企业经营者的努力所形成的只是消费者对代理品牌的忠诚,使消费者重复购买的只是代理厂商的产品。塑料城经营商应该借用塑料城这个国内最大的塑料原料交易平台,以鲜明的专业特色和产品组合优势,大力推进自有品牌,而实现这个目标的关键是要实现塑料城企业由单纯的贸易型企业向生产型企业或是贸易生产型企业转变。

(2)中国塑料城竞争手段单一。塑料城的竞争主要靠价格竞争,低价策略在塑料城的发展初期推动扩大了市场交易额,在各个经营户的资本原始积累中发挥了重要作用。但随着市场环境的变化,塑料城企业竞争过度已经影响到企业效益。目前,塑料城由于企业同质化竞争,通用塑料每吨税后利润已降至二三十元,单纯的价格竞争损害了企业的竞争力和声誉。为了顺应环境的变化,塑料城企业要走差异化竞争道路,树立专业市场质优价廉的形象。

(3)中国塑料城促销措施匮乏。在促销策略上,大型超市通过商品特色促销、售后服务促销、情感促销等全方位的促销组合,全力塑造出产品丰富、物美价廉的形象。而塑料城作为一种共享式销售网络,其内部的各个经营者基本上不承担促销任务,然而,这并不意味着塑料城不需要促销。塑料城应借鉴大型超市的有益做法,逐渐摸索出富有自身特色的促销策略,这将为塑料城的创新、转型提供有力支持。

中国塑料城应该通过产品创新升级,推进规模、功能、体制、机制的创新,从低成本、低价格、低利润的粗放发展模式向拼技术、拼资本、拼品牌的内含发展模式转变,全面迎接全球市场商业巨头的挑战。

3. 企业内部纵向一体化对专业市场形成挑战

国内外大型石化企业正逐步实现的纵向一体化对中国塑料城的未来发展造成了严重威胁。世界塑料工业跨国公司巴斯夫、拜耳、陶氏、杜邦、GE、BP、壳牌等公司均已在我国建立生产基地、研发中心,实施本地化战略。他们凭借雄厚的资金、领先的技术、优良的产品、丰富的经验及完善的售前售后服务正逐步摆脱中间商,缓慢扩大塑料直接销售的市场份额;国内企业,以中石油、中石化等为代表的大型国有石化企业的实力逐步增强,为了抢占市场份额,进一步提升利润率,纷纷通过建立公司独立的营销渠道,介入了过去很少涉足的塑料原料销售,拥有了自己的批发和零售途径,直接面向塑料原料客户供货;而中国塑料城下游的塑料制品企业,随着生产规模的不断扩大,也开始寻求向跨国公司、国内石化企业直接购货。处于塑料原料流通中间地位的中国塑料城,其客户只能集中于中小型的塑料制品企业,在上下游的压力下,战略空间、利润空间受到双重挤压。

调查发现,目前中国塑料城企业与外资企业或大型国有企业的合作中,专业化分工协作正走向不平等。中小企业间的水平竞争与分工逐步被大企业的内部化交易或中小企业对大型企业的依赖所取代,大企业通过对市场、信息、技术、原材料与人才的控制,形成对产业链的一定程度的垄断并获取高额利润,而被纳入协作体系的中小企业则不得不接受大企业的盘剥,这正是中国塑料城企业需要进行产品创新升级的重要原因。

4. 网上交易市场兴起对现货市场形成冲击

信息技术和互联网的普及对中国塑料城的传统商业模式产生了深刻的影响,网上交易市场对传统专业市场具有显著优势,直接冲击了塑料城的现货市场交易量。

传统塑料专业市场,即以"三现"(现金、现货、现场)交易为主要特征的有形市场,存在交易时间和场地受约束、交易安全和交易规模存在瓶颈、供求信息不对称、交易成本高、容易产生三角债等问题,而网上交易作为一种全新的商业形态,具有虚拟化、网络化、低成本、高效率的特点,使买卖双方在资金安全、运输成本上都有了更多实惠,与传统专业市场相比优势显著。

一方面,网上交易降低了市场交易成本。在网络经济下,市场透明度增加,信息不对称性降低,中间商空间缩小,厂家获得信息的渠道大大增加,交易费用减少,厂家可以推进直销经营方式和个性化定制服务,从而避开中间批发商环节,降低成本。另一方面,网上交易突破了传统的市场边界。传统经营模式下,塑料专业市场的供应链较短,主要依靠经营户个人的商业渠道组织货源和联系客商,限制了专业市场的商圈半径;信息时代专业市场作为商品供应链中的一部分,与来自全球的供货企业、下游客商建立信息化的供应网络,突破了时空界限,将客户扩展到全国乃至全世界,形成真正意义上的国际化市场。

网上交易的兴起,使得塑料城相当一部分现货交易量转成了网上交易量,减少了塑料城的现货交易量,更重要的是,网上交易大大削弱了塑料城"一站式采购"等吸引客户的重要优势,将部分竞争引向了网站建设、交易平台等技术设施,而这些方面塑料城虽然介入较早,但由于资金、技术、人才等条件限制并未拥有很大优势。此外,网络上还出现了众多的塑料网上交易平台,既包括"中国塑化网"、"台州国际塑料城网上市场"等依托各地塑料专业市场建立的网上交易市场,也包括"中国塑料网"、"淘塑网"等 B2B(企业间)的塑料交易平台,这些网上商城都不同程度地分流了中国塑料城的网上交易客户,与塑料城的网上交易实现了直接交锋,对中国塑料城构成了直接的挑战。

激烈竞争的产业发展环境,不断削弱塑料城企业的利润收益,以价格为核心竞争力的塑料城企业正面临竞争优势逐步丧失的重大挑战;而来自塑料产业的环保、绿色的发展态势,改性塑料的广阔前景,塑料产业园区集群化发展的趋势,为中国塑料城企业提供了重大发展机遇,这正体现了塑料城产品创新升级的必要性和紧迫性。与此同时,来自中央和地方政府全面有力的政策为中国塑料城的产品创新升级提供了有效支持,营造了良好政策氛围,形成了促进塑料城产品创新升级的现实可能性。中国塑料城应该在外部环境的推动下及时抓住机遇,转变发展观念,进行技术创新,改善商业模式,这将是塑料城实现其战略目标的关键。

二、中国塑料城转型升级的目标与路径

(一) 转型升级的目标

1. 打造"三位一体"的综合性技术创新平台

中国塑料城经过多年的积累和发展,在产品交易等方面拥有很强的规模和信息优势,能够及时掌握和应对塑料市场交易行情的变化,并且能够辐射周边较大范围的区域和产业。但是从塑料产业今后的发展趋势和主要特点来看,中国塑料城目前在塑料产品的产业化、塑料改性技术的水平和持续技术升级、塑料需求的重点市场进入和开发等方面还需要较大的提升。我们认为,未来中国塑料城产品和技术升级的基本目标是:将中国塑料城发展成为产品创新、工艺创新和科技资源整合"三位一体"的综合性

技术创新平台。通过平台建设，把塑料城由中国最大的产品交易平台发展成为中国最大的集塑料原料和制品创新、工艺创新和技术信息集散的一体化平台。2015年之前，在余姚形成以技术研发、技术服务、知识应用为主线，以中国塑料城民营科技企业为主体，以塑料科技产业基地和中国塑料城专业市场为依托，以知识型科技服务机构为纽带，以高等院校和科研机构为技术支撑的，主体完善、功能齐全的区域科技创新系统。

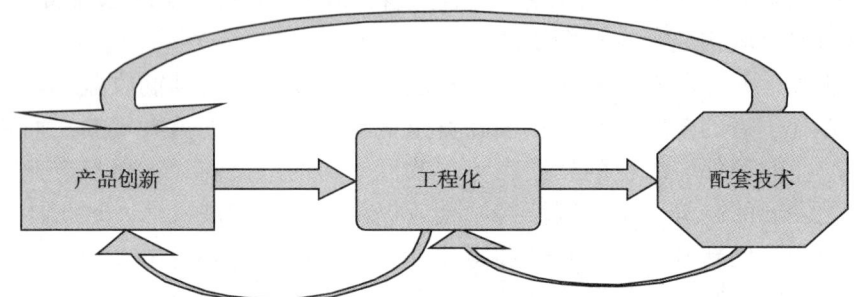

图9-2 中国塑料城产品和技术创新升级的总体战略

2. 形成涉塑产业集群与塑料专业市场互动发展的良好格局

面对区域经济发展的新形势、新机遇和新要求，中国塑料城转型升级的总体发展目标是：以贸易为基础，以创新为依托，到2015年，把中国塑料城打造成品牌知名度高、产品附加值高、产业集聚度高、信息化程度高、服务便捷性高的集现货交易和网上交易于一体的现代化涉塑产品交易展示中心和集研发、设计、生产、加工制造、销售等完整产业链于一体的现代大型塑料产业集群，中国塑料城作为余姚涉塑产业集群的引擎和核心、中国塑料产业集群的"领头羊"、中国塑料产业创新型制造基地以及具有国际竞争力、国内最大的综合性塑料专业市场的发展定位基本实现，形成涉塑产业集群与塑料专业市场融合互动发展的良好格局，最终实现中国塑料城的"二次腾飞"。

（二）转型升级的方向与路径

1. 中国塑料城转型升级的基本背景

我国的塑料产业正处于从包装塑料和塑料建材向工程塑料制品和复合材料升级的过程。中国塑料工业的发展面临上游原材料价格大幅波动、运营成本增长、技术与产品创新能力不足、国外市场萎缩和进口产品低价销

第九章　浙江余姚以市场转型驱动区域创新体系建设

售等问题。在沿原油向下的产业链中，改性塑料处于最末端，却是需求增速最快、投资收益率最高的环节。目前改性塑料已大量用于汽车、家电、电子电气、轻工以及军工等行业，预计在未来的5~10年内，改性塑料市场总需求量将保持10%以上的年增长率，2010年有望达到700万吨，国内改性塑料市场至少有750亿~800亿元。

一方面，随着人们对材料性能要求的不断提高，我国正成为全球改性塑料最大的潜在市场和主要需求增长动力，行业需要大量的专业生产商通过技术进步来满足日益增长的需求。另一方面，我国改性塑料产能明显不足、生产企业规模、产品种类、技术落后、严重依赖进口。

除了上述中国塑料工业发展中面临的挑战，中国塑料城自身存在着产品结构不合理的问题，在企业生产的产品中，中低档产品比重较高，高档产品、高附加值产品、高端品牌产品相对较少。编织袋、日用制品、鞋类等制品以及BOPP、BOPET等双向拉伸薄膜等产能相对过剩，汽车、电子电气、机械零部件所用的高性能工程塑料研发和生产能力严重不足。加之土地成本和劳动力工资的上涨等因素造成的生产成本上升，余姚塑料面临着调整产品结构和生产技术升级的问题。

表9-5　余姚塑料类别和主要产品一览

类　别	主要产品
塑料配件类	家电、五金、汽配等行业配套
日用塑料类	雨衣、塑料袋、垂帘等
医用塑料类	血液微栓过滤器、一次性使用口腔镜、浮标式氧气吸入器等
塑料包装箱及容器类	塑料包装箱、塑料瓶（杯）、喷雾器、塑料周转箱、包装菜类袋
塑料板、管、型材类	塑钢窗、塑料异型管材
泡沫塑料类	吸塑泡壳、泡沫塑料包装物
塑料薄膜类	多功能薄膜和聚乙烯塑料薄膜
塑料丝、绳及编织品类	土工编织布、塑料编织布

2. 以产品结构调整和技术升级为主攻方向

基于中国塑料城产品结构的现状、提高产品附加值的目标、增强塑料产品的核心竞争力和实现塑料城可持续发展的长期目标，未来余姚中国塑料城转型升级应该在产品结构调整和技术升级两个方向上实现突破。

（1）产品由通用塑料向工程塑料和特种塑料发展。面对日益激烈的市场竞争，塑料生产企业朝改性塑料发展是一个新的突破口。经过数年的发展，我国塑料改性技术取得显著进步，而以填充、共混和增强改性为特点的塑料改性技术，更是几乎深入到所有塑料制品的原材料与成型加工过程中，冲击着传统塑料产业，极大地促进了机械制造行业、助剂行业和非金属矿行业的发展。目前我国的人均塑料消费量与世界发达国家相比还有较大的差距，具有广阔的发展前景，高端的改性塑材存在着较大的供给缺口，对外依存度较高。

中国塑料城可通过在增强、填充、增韧、阻热和耐寒等方面改变普通塑料的性质和缺陷，优化塑料产品结构，降低中低档产品的产出，逐步淘汰落后生产技术，解决产能过剩的问题，提高高档产品和高附加值产品的产出份额。目前，塑料城内约有20%的企业在从事改性塑料的研发和生产，要加大对这些创新企业的扶持力度，在政策上为改性塑料企业发展创造更宽松的发展环境，并鼓励改性塑料企业加大科研投入、不断做专做精。同时，大力引导其他塑料销售企业向改性塑料方向发展，丰富市场塑料产品种类，提高产品技术含量，推动市场朝更高档次的方向发展。

（2）加强技术创新，由初级改性向深度改性提升。塑料产业在从普通塑料转向改性塑料的同时，还应由初级改性转变为深度改性，开拓潜在的高端市场。随着各国寻找新的经济增长点的步伐加快和我国将新材料列为今后大力发展的战略性新兴产业，新技术、新产品、新工艺和新消费需求对塑料材料的要求势必越来越高，发展塑料材料的深度改性和产业化对于塑料产品的优化升级和产品结构的调整有着重要的意义。在大力发展改性技术的过程中，需要把握塑材上下游产业和市场对于高端塑料材料的需求，为塑料产品的长期发展做好充分的准备。

加强改性塑料的发展和推进塑料改性的深度，都是为了在保持塑料城规模优势的基础上，优化产品结构，提升产品的技术水平，以达到提高塑料产品的进入壁垒、增强排他性，实现塑料城长效发展的目标。这两个方向上的突破，需要上升为产品升级和技术创新的战略高度。

三、建设区域创新系统，推动转型升级

中国塑料城要建设成为中国塑料改性技术最为重要的产业化基地和中

国塑料技术创新的重要中心，关键在于技术创新升级体系的建设和完善。技术创新升级体系由公共服务主体、企业创新主体和技术中介机构三个要素组成。

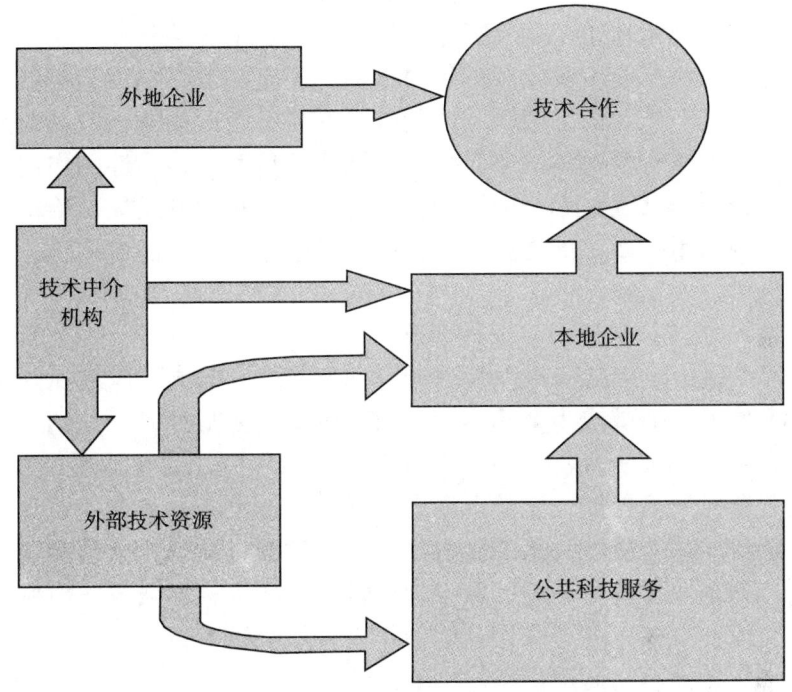

图 9-3　中国塑料城产品与技术升级体系

（一）培育公共服务主体，积极搭建六类科技平台

应该将公共服务主体定位为非营利性的公共机构，它们所提供的产品具有公共产品的性质，能够为市场中的企业提供技术和技能培训、行业标准和质量控制等方面服务。在技术升级方面，中国塑料城可以利用现有的公共服务机构，在整合现有资源的基础上为塑料企业提供更为全面和深度的服务。以"科技支撑市场"为发展理念，以塑料研究院为技术支撑，通过体制机制创新，狠抓产品创新和科研项目攻关，引导塑料城企业加快科研创新，共同推动市场转型提升发展。着力推进中小企业服务平台建设，打造市场化运作，面向特色产业服务的研发设计、信息技术、检验检测等中小企业服务平台。同时，注重挖掘重点骨干企业的检测研发力量，利用

大中型企业的设备优势、技术优势，为特色产业提供技术服务。

更具体而言，公共服务体系的功能可以概括为如下六类平台：

1. 共性技术研发平台

建设公共技术研发平台，克服私人主体钩子共性技术的激励不足问题。塑料共性技术对整个塑料行业或产业技术水平、塑料产品质量和塑料企业的生产效率都会发挥重要的带动作用。要改变当前中国塑料城塑料制品技术含量低、产品附加值低和改性技术发展不足的问题，实现产品结构优化和多功能综合性整体战略目标，共性技术将发挥根本性的作用。公共服务机构开发的共性技术，应该能够以对企业有利的方式提供给塑料生产企业，为企业生产效率的提升、产品质量的改进、新产品产业化、新工艺的使用提供技术支持。

2. 与外部"产学研"的合作平台

为了克服余姚本地高等院校、科研资源薄弱的限制，应该抓好塑料研究院建设发展，使其成为余姚本地企业和研发主体与外界合作的平台。应该紧紧依托塑料研究院强大的专家团队和技术力量，加大科技研发力度，不断改善塑料产品性能，提升市场产品档次，加大新技术新项目立项；深化服务项目，整合科技力量，努力创建浙江省塑料加工技术创新服务平台的建设，为企业提供更全面的服务和更强大的技术；加强与国内科研院校的合作交流，发挥好各类合作基地的作用，加快塑料技术创新、技术服务和成果转化，提高科研产出率。

3. 搭建检验检测平台

检验检测平台建设是公共创新服务平台构建的重要组成部分，加快建设公共检验检测平台是新形势下推进区域创新体系建设的重大举措。公共服务机构还应成为在行业内具有公信力的检验检测平台。第一，为进一步提高塑料制品的质量，在产品生产及出厂时严把质量关，降低塑料产品质量甄别成本，检验检测平台还应为塑料品牌建设提供参考标准。第二，检验检测平台还应该为塑料制品技术标准的制定和修订提供相应的信息，促进塑料行业整体技术的升级。第三，检验检测平台还应该为本地塑料品牌的建设和对外推广提供所需的服务。

4. 技能培训和强化平台

技能和培训对于塑料从业人员的技能提升有着重要的作用。目前余姚本地人才培养体系不够完善，教育资源少，大多数企业只注重人才引进，而不重视人才的发展和培养。公共服务机构应该利用自身在市场、技术和产品质量等方面的信息优势，提高塑料产业生产和营销人员在生产和贸易等多方面的能力，能够及时适应市场、管理和技术等方面的变化，实现技术成果的投产效率和规模化生产，扩大塑料产品的市场份额。同时利用塑料业从业人员掌握的技能和诀窍，加强经验技术的交流和传播，成为产品和技术升级的主要构成部分。公共服务平台还应该加大引进外来高技能专业人员，让他们能够在余姚地区发挥自己的技术专业经验的积累补充有益的资源。

5. "标准化"战略组织平台

技术标准是知识产权的载体，是一系列知识产权的组合，是知识产权的高端主导表现形式。中国塑料城必须充分认识到标准作为一种重要的隐蔽性规则在市场竞争中的力量和作用，积极主动地参与市场上高层次、高水平的竞争。要积极参与国内外行业标准的制定，加强国际交流与合作。企业应及时了解、分析行业标准发展动态和需求，组织召开标准研讨会，积极开展合作，积极开展技术和标准的合作联盟。要通过企业之间标准与技术研发上的合作与联盟，建立具有一定自主知识产权的标准，谋求自主知识产权标准的突破。为了让公益性的公共服务主体发挥作用，应该为这些公共机构在资金、技术和政策上提供相应的支持和补贴，以有效的激励维持公共服务主体的正常运转，为企业提供优质高效的服务，提升塑料城的整体技术水平和产品附加值，转变成为多功能的综合性专业市场。

6. 新技术企业孵化平台

孵化器能够在企业创办初期举步维艰时，提供研究、生产、经营的场地，通信、网络与办公等方面的共享设施，系统的培训和咨询，政策、融资、法律和市场推广等方面的支持，旨在对高新技术成果、科技型企业和创业企业进行孵化，以推动合作和交流，令创业者把发明和成果尽快形成商品进入市场，提供综合服务帮助新兴的中小企业成熟长大形成规模，降低创业企业的风险和成本，提高企业成活率和成功率，最终使企业"做大"，为社会培养成功的企业和企业家。

一个成功的孵化器必须具备共享空间、共享服务、孵化企业、孵化器管理人员、扶植企业的优惠政策五项要素。国际企业孵化器是在综合性科技企业孵化器基础上的发展和提高，是企业孵化器发展二次创业的一项重要内容。中国塑料城在产品和技术升级的过程中建立起产业孵化器，为新技术的尽早产业化提供必要的支持。

(二) 促进企业积极开展适用型创新

1. 加强工艺创新，提升产品质量和效率

产品创新主要通过外部科技资源和本地的平台，但是工艺创新主要通过企业自身。工艺创新是指企业研究和采用新的或有重大改进的生产方式，从而提高劳动生产效率、降低原材料及能源消耗或改进现有产品生产的创新活动。工艺创新是不断提高企业经济效益的客观要求。工艺技术水平不仅对企业的产品质量有至关重的影响，而且影响着企业生产的物耗、能耗和效率。也就是说，企业工艺技术水平直接决定着各种投入资源在生产过程中的变换效率，决定着企业经济效益的优劣。因此，除了与产品本身的创新之外，还应该加强塑料产品制造行业的制造工艺创新，如涉及塑料产品的喷射注入以及挤压成型工艺。

2. 加速规模化创新，适应新式生产技术

以小规模家庭作坊形式从事改性塑料的生产，在某些改性技术的应用方面会受限于自身的企业规模。回料改性和生料改性，特别是生料改性需要生产企业具有一定规模。在各种各样的回收料中，相对来说，PP材料的稳定性是非常差的，因此，使用其研发、生产改性料，特别在用来生产高性能材料时的风险是相当大的。中小企业通常难以承担起这类改性技术的风险。通过推进中小企业的整合，为规模化创新提供所需的企业规模条件，从而有效地实现特定改性技术的升级和产业化。

3. 加强企业管理，促进管理与技术协同创新

技术创新的重要性及它所能带来的巨大经济效益对企业始终是一种巨大诱惑，但是只有在适当的创新环境中，一个新的创新想法才能产生，才能进入研究开发过程，投入生产和商业化过程，这就不能没有制度创新和管理创新的配合，这两者恰恰是技术创新的必要条件。因此，技术创新的成功与否首先在于技术创新运行机制的建立，其次则在于具体创新活动的具体组织与管理。只有当管理和技术之间形成了一体化的创新之后，才能将技术升级转化为生产企业的竞争优势，形成长效的竞争力来源。

4. 开拓循环经济，创新倡导绿色新理念

今后我国改性塑料企业应该在高性能、低成本和绿色环保方面下工夫。我国在废旧塑料的利用方面相对于外国而言，居于绝对领先地位。国

外对废旧塑料的处理方法有两个：一是抛弃外运，二是低档次加工使用。而我国把废旧塑料当作合成树脂原料必要的补充，如阻燃 ABS、PC/ABS 合金等废旧塑料经过改性加工，完全可以作为塑料制品的原料使用。

余姚中国塑料城在产品和技术升级过程中，应该将废旧塑料的重复使用、保护环境的观念融入改性高分子设计与制造过程中。环境因素、可持续发展将成为未来新产品开发的关键，新开发产品必须以节能、省料和有利于环保为前提，因此工程塑料的回收利用将成为热门产业。同时还要控制塑料生产、销售过程中不利于资源节约和环境保护的环节，减少对生态环境的破坏，淘汰或改造塑料产业中高污染、高排放、低产能的落后企业，将余姚中国塑料城建设成为全国塑料产业循环经济的示范基地。

（三）促进企业园区化发展，发挥产业集聚优势

1. 整合区域资源，促进企业集聚

推动塑料产业园区化对于塑料产品和技术升级信息和知识的传递、产业链的完善、规模经济的发挥都有着重要的意义，能够更好地与公共服务平台形成合作机制。目前余姚地区的改性企业还分散在全市各地，没有大范围地进驻塑料园区。推进分散的企业向园区集中，有利于企业在空间上形成集群，加速创新园区的成长，形成企业网络，加速信息的交流和知识的加工，为创新在空间上出现和扩展提供产业结构上的准备。

塑料园区在硬件设施上的改造，应该加强与周边模具城、姚北工业园区等的联系，整合区域优势，集聚能力。除了在硬件设施上改造提升市场外，还应该用"科技支撑市场发展"的创新性理念引领市场内的新一轮科技革命。研讨建立网络公共服务平台、资金结算中心等服务平台，创新服务企业的方式，提高服务企业的能力。通过平台密切与企业的联系，及时反馈信息，提高服务的质量和效率。

2. 促进产业链合作创新，发挥本地塑料工业体系优势

目前，塑料产业技术含量不高、产品极易模仿、同质化现象较严重，不少企业生产能力过剩，由于缺乏产品差异化竞争的优势和集体行动的规则，为抢占市场份额，企业竞相压价销售，甚至亏本销售，使行业内恶性竞争加剧。可将本地改性塑料的技术与本地模具制造企业紧密结合起来，有针对性地提升模具制造企业的产品和技术水平，推进改性塑料与模具制造业企业之间的合作创新。在大力提升模具制造企业的基础上，依照模具

产品在涉塑产业链中的地位，全面推进塑料产业链条的技术水平和产品质量。

3. 推进开放式创新，有效整合外部资源

余姚本地的科研资源不足，余姚中国塑料城塑料研究院应该继续通过整合中科院宁波材料所、五三所、四川大学、浙江工业大学等科研院所、高等院校优势资源，以企业市场需求为导向，实行共建共享，建成科研开发、性能检测、人才培养、成果转化、传播科技信息功能的、具有全国先进水平的浙江省塑料加工技术创新服务平台，为提升全省塑料工业科技自主创新能力、推动"产学研"联合，促进科技成果转化和应用、强化服务功能创造条件。为了促进科研资源产业化，应该引导支持各类创新要素向企业集聚，加快建设一批企业技术中心，提高核心技术研发水平。以行业龙头企业为核心，建立产业共性技术和关键技术研发中心，带动行业创新能力的提升。

4. 培育技术中介机构，提升创新系统活力

中介机构是产业和技术创新系统的重要组成部分，在整合公共服务体系和解决企业经营发展困境等方面发挥重要的作用。大力培育科技中介机构的成长，创造中介机构良好运行的环境，对塑料城整体产品和创新升级有着重要意义。主要的中介机构包括独立的检测检验机构和技术服务公司等。

5. 培育市场检测检验机构

独立检验机构承担的民事责任有别于官方商品检验机构承担的行政责任，所以在市场贸易中更易被买卖双方接受。独立检验机构根据委托人的要求，以自己的技术、信誉及对外贸易的熟悉，为贸易当事人提供灵活、及时、公正的检验鉴定服务，受到对外贸易关系人的共同信任，已经成为检测市场的主流力量。独立的检测检验机构还应该加强与外部检测检验机构之间的交流，实现质量标准的对接，提高交易效率。

6. 发展独立的技术服务公司

技术服务公司是连接技术研发和产业化应用之间的重要桥梁。在培育技术服务公司时，要注意到不同类型的技术服务公司在技术创新战略、研发组织、研发投入、研发管理等方面有所不同。其共同点在于都重视技术创新，采用多种方式获取技术，以客户需求为导向，重视人力资源开发，重视知识产权保护。不同的是，大公司多采取技术领先战略，中小公司多采取市场细分战略；大公司设立多层次的研发组织体系，而中小公司的研发组织结构则较为简单；大公司由总部投入研发资源，中小公司则主要利

用外部资源;大公司具有严格的研发管理流程和规范,中小公司的研发管理则相对比较随意等。

四、关于加快中国塑料城转型升级的政策建议

在中国经济"保增长、促转型"的大背景下,中国塑料城作为全国有一定影响力的专业市场,面临着生产柔性化、交易信息化、经营国际化、竞争多元化的多重挑战。抓住当前的政策优势和产业转移机遇,推进中国塑料城转型升级,加快专业市场与产业集群的融合发展,有着极为重要的战略意义。从政府角度而言,促进中国塑料城功能升级是破解涉塑产业转型升级的中枢,是加快各种生产要素有效集聚、实现要素合理流动的有效措施,是政府加快经济发展方式转变的重要抓手。

从根本上说,加快中国塑料城转型升级,就是要实现"发展模式转型和整体功能升级"。然而,目前中国塑料城仍面临管理体制不顺、交易产品单一、市场主体分散、生产体系零散、创新要素缺乏、公共服务平台不健全等发展中的问题。要克服这些问题,加快中国塑料城转型升级的步伐,需要从体制创新、平台搭建、产业培育和产业链打造、要素集聚和环境优化四个方面加以推进。

(一) 体制机制创新

1. 成立专门的指导委员会,全程指导塑料城的转型升级

成立由市主要领导挂帅的"塑料城转型升级指导委员会",吸收有关专家进行专业指导,就塑料城转型升级过程中的问题进行实时跟踪。就发展中的问题进行集中会诊,确定解决方案,明确责任部门,保障各项工作的快速推进。

2. 大胆进行管理体制创新,成立中国塑料城投资管理公司

促进中国塑料城向企业化、股份化和集团化方向发展,成立中国塑料城投资管理(集团)公司,不仅有利于提高塑料城的组织化程度和集聚程度,也有利于中国塑料城转变发展方式,创新商业模式。在资本来源上,以原有国有资产为基础,结盟国内外石化企业和当地龙头企业,集聚优

势，优化资源。中塑世纪大厦尽量"只租不售"，增加集团的自有资本。剥离管理委员会的经营职能，保留公共服务和后勤保障职责；集团公司具体负责战略制定、业务开发、资本运营和展会策划。通过集团公司的战略运营，实现塑料城从"买全国、卖全国"向"买全球、卖全球"的转变。在整合现有管理资源和商业资源方面，建议政府有关部门进行强力推动。

（二）平台建设

1. 加强园区规划和硬件建设，建立产业集聚发展平台

中国塑料城的规划布局是一个系统工程，尤其是在基础设施建设和拆迁补偿方面，需要从市政府层面加以统筹安排。将产业规划和园区规划相结合，使塑料城交易市场变身为涉塑产业园区的门脸和桥头堡。以中塑世纪大厦为中心，打造新的塑料交易街区和展览展示区，为进驻街区的企业提供税收和租金优惠。在交易区后方，建设循环经济示范园区，引导改性材料企业、模具企业和塑料制品企业向园区集中。建立集中的现代化物流园区，引进和培育龙头物流企业，提高塑料城的物流服务效率。

2. 通过信息化建设，建立现代化商务服务平台和产业信息中心

加强中国塑料城信息化规划引导、资金扶持和政策支持。在中塑世纪大厦设立中国塑料城信息中心，充实中国塑料城网站，由中国塑料城投资管理公司下属子公司具体运作，实现网上实时报价、现货交易、期货交易以及各类指数发布，加强和巩固行业"风向标"地位。以信息中心为载体，建立电子商务平台，连接各交易主体和各类服务主体，加速产业内部互动、行业联合和产融互动。门户网站以博览会发布、融资、人才服务、专利发布和企业推介为重点；子网站以网上产品展示、网上询价、网上交易、仓单交易和指数发布为主，为企业和客户提供电子商务平台，以无形市场带动有形市场转型升级。

3. 设立专项资金，建立涉塑产业公共科技平台

以公共财政作为启动资金，建立非营利性公共技术服务平台。剥离研究院的营利性职能，通过企业会员制，支撑研究院日常运营。加强对工艺和设计技术的研究，建立权威性材料产品质量检验和检测中心。通过政府层面的协调，大力推进企业与大学、科研机构之间的深度联姻，建立产、学、研合作研究组织，实现企业与研究机构的长期战略合作。以科技"孵化器"为载体，以创业扶持政策为"催化剂"，推动科研项目在余姚实现产

业化。

(三) 产业培育和产业链打造

1. 建立有针对性的产业招商指导目录，打造完整的涉塑产业链

对全市涉塑产业链进行价值分析，建立有针对性的产业招商指导目录。要坚持"好中选优、优中择强"，重点引进产业链核心企业和产业链"短板"企业，带动供应链一体化管理。要进一步加大宣传推介力度，主动承接国际产业转移和上海经济辐射，积极开展赴中国台湾、日本、中国香港等地上门招商活动，大力发展"以民引外、以外引外"，全力构建多形式、多层次、全方位的招商引资新体系。对于重点企业和项目的招商，不妨采取"一企一策"的柔性政策。

2. 完善创新激励政策体系，培育高技术涉塑企业

针对目前企业创新投入不足、创新动力缺乏的状况，建立和完善创新激励政策体系，培育高技术涉塑企业。对于将来入驻中塑世纪大厦的企业，在新产品和特色产品销售方面给予引导。对于销售特种塑料、改性塑料的企业，给予展位优先选择、广告位赠送、租金优惠等倾斜性政策。加大对生产性企业的政策扶持，通过科技奖励、税收返还和提供标准厂房等政策措施，鼓励新材料和新技术企业进行技术研发，提高产品附加值。对技术含量高带动能力强的重大技改项目，加大补助贴息力度。建立健全环境考核指标，倒逼企业进行产品创新。

3. 整合现有资源，促进产业融合和产业链优化

鼓励大型贸易企业向下游产业延伸，带动产业转型升级。通过贷款贴息、设备补贴等优惠措施，鼓励有条件的大型贸易企业向改性塑料方向发展。支持转型企业以科技立项的方式，获得公共技术平台的支持；积极出台政策，推动企业之间开展重组兼并活动，整合品牌与渠道资源，嫁接先进技术。应该鼓励外资企业、外地企业并购当地企业，形成大中小企业和谐共生的产业组织形态；鼓励当地企业与供应专用料和特种料的外资企业组建合资企业，促进国外新材料技术向本地扩散，提升中国塑料城在小批量专用和特种塑料市场的国际地位；鼓励生产企业将服务功能外包，提高生产企业的专业化程度。

（四）要素集聚和环境优化

1. 通过"引进+培训"，全面提升塑料城从业人员的专业水平

积极制定、修订切实可行的人才引进管理办法，实现人才"引得来、留得住"。以生活津贴和安家补贴等方式给予重点引进人才以政策倾斜。对于重点引进的科研人员，配备相应的科研启动经费和科研条件。在余姚与大城市之间存在人才倒流的情况下，大力提倡和推广"星期日工程师"等柔性引才机制。加快在职人员的培训，重点开展产业急需的研究型人才校企联合培养、技能型人才在岗培训等。组织企业家进行集中培训，赴国内外先进制造基地参观，或者通过召开现场会的形式提高企业家的创新热情。

2. 积极支持中国塑料城投资管理公司和各类生产企业上市

上市是一条低成本、高效率筹集资金的新渠道。在3~5年的时间内，支持、推动中国塑料城投资管理公司上市，实现资本的倍增效应，扩大中国塑料城的社会影响力。鼓励各类涉塑生产企业在主板、创业板上市，大力宣传上市的积极意义，通过企业家培训，激发企业上市的热情；加强与战略投资者、证券交易所、券商、中介结构的沟通与联系，为企业上市融资牵线搭桥、扫除障碍。

3. 加强软、硬环境建设，优化创业服务环境

在滨海产业园区规划创业企业"孵化器"，并配套塑料研究院和其他研究机构，为创业种子提供优越的孵化环境。在塑料城建立风险投资中介机构，为科技型创业企业和风险投资基金牵线搭桥。完善小型和微型企业的贷款担保体系，以公共财政、国有资本为主体，建立政策性担保公司，缓解创业企业资金瓶颈。建立创业咨询服务体系，为创业企业提供全方位的指导。

4. 培育行业协会等中介组织，充分发挥中间组织的协调作用

积极培育商会、行业协会等中间组织，充分发挥其在整合资源、行业服务、行业自律、行业拓展等方面的作用。支持行业协会组织各种形式的调查研究，举办行业学习会和经验交流会。引导行业协会积极参与制定修订行业标准，完善行业管理，促进行业发展。

第十章 江苏常州无锡地区的集群网络创新系统建设

产业集群是一个由企业、政府部门、高校、科研院所、金融机构、中介机构等多种主体构成的网络体系，它具有更加完整的行为主体，集群网络内与网络间的联系也更加紧密。现有的研究从集体学习、知识流动、知识外溢、集群环境、企业市场行为、国家经济结构和制度等不同角度和层面对产业集群创新机制和绩效进行了研究。由于这些因素并不是产业集群所独有，仅仅解释了产业集群创新的机理，并没有揭示出产业集群创新的根本原因。

2011年7月，中国社会科学院工业经济研究所对江苏常锡光伏产业集群进行了调研。通过调研分析，笔者认为，产业集群的创新机制和创新绩效来自产业集群的社会关系和市场关系网络。正是由于这种网络结构的缺失，使我国产业集群呈现出"重聚集、轻联合"的特点，集群内部产业链分工程度不高，企业间缺乏有效的合作。课题组认为，集群创新能力是创新主体在集群网络中学习能力和机制的体现，以企业合作为基础的集群创新网络有效性决定了产业集群的竞争力，以核心技术企业为中心形成的合作网络创新体系能够有效提升集群企业的学习能力，并最终提高集群整体的创新能力。

创新能力决定了集群的持续竞争优势，而在集群网络中企业的学习机制是构成集群创新能力的微观基础。如何通过集群知识扩散和学习机制建设，强化集群网络主体间的相互联系，提升集群创新能力，是政策制定过程中应考虑的首要因素。政策的目标在于提升集群内部企业知识获取、吸收、扩散和创新的能力与渠道。通过本次调研和分析，我们得到如下政策启示：第一，产业集群的创新环境的提升，关键在于政策从实质上贴近企业的需求，进一步加强公共服务，完善多方位的交流平台体系建设。第二，集群创新持续发展的目标，在于增加基础研究和知识存量，建立集群企业在开放环境中的学习机制。第三，产业集群"重聚集、轻联合"的特点改变，关键在于构建以领军企业为技术核心的合作网络。第四，集群的创新竞争力最终体现在互相支撑的产业体系的建立和完善。

一、调研计划与研究方法

在本章中，我们结合国内集群发展的实际情况，重点考虑集群创新网络结构和知识扩散过程中的学习机制，即企业对于集群内知识的"获取—吸收—扩散—创造"过程，学习机制加强了集群的网络化程度和整体创新能力。

为了调查我国产业集群发展的现状，我们根据前述概念框架，以参与集群的企业为对象，设计了问卷调查表和分析方法。2011年7月，按照制订的调研方案，课题组对产业集群的创新发展情况进行了集中调研，以及对集群内样本企业采取了问卷调查。

本次调研的问卷设计主要依照《中国产业创新发展报告 2010-2011》的评价体系内容，对于其中的一些细节做出了调整和升级，如表10-1所示。在2010年报告中问卷设计和数据处理分析的基础上，结合企业在问卷填写过程中的一些反馈，并考虑到各个维度的内部有效性，对于其中一些条目做出了调整。例如，对于创新资源条目中，考虑到产业集群创新的网络化趋势，在问卷中增加了"企业外部专家投入强度"条目。此外，对于"创新活动"和"合作网络"两个变量中的问题进行了简化。

表10-1 产业集群创新能力的概念框架和指标体系

概　念	指　标
创新环境	地方集群政策
	风险资金发展水平
	核心技术人才可获得性
	核心生产设备可获得性
	市场竞争水平
	产业配套水平
	高端客户结构

续表

概　念	指　标
创新资源	企业研究开发基础设施
	企业研究开发投入强度
	企业技术人员投入强度
	企业熟练技术工人投入强度
	企业外部专家投入强度
创新意识	企业所在区域的创业、创新价值观
	企业的创业、创新意识
	企业对市场和技术机会的认知度
	企业对利用外部创新资源的认知度
	企业对创新活动目标的认知度
创新活动	企业研究开发能力
	企业产品开发、商业化能力
合作网络	企业所在区域的合作网络基础
	企业合作创新参与度
创新绩效	企业销售收入
	企业技术水平
	对企业绩效的贡献程度
	企业技术创新失败的原因

资料来源：课题组整理。

本次调研在问卷设计中采用了5分制利科特量表，被试者根据自己对各条目的作用进行评估打分，以此表示其不同意和同意的程度。其中"1"表示最低分评价；"5"表示最高分评价。调查表中设计了六个一级指标，分别是创新意识、创新资源、合作网络、创新活动、创新绩效和创新环境指标。六个一级指标又分别用若干个二级指标来表示。在二级指标之下，我们设计了58个问题，供企业选择并做出评价。

在设计调查问卷时，我们根据社会统计学关于指标体系的明确性、全面性、准确性、结构性、可操作性等原则，对定性问题进行了定量化的处理，使整个调查问卷所得到的数据可以进行统计学处理与分析，并在此基础上得出理论意义。

2011年7月，按照总课题体组制订的调研方案，各课题组对产业集群的创新发展情况进行了集中调研，调研的内容包括同集群公共管理部门、集群内企业的座谈，针对重点企业的深度访谈，以及对集群内样本企业基本上采取了"一对一"、"定点"式的问卷调查，发放了 500 份问卷，回收了 325 份有效问卷，回收率为 65%。课题组成员尽职尽责，有效地保证了问卷填写质量。

二、江苏常州无锡光伏产业集群特点分析

江苏是国内光伏产业起步最早，企业最为聚集的区域，其中常州和无锡又为江苏光伏产业发展的龙头。两市地处江苏省南部，是明清两代常州府所在地，东西毗邻，北携长江，南衔太湖，与上海、南京等距相望，处于华东地区水陆空交通枢纽位置。

常州无锡光伏产业集群近十年来产业规模迅速扩大，产业集聚程度不断提高，产业链日渐延伸，已成为江苏乃至全国最具竞争力的新能源产业集群之一。

（一）江苏常州无锡光伏产业集群背景的介绍

江苏常州无锡光伏产业集群以"常州天合光伏产业园"和"无锡光伏产业园"为核心区，截至 2010 年，区内共聚集光伏企业 70 余家，其中销售收入超 100 亿元企业 2 家，超 10 亿元企业 5 家，上市公司 2 家。区内拥有 2010 年全球光伏产能排名第一的尚德太阳能电力有限公司，全球第四的天合光能有限公司两家龙头企业，以及协鑫、有则、国飞、儒兴等一批骨干企业，形成了从材料提纯、硅棒拉制、切片抛光、太阳能电池及组件，光伏发电系统在内的较为完整的产业链。2010 年核心区光伏产业销售收入达 350 多亿元，实现利税近 35 亿元，是中国光伏产业集群当之无愧的"领头羊"。

太阳能光伏产业在我国仅发展了十余年，常锡光伏产业集群不仅是这段历史的见证者，更可谓引领者，集群发展经历了以下三个阶段：

第一阶段：龙头企业创业（1998~2003 年）。

1997 年 12 月，正当中国太阳能光伏产业起步之时，天合光能有限公司落户常州高新区（今常州新北区），并于 2000 年 8 月，成功开发出中国首个光伏建筑一体化建筑。2001 年 9 月，尚德太阳能电力有限公司在无

锡新区成立，并于 2003 年 12 月，正式投产中国第一条具有自主知识产权的晶体硅太阳能电池生产线。

第二阶段：集群初步形成（2004~2008 年）。

2004 年起，天合实施垂直一体化发展战略，建成并扩大了组件安装和单晶生产基地，产品涵盖硅棒、硅片、电池、组件生产和系统集成。2006 年尚德年产能力达到 300 兆瓦，成为全球光伏电池制造企业前三强。江阴浚鑫、有则科技、儒兴科技等一批光伏产品制造及配套企业在此阶段相继成立。尚德电力、天合光能、江阴浚鑫分别于 2005 年、2006 年、2007 年在海外成功上市。2008 年 4 月，规划面积 11.24 平方公里的常州天合光伏产业园正式成立。同年 9 月，国家科技部正式批准"无锡国家太阳能光伏高新技术产业化基地"建设。常州无锡光伏产业集群初具雏形，产业规模迅速扩张，成为中国光伏太阳能产业高度集聚区。

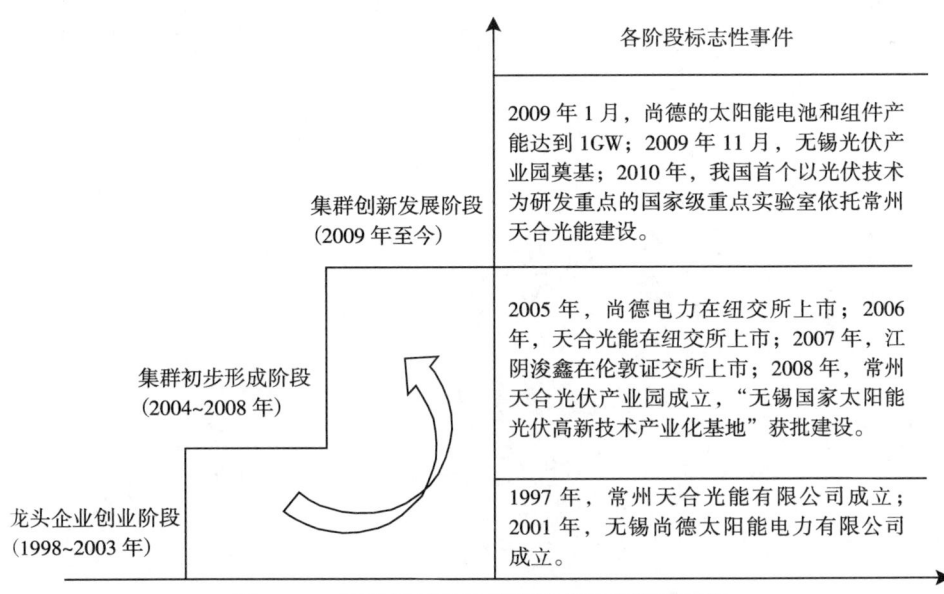

图 10-1　江苏常州无锡光伏产业集群发展历程

第三阶段：集群创新发展（2009 年至今）。

该阶段龙头企业实力迅速壮大，2010 年天合光能市值和综合排名已名列国内光伏行业第一，全球第二。尚德电力 2010 年光伏组件出货量已超过美国第一太阳能公司（First Solar），问鼎世界第一。2008 年底金融危机导致国际光伏市场急剧萎缩,同时上游多晶硅产能过剩,价格大幅下跌,常锡光伏产业集群内企业机遇和挑战并存,进入调整规模、降低成本、提升质量的关键阶段,而围绕关键技术进行研发创新是保持竞争力的必由之路。2009年3月,尚德利用冥王星技术,将单晶和多晶电池的转换效率分别提升至19%和17%,达到国际先进水平。依托尚德建立的江苏(尚德)太阳能光伏研究院依托天合建设的光伏技术国家级重点实验室,以及国家级光伏检测和出口产品认证中心、光伏行业生产力促进中心等一批研发、检测和支撑服务机构在集群内逐步聚集。

(二) 江苏常州无锡光伏集群的结构分析

常锡光伏产业集群核心区地理位置位于常州新北区和无锡新区,见图10-2。图10-3、图10-4标出了两区龙头企业及规模企业分布情况。集群内聚集了太阳能光伏产业链上的各类企业及企业研究院、工程技术中心、公共技术服务平台、创业风险投资、担保机构等产业创新支撑机构(见图10-5)。

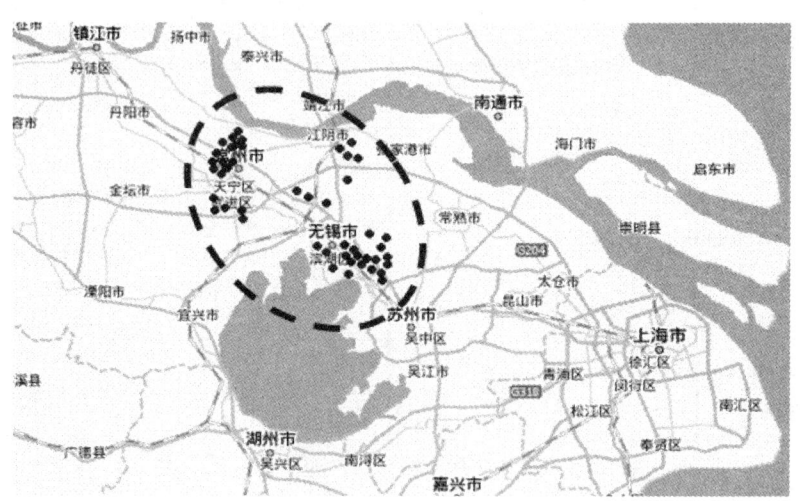

图10-2 江苏常州无锡光伏产业集群地理分布

第十章 江苏常州无锡地区的集群网络创新系统建设

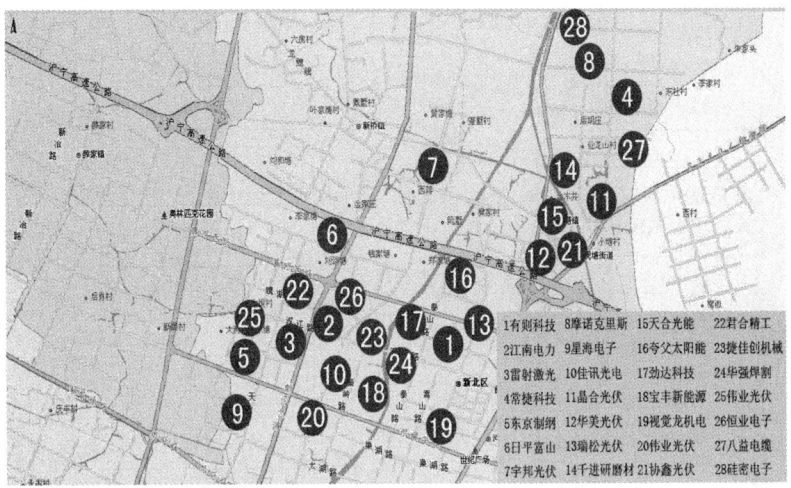

图 10-3 江苏常州光伏产业企业地理分布

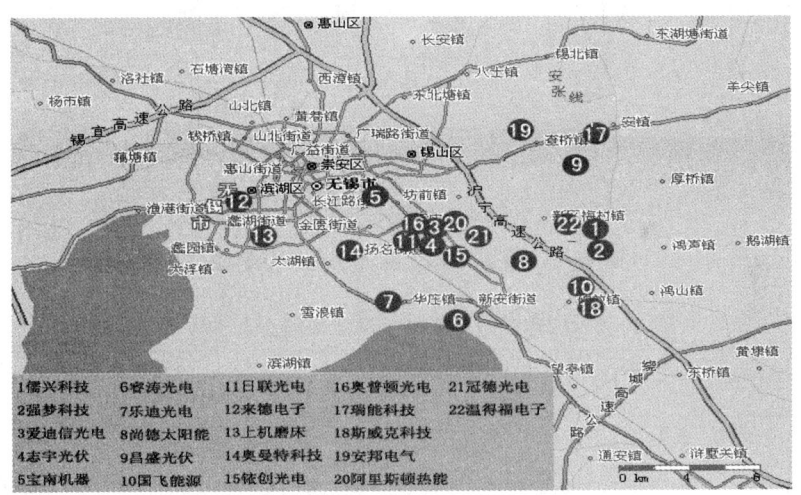

图 10-4 江苏无锡光伏产业企业地理分布

1. 企业主体情况分析

常锡光伏产业集群内约20%的企业从事硅料提纯、硅棒拉制、切片抛光等原材料加工生产，约18%的企业为太阳能电池及组件制造商，4%的企业从事光伏应用产品、发电系统生产及安装，约58%的企业生产太阳能电池制造装备及配套产品。集群有多家龙头骨干企业采取"垂直一体化"战略，生产能力和技术水平处于国内领先、国际一流水平（见表10-2）。

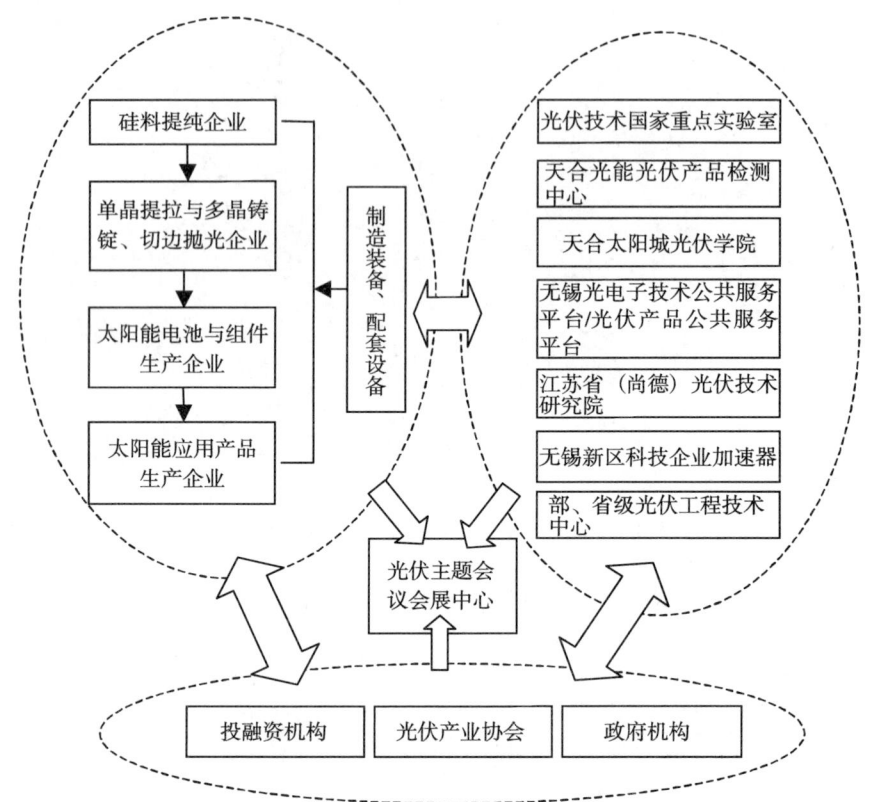

图 10-5 江苏常州无锡光伏产业集群结构

表 10-2 江苏常州无锡光伏产业集群企业主体情况

企业类型	约占比例(%)	企业平均就业规模（人）	骨干企业名称	骨干企业在国内地位	备注
硅料提纯、硅棒、硅锭、硅片等	20	420	协鑫、创大、有则、中彩、高佳等	领先	
太阳能电池与组件	18	6000	天合光能、尚德电力、江阴浚鑫等	领先	2010年尚德产能全球第一，天合第四
太阳能应用产品	4	125	来德电子等	中上	
制造装备、配套设备	58	300	华美科技、东京制钢、儒兴科技等	领先	

注：部分企业生产两类以上产品，按其主导产品归类。
资料来源：课题组整理。

第十章 江苏常州无锡地区的集群网络创新系统建设

2. 相关支撑机构情况分析

江苏常锡光伏产业集群自 2008 年以来已逐步建立起包含国家重点实验室、光伏学院、企业研究院、工程技术研究中心、光伏公共技术服务平台、科技企业加速器等多种类型的，能满足成果转化、技术合作、自主研发、人才培养、企业孵化等各种产业创新需求的支撑体系。同时，创业投资、风险投资、行业协会等也已将投资服务重点向光伏产业及集群内企业倾斜。具体情况见表 10-3。

表 10-3 常州无锡光伏产业集群相关支撑机构的情况

机构类型	数量	特定领域	国内水平	备注（特征的描述）
研发机构	10	单晶硅大尺寸拉棒、切片；光伏系统远程检测；多晶硅材料工程；光伏建筑一体化；太阳能电池制造；太阳能与建筑节能；光伏逆变及其系统工程	国内领先	部、省级工程技术中心 8 家；省级企业研究院 1 家；光伏技术国家重点实验室 1 家
本地院校	28		平均水平中等，东南大学无锡分校、河海大学常州分校等国内领先	全日制普通本科院校 8 所；专科院校 16 所；成人高校 3 所；企业大学（天合光伏学院）1 所
科技中介机构	8	光电子、光伏产品公共技术服务，检测，知识产权交易和咨询	国内领先	省级公共技术平台 2 家；光伏国际检测中心 1 家；知识产权交易、咨询 5 家
融资机构	10	新能源、光伏产业领域创业投资、贷款担保	国内领先	无锡新区风险投资公司；常州信辉创业投资有限公司；江苏九洲创业投资有限公司
孵化器	9	综合孵化器（创业园、创业服务中心）、软件、IC、电力电子控制等专业孵化器	国内领先	国家级孵化器 2 家

资料来源：课题组整理。

3. 集群公共管理情况分析

集群所在地政府均坚持"政府要有所作为"的理念，通过建立强有力的领导机构，以科学规划、合理布局为基础，制定实施优惠政策，推动光伏产业跨越发展和创新发展。

近期主要围绕常州天合太阳城、无锡中新太阳城建设，重点开展以下工作：建立光伏产业投融资机制、加强人才引进与培养、建设重大创新载体、调整优化产品和产业结构、培育龙头企业等。同时，江苏省光伏产业协会及常州市光伏行业协会（商会）发挥了非营利社会团体在产业发展方面的协调、促进作用。具体情况见表10-4。

表10-4 常州无锡光伏产业集群公共管理的情况

机构类型	管理目标	相关政策名称	主要政策措施和行动
政府机构	坚持政府有为，推动产业跨越发展，创新发展	《加快无锡市太阳能光伏产业发展的政策意见》、《无锡市光伏太阳能推广应用实施方案》、《无锡市新能源产业调整与提升行动计划》、《常州"十二五"新兴产业发展规划》、《关于加快我市新兴产业发展的实施意见》	支持无锡国家太阳能光伏高新技术产业化基地、中新太阳城、天合太阳城建设；加强高层次人才引进，积极实施"530"计划；创新科技投入机制，形成光伏产业发展的融资机制；积极推进光伏应用示范工程
江苏省光伏产业协会	广泛开展行业交流，成为联系政府和会员的桥梁，推动产业健康发展		为政府部门提供产业发展决策咨询；组织、推动行业标准、规范制定与贯彻实施；策划光伏市场宣传，组织展示和展览；组织会员单位参加重大工程和重点项目申报；开展技术咨询、培训、研讨活动
常州市光伏行业协会（商会）	服务会员、规范行业、发展产业		制定贯彻行规行约，维护公平竞争，维护会员单位合法权益，开展会员单位间的生产、技术、销售和管理等方面的经验交流，加强和促进理事单位与国内外同行企业的交流

资料来源：课题组整理。

（三）江苏常州无锡光伏产业集群创新分析

1. 光伏技术发展与创新特征分析

（1）多晶硅技术范式基本形成。在太阳能领域，晶体硅技术几乎占据垄断性的地位。国内整个产业将来技术进步的方向选择上相对比较少，大多数业者采用的都是传统的晶体硅太阳能技术，但是也有像尚德和中电这样的企业大力推行SE技术（选择性发射技术），SE技术设备成本虽然较高，但是电池效率较传统技术来讲有1.0%~1.5%的提升，这种技术一旦成熟，并且设备成本得到控制（原材料成本几乎一致），对于传统技术而言将是破坏性的创新过程。

（2）创新路径呈现本土化特征。从技术来源讲，光伏技术主要来自于欧洲。欧洲以出口技术和设备为主，而后从技术所到国回购电池片和组件，自身主要精力则放在系统和电站方面。太阳能产业生产领域的加工设备几乎完全引进，重在生产工艺改进，创新的目标在于提高转化效率或者降低成本。创新特征体现为，由产业链低端到高端的学习过程，国内光伏企业逆产业链方向投资，逐步积累技术经验，向产业链高端延伸。在工艺创新方面，体现为由生产线自动化到人工分解的模式。由于产业发展与主导技术的不确定性，相对于德国、瑞士自动化生产线的模式，中国劳动密集型的"人手+工具"的模式更加具有灵活性，因为自动化生产线使得生产工艺固化，限制了生产工艺的改进。

（3）技术创新呈现多样化特征。太阳能电池行业技术的发展是多样性的，有晶体硅技术，也有薄膜等其他技术，在国内晶体硅技术几乎占据垄断地位。在光伏产业领域，技术创新体现出多样性特征，国内企业采取了不同的技术创新战略，例如无锡尚德在关键技术领域的领先、保定英利的产业链垂直整合、常州顺风正面银浆"细线化"等，分别从技术壁垒、资金壁垒、精细管理壁垒等方面加强了企业的竞争优势。

2. 常州无锡光伏产业集群创新能力特点

（1）集群创新意识和基础较强。常州无锡光伏产业集群作为中国光伏产业发展的"领头羊"，有着创新意识强、创新基础强的特点。较好的创业创新氛围，较多的创业创新机会，企业对市场、技术机会，外部创新资源较高的认知度，追求较高层次的创新目标等都说明集群有着很高的创新意识。集群内龙头骨干企业在行业内拥有领先地位，集群所在地大学科研机构、科技中介服务机构等创新基础设施丰富，政策环境较好等优势都为集群提升创新能力打下了良好基础。

（2）集群内部产业分工较明确。太阳能相关产业逐渐成熟，基本形成了沿价值链的垂直一体化生产体系，例如在江苏常锡光伏集群中，企业基本形成了沿产业链的合作网络，如图10-6所示。

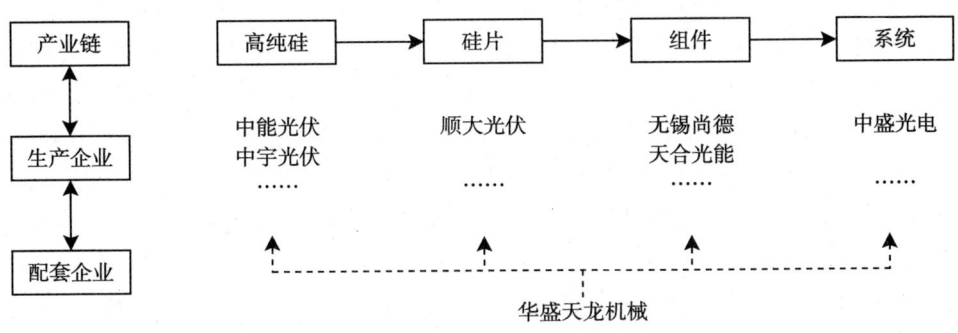

图10-6 江苏常州无锡光伏产业链分工现状

(3) 原材料和市场方面受到制约。我国太阳能产业面临着"两头在外"的尴尬困境，即原材料和市场在外，这种产业布局降低了中国光伏企业的盈利能力。我国光伏企业的生产原材料多晶硅主要依赖于进口，以英利集团为例，由于国内多晶硅产品在质量稳定性上不及国外，目前采购90%来自美国、韩国和德国，未来一两年内还将主要以进口多晶硅为主。美国对中国多晶硅出口量从2008年5371吨增长至2011年17476吨，增长幅度为225%。

在市场方面，我国光伏产品主要出口欧美市场，而不是以国内市场为主。国际市场的经营环境变化容易对出口企业造成重大影响，例如美国2012年针对中国光伏产品的"双反"措施。缺乏市场的危害是国际市场的任何变动都能够直接影响到我国的整个光伏产业。

(4) 集群内部网络创新基础较弱。产业基础弱、网络基础弱则是目前影响常锡光伏产业集群创新能力的"短板"。中国光伏产业起步晚，整体水平弱，核心技术缺乏。产品多处于产业链中下游，上游原材料供应受制，光伏应用市场不成熟，即便是集群内龙头企业也未能彻底摆脱以上限制。但近几年中国光伏产业发展迅速，常锡光伏产业集群作为产业发展的龙头，吸引了一大批新兴企业进驻。新兴产业集群兴起更多地靠地方政府的政策吸引和培育，与传统产业集群相比，缺乏因地缘、血缘关系等形成的社会网络基础。因此，集群企业间的合作创新程度较低。另外，集群内龙头企业的"垂直一体化"发展模式，也对集群合作创新网络的形成产生一定影响。

3. 常州无锡光伏产业集群创新发展的经验

第一，高端人才创立企业，引领集群创新发展。2001年光伏科技方面的杰出科学家施正荣作为海外高层次领军人才被引进无锡，创立了尚德电力，在其后10年间一直引领着中国光伏产业的发展方向。更早些时候，在南方办了几年化工厂的物理—化学硕士高纪凡敏锐地感到太阳能技术的市场前景和社会效应无可估量，回到故土常州二次创业，于1997年成立天合光能。这些拥有高技术背景、灵敏市场嗅觉的企业家对研发、技术创新有着执着的追求，播撒了常州无锡光伏产业集群发展的第一批"树种"。

第二，地方政府政策扶持，推动集群跨越发展。当年施正荣仅拿着一个关于创立太阳能科技企业的概念就与无锡市政府、无锡市风险投资公司等机构开展接触，因符合"高技术含量、高回报"的项目需求，获得了政府的大力支持。施正荣回忆创业经历时说："没有地方政府的支持，就没有尚德公司今天的成功；没有无锡新区的帮助，就不可能有施正荣今天的辉煌。"2008年起江苏省相继发布出台《江苏省十一五太阳能光伏产业发展规划》、《江苏省新能源产业调整和振兴规划》、《江苏省光伏发电推进意见》，并在全国率先出台上网电价政策。无锡、常州两地均成立了以分管副市长、区委书记领衔的光伏产业发展领导小组。地方政府的支持无异于"土壤"和"水源"，是集群企业健康成长的必要条件。

第三，民营资本大批进入，推动集群持续发展。苏南地区民营经济活跃、天合和尚德的崛起，以及地方政府的扶持政策吸引了大量民营资本注入光伏产业。尤其在2008年金融危机后，一批传统产业民营企业家纷纷转行进入光伏产业，使集群产业规模不断扩大，产业链条不断延伸。近年来，民营资本在创业投资、"孵化器"、工程中心建设等创新支撑服务方面也对当地光伏产业发展起到了重要的促进作用，犹如缕缕"阳光"，为集群持续发展提供动力。

4. 常州无锡光伏产业集群创新发展面临的挑战

第一，"两头在外"的制约。国内硅料提纯度仍存在技术障碍，不能完全满足光伏产品生产要求，导致原材料需大量从国外进口。产品销售方面，由于光伏发电入网成本仍过高，国内消费水平尚难接受，产品基本销往发达国家。集群目前的优势产品依然是太阳能光伏电池与组件，易受原材料和应用市场波动的影响。

第二，资金、人才的缺乏。目前，中国光伏产业有资金密集型特点，且产业规模迅速扩张，存在较高风险。调查中有较多企业反映融资困难，尤其是新创企业，同时对风险的承受能力较低，普遍希望3~4年收回投资。国内光伏产业起步晚，高校和职业技术学院相关专业较少，技术人才培养速度跟不上产业发展速度，且集群内熟练工人流动性大，导致企业间歇性人才短缺。

第三，核心技术与设备的缺乏。除少数龙头企业拥有核心技术，集群内大部分企业从事原材料初级加工，电池组件装配等中低技术含量的生产制造，研发活动不活跃，研发能力有待提高，资金和人才的缺乏也导致一般企业较难获得核心技术。虽然集群内有超过50%以上的企业生产销售光伏产品制造装备和配套设备，但技术水平普遍较低，同质化较高，而龙头企业实施"垂直一体化"，导致集群内产业配套水平不高。

三、产业集群网络创新构建理论分析

通过对于近期理论文献的梳理,我们发现产业集群创新理论开始强调从政策层面、区域层面、网络层面考虑集群内部企业创新能力的提升问题,并从微观层面探讨决定产业集群的整体竞争力的基础和关键因素。

(一)产业集群和网络化创新

产业集群理论认为集群的产生有两个重要的条件(Porter,1991)。第一,企业的地域聚集。产业集群就是指在特定区域内,具有竞争与合作关系的企业组成的群体,经济活动的地理集中是集群的一个重要特点。第二,强调以知识的溢出为特征的集群效应。地区性集群内部的企业在创新绩效、增长率等方面,相对于集群之外的企业具有一定的优势。当集群区域内部聚集了大量从事类似创新活动的企业时,有着技术相似性的企业群体能够高效地共享知识的外溢效应。相比较于集群之外的企业,新企业也能够更加容易从集群环境吸取必要的技术和知识。只有同时满足了这两个基本条件,产业集群的发展才是成熟的。

此外,产业集群还是由各个主体构成的一个网络系统,集群创新理论强调技术创新的网络化模式。技术创新网络模式最先应用在国家层面,形成了国家创新系统理论(Furman 等,2002)。随着某些重要区域的经济发展在整个国家经济发展中的重要性日益显现,技术创新网络模式又被应用到区域层面,形成了区域创新系统理论(Cooke,1992;Cooke 和 Schienstock,2000)。

在区域发展理论和国家创新理论的基础上形成了集群网络创新理论。Cohen 和 Levinthal(1989)提出组织吸收能力概念,认为从组织外部识别、获取知识资源并与组织自身资源进行整合是组织竞争力的重要来源。在产业集群中也存在着"扩散创新能力"(Guliani,2005),通过集群内企业之间以及与科研机构相互之间的知识交流和合作,利用网络化创新模式,促进了企业的自主创新能力,也为隐性知识的交流和学习提供了环境,为企业提供了持续创新的知识积累。

第十章　江苏常州无锡地区的集群网络创新系统建设

集群创新网络的重要发展方式是产业科技园的形式，创新网络强调各个创新主体之间的联结，例如企业与企业之间、企业与高校和科研机构的联结、企业与金融机构的联结、企业与政府的联结、企业与科技中介机构的联结。

按照产业集群创新理论，集群与创新的关系尤其体现在创新型企业集群内部，集群内由于空间接近特征和共同的产业文化背景，不仅可以加强显性知识的传播与扩散，而且更重要的是可以加强隐性知识的传播与扩散。在集群区内各专业细分的企业协同创新、相互支持，共同参与这种网络化的创新模式。多个企业、多个产品和多项技术已经形成了相互支持、相互依赖的关系，创新活动具有很大的稳定性和方向性，对提高本土企业的竞争力的作用是巨大的。

通过分析发现，我国的产业集群正处在不断成长和完善的时期，目前存在"重聚集、轻联合"的现象还没有得到改变，集群企业间信任关系不稳定，缺乏有效的组织学习和创新网络机制。产业集群技术创新基本上还处于初级阶段，基于本土企业相互依赖、相互支持的产业链还没有形成。

（二）知识扩散和学习机制：集群创新的基础

本书认为集群企业的学习机制包括知识获取（Acquisition）、知识吸收（Absorption）、知识扩散（Diffusion）和知识创新（Generalization），并在此基础上形成了产业集群创新能力。

1. 知识获取

由于地理接近性和内在的产业分工，集群内部企业更加容易获得公共知识。公共知识在集群企业之间自发传播，很容易从一个企业扩散到另一个企业。通过一些公共信息源，例如当地媒体和大学，公共知识存量逐渐增加和加强。相对于外部企业，集群内部企业更加容易获得公共知识，本地化知识溢出和集体学习决定了集群创新能力。企业也倾向于搜索本地化的知识，而进行创新（Almeida 和 Kogut，1997）。王钦（2011）认为，这些"马歇尔"视角下的集群研究，并没有从"微观"企业层面揭示学习过程，没有探讨知识"溢出"和学习之间的关系，以及本地知识和外部知识来源之间的联系。

2. 知识吸收

公共知识形成了集群层面的吸收能力（Cohen 和 Levinthal，1990；

Giuliani, 2002)。吸收能力是指企业理解和利用集群层面公共知识的能力。通过创新,企业的吸收能力得以加强。吸收能力强调隐性知识的重要性,并认为其是构成价值创造的重要基础(Pavitt, 2002)。在互动性、集体学习的过程中,企业所扮演的角色不同,包括技术守门员、积极互动交换者、弱互动交换者、外部之星和边缘企业。其中,技术守门员对于集群吸收能力的提升是最为关键的(Giuliani 和 Bell, 2005)。

3. 知识扩散

企业创新很容易从一个企业扩散到另一个企业,从而在集群层面上形成持续的创新过程(Maskell 和 Malmberg, 1999)。集群创新能力在某种程度上也就等同于"扩散创新能力"(Diffuse innovative capacity)。集群内部知识和技术的重大变革都是知识扩散机制产生的结果。集群知识扩散的途径包括正式的合同、用户和生产者的联系、示范作用等方式。

4. 知识创新

在知识创新过程中企业逐渐形成了自主创新能力,使得集群企业的知识基础从"片段型"向"综合型"和"分析型"转变。技术知识的溢出能够帮助集群企业定位和利用最新科技成果,能够帮助企业决定技术方向和产业发展趋势(Brown 和 Duguid, 2000)。当能够从多种渠道获得技术溢出时,能够帮助企业加强创新能力,实现企业知识基础的突破性改变以及积累性提高,从而降低创新活动的不确定性,并使得企业积极开展创新活动。

(三) 集群学习网络中的主体和重要连结点

Padmore 和 Gibson (1997) 提出了区域产业集群创新的分析框架——GEM (Groundings, Enterprises 和 Markets) 分析模型。他们认为,基本环境(Groundings) 包括集群所在区域拥有的资源和基础设施;企业(Enterprises) 包括供应商和相关产业以及公司的结构、战略和竞争;市场(Markets) 包括本地和外部市场。结合 GEM 框架和 Porter 的钻石模型,我们认为产业集群网络化创新的主体包括企业、政府、科研机构等,各主体之间的关系如表 10-5 所示。在分析产业集群创新网络的过程中,我们需要注意以下几个重要连结点的内容。

1. 政府政策与企业的实际需求

以产业园和科技园为代表的产业集群多是由政府推动发展形成的,受到政府这一影响因素,企业会在某一地区集中生产,此发展路径中,政府

表 10-5 集群网络创新对象的运行过程

		系统界定	核心部分	相关部分	主要功能	创新成果
集群创新网络	知识创新	与知识生产、转移和扩散相关的组织结构	高等院校和科研机构	企业研发中心	知识的生产、转移和扩散	出版物等其他知识产权
	技术创新	与创新全过程相关的组织结构	创新型企业	高等院校、科研机构、科技中介机构、金融机构、政府等	新技术创造、学习、革新、扩散和转移	高新技术、专利、出版物等其他知识产权
	知识扩散	教育培训系统、信息系统等	高等院校、科技中介机构	知识信息基础设施、科研机构、企业、政府等	人才的培养、知识的传播	技术许可、合作研究开发、技术的传播等
	知识获取	吸收、储存和应用知识的社会机制	生产企业及组织机构	政府等其他机构	知识应用、知识储存和知识扩散	新产品、新服务,知识密集型产业及服务业等

会制定一些政策,让某一地区形成产业集群。政府应主要从企业的需求出发,考虑其政策的有效性。

企业入驻科技园的需求可以概括为三个方面:技术获取需求、市场渗透需求和政策获取需求。政府和科技园管理机构应该思考创办产业园的目的,企业更加看中产业园良好的技术研发环境以及成熟的配套政策。

产业集群观点更贴近竞争的本质,要求政府专注于消除妨碍生产力成长的障碍,强调通过竞争来促进集群企业的效率和创新,从而推动市场的不断拓展,繁荣区域和地方经济。政府的作用应该是如何考虑如何进一步聚集和集中相似的产业活动,有意识地创造和明确集群属性,以培育竞争环境和水平,提高知识的溢出效应。

2. 相似属性集群企业之间的关系

企业会选择与自己性质相近的集群开展业务。研究发现,企业从外部环境吸收知识,或者利用集群内知识的外溢效应,要求企业的核心技术必须与环境知识有一定的联系(Cohen 和 Levinthal,1994)。因为新企业通常会选择区域内已经有很多与自己有类似经营行为企业的集群(Baum 和 Haveman,1997;Furman,2003),所以新企业的创新活动与集群的地理位置密切相关,集群性质决定了区域内的技术和知识内容(Bresnahan 等,2001;Niosi 和 Bas,2001)。企业为了自身的发展,会考虑科技园区的性质和环境是否能够满足其期望和需求。当集群区域内部聚集了大量的从事类似创新活动的企业时,这个有着技术相似性的企业群体能够高效共享知识的外溢效应。相比较于集群之外的企业,新企业也能够更加容易从集群环境吸取其必要的技术和知识(Rosenkopf 和 Nerkar,2001)。只有存在技术类似性、产业分工的专业化特征,集群内部的企业之间才会有合作或相互学习的可能性。

3. 科研机构与企业之间的关系

在集群的外部环境中,大量的院校以及科研机构的存在为企业提供了专业人才、基础研究知识以及潜在新技术的来源。知识作为一种公共产品,能够在集群中产生"扩散创新能力"(Diffuse Innovative Capability)(Giuliani,2005)。知识是各种无形资产的集合,它可以为企业带来持续的竞争优势(McEvily 和 Chakravarthy,2002)。实际上,因为其不可流动性和广泛应用性,知识被认为是所有企业资源中最为重要的持续竞争优势的源泉(Cohen 和 Levinthal,1990)。知识可以使得企业能够精确预测环境中变革的本质和潜在的商业价值,以及所采取战略和战术行动的恰当性。没有知识企业便不能发现和利用新机会,它是企业实施技术创新的必要条件。

企业对于集群知识的利用过程体现在知识获取、吸收、扩散和创新这一学习机制中,它提升了企业的技术能力,最终导致创新绩效的提高。

集群网络化创新要求产学研的有效结合,充分利用集群中存在的显性和隐形知识。在国家层面,基础研究是对国家未来的投资,如果不能加大对基础研究投入的重视,没有转变基础研究的投入和使用机制,产业创新能力低的局面就难以得到彻底改变。提高中国产业核心技术创新能力,关键在于加强基础研究。对于大学和研究机构,在我国现在的环境中,由重点大学和研究所探索、验证技术的可能性比让其开发成熟技术的意义更大,因为本土企业缺乏进行自主技术创新的信心,探索、验证技术的可能性可以大大提高本土企业进行自主技术创新的信心。在产业层面,企业是竞争和创新的主体,学习过程创造了特殊的人力资本(隐性知识),从而加强了公司的绩效。当企业具有优势的人力资本,尤其是人力资本具备明显的企业特性时,可以创造竞争优势并降低企业的产品或者服务成本。随着员工获得越来越多的企业知识,他们也会成为企业越来越难以模仿的资源,并成为企业竞争优势的来源之一。

四、江苏光伏产业集群网络创新政策启示

创新能力决定了集群的持续竞争优势,而在集群网络中企业的学习机制是构成集群创新能力的微观基础。如何加强集群企业的学习机制建设,提升集群创新能力,是政策制定过程中应考虑的首要因素。政策的目标在于提升集群内部企业知识获取、吸收、扩散和创新的能力与渠道。通过本次调研和分析,我们得到如下政策启示:

启示一:产业集群的创新环境的提升,关键在于政策从实质上贴近企业的需求,进一步加强公共服务,完善多方位的交流平台体系建设。

到底集群中的企业需要一个什么样的创新环境,这是一个非常重要的问题。目前,创新环境不完善的主要原因在于政府服务与企业沟通的不足。例如在本次调研中发现,政府为促进企业之间的合作,创造知识获取和扩散的渠道,建设了非常好的合作网络基础,这一点也得到了企业的认可,但是企业之间仍然缺乏实质上的创新合作。

企业有进行相互合作、利用外部创新资源的需求,但是由于缺乏信任和存在合作风险,使得企业止步不前。政府可以通过进一步加强公共服务,完善多方位交流平台体系,增加集群企业之间的信任,强化这种合作网络创新关系。集群内企业之间的信任,可以提升技术创新合作的频率,降低企业的交易成本,加快技术和知识在集群内的流动,从而提高资源的利用效率。产业集群企业间信任关系不稳定,就不可能发生合作关系,即使有合作关系,也会把大量宝贵的资源用于防范风险,无法形成稳固的价值联盟,使得集群的创新密度、创新规模、创新强度和创新速度大大降低,削弱了集群的竞争优势。

启示二:集群创新持续发展的目标,在于增加基础研究和知识存量,建立集群企业在开放环境中的学习机制。

集群中应建立开放环境中的内部和外部学习机制。从调研的数据分析,集群中出现了知识市场的萎缩的现象,集群企业只想索取,不想贡献。这些集群企业希望能够利用集群中的外部创新资源,增加与其他企业、院校、科研机构合作创新的机会。知识作为一种公共产品,在集群环

境中出现了"市场失灵"的现象，集群企业更加倾向于通过外部环境获得知识，而不是通过自主创新的方式。

政策制定的目标首先在于增加集群中的基础知识研究，建立完善的知识流通体系，产学研之间形成紧密的合作与交流。其次应保证企业的创新收益。企业创新行为的实施取决于其对于创新预期收益、创新风险、创新成本等的估算和比较。集群内企业创新的溢出效应存在正效应和负效应，技术扩散和知识溢出在降低跟随者创新成本的同时，也降低了创新者的收益。

启示三：产业集群"重聚集、轻联合"的特点改变，关键在于构建以领军企业为技术核心的合作网络。

课题组研究发现，有着较好合作网络的集群都能够产生良好的创新绩效。例如，株洲装备制造产业集群通过核心企业（品牌）南车株机与次核心企业（技术）南车株洲所、南车电机带动，联城集团、九方模具及其他企业的高效率配套协作，全市轨道交通零部件、配套件等产品已经覆盖电力机车与铁路车辆所需的35%。株洲装备制造产业集群内企业之间的这种合作关系，无疑是知识传送、组织学习和产业升级的关键载体，能够形成有利于促进技术创新的环境，使企业成功地占领产业价值链的高端环节，从而促进产业集群的创新发展。

企业集聚仅是产业集群发展的初级阶段。在大多数产业集群内企业之间竞争多于合作，专业化分工程度较低，单纯的横向经济合作会导致群内企业的趋同性，企业竞争过度地集中于同一层面，仅仅实现了企业在地理上的聚集，集群成员之间各自为政，联合度低，缺乏有效的产业分工机制，从而导致产业集群的不稳定性，集群竞争力不强，创新步伐缓慢。例如辽宁大连软件产业集群，尽管集群内有国内外大型企业，但也有为数较多的小企业，规模在几个人、几十人不等。大型软件外包项目需要数千名工程师一起协同完成，集群内符合条件的企业不多。企业规模的限制，使得集群内大多数企业仅能从事产业链低端、附加值低的业务。所以，集群发展的目标在于培育高端设计企业，带动产业集群的功能升级。

启示四：集群的创新竞争力最终体现在互相支撑的产业体系的建立和完善。

产业集群发展的高级阶段目标在于建立基于本土的完整的产业支持体系和产业链为目的的自主技术创新阶段。集群内部多个企业、多个产品和

第十章　江苏常州无锡地区的集群网络创新系统建设

多项技术已经形成相互支持、相互依赖的关系，创新活动具有很大的稳定性和方向性。株洲装备制造产业集群取得良好的创新绩效与此紧密相关。

上海漕河泾集成电路产业集群提出依靠提高集群内现有重点企业、实现内涵式增长的发展模式。他们认为作为产业链核心环节的设计业能够促进集成电路产业发生根本性变革，因此实行价值薄弱环节的"跨梯度外移"，围绕集成电路上端设计产业，着力引进集成电路设计中心、产品开发中心、工业设计中心、信息情报中心以及包装策划、国际供应销售、商标品牌事务、技术咨询服务等机构，通过高附加值企业的集聚，丰富完善集成电路产业链，培育高端设计企业带动型产业集群，以提高集成电路产业集群的竞争力。

实际上，我国的产业集群创新和发展基本上还处于初级阶段，基于本土企业相互依赖、相互支持的产业链还没有形成。这一特征在北京中关村软件园、大连软件产业集群中体现得尤为明显。集群创新能力的提升还需要建立和完善相互支撑的产业体系。

第十一章 加快战略性新兴产业培育发展的政策措施

新兴技术是那些新近产生甚至正在发展的、对经济结构产生重要影响的高新技术。2010年10月10日，国务院发布了《关于加快培育和发展战略性新兴产业的决定》，明确提出现阶段重点培育和发展环保节能、新一代信息技术、生物、高端装备制造、新能源、新材料、新能源汽车等产业。

战略性新兴产业是以重大技术突破和重大发展需求为基础，对经济社会的全局和长远发展具有重大引领带动作用，知识技术密集、物质资源消耗少、成长潜力大、综合效益好的产业，是引导未来经济社会发展的重要

表11-1 战略性新兴产业范围和重点方向

产 业	内 容
节能环保产业	实施节能环保重大示范工程，推进高效节能、先进环保和资源循环利用产业化
新一代信息技术产业	建设新一代移动通信网、下一代互联网和数字广播电视网，建设物联网应用示范工程，实施网络产业产业化专项，建设集成电路、平板显示、软件和信息服务等产业基地
生物产业	建设医药、重要动植物、工业微生物菌种等基因资源信息库，建设生物药物和生物医学工程产品研发与产业化基地，建设生物育种研发、试验、检测及良种繁育基地
高端装备制造产业	建设新型国产干支线飞机、通用飞机、直升机产业化平台，建设导航、遥感、通信等卫星组成的空间基础设施框架，发展智能控制系统、高端数控机床、高速列车及城市轨道交通
新能源产业	建设新一代核电装备、大型风力发电机组及零部件、高效太阳能发电和热利用新组件、生物质能转换利用技术和智能电网装备等产业基地，实施海上风电、太阳能发电和生物质能规模化应用示范工程
新材料产业	推进航空航天、能源资源、交通运输、重大装备领域急需的碳纤维、半导体纤维、高混合金材料、超导材料、高性能稀土材料、纳米材料等研发及产业化
新能源汽车产业	开展插电式混合动力汽车、纯电动汽车研发及大规模商业化示范工程，推进产业化应用

资料来源：《中国产业发展和产业政策报告（2011）——调整与升级》，中信出版社。

力量。

应准确把握当前所处创新和产业转型孕育期的特点,抢抓机遇、顺势而为、尽早谋划,努力使战略性新兴产业尽快成为国民经济的先导产业和支柱产业,抢占未来发展的战略制高点。

一、当前战略性新兴产业培育政策重点

(一) 战略性新兴产业范围和发展目标得到明确

2012年5月国务院讨论通过了《"十二五"国家战略性新兴产业发展规划》,提出了七大战略性新兴产业的重点发展方向和主要任务。2012年7月《节能与新能源汽车产业发展规划(2012~2020)》正式发布,确定以纯电驱动为新能源汽车发展和汽车工业转型的主要战略取向,当前的主要任务则是推进纯电动汽车和插电式混合动力汽车产业化,推广普及非插电式混合动力汽车、节能内燃机汽车,提升我国汽车产业整体技术水平。整体来看,产业发展目标更加明确,发展路径更加务实。

表 11-2 "十二五"国家战略性新兴产业发展重点方向和主要任务

产 业	核心技术
节能环保产业	能源高效与梯次利用、污染物防治与安全处置、资源回收与循环利用等关键核心技术
新一代信息技术产业	超高速光纤与无线通信、先进半导体和新型显示等新一代信息技术
生物产业	生物资源利用等共性关键技术
高端装备制造产业	现代航空装备、卫星及应用产业,提升先进轨道交通装备发展水平,加快发展海洋工程装备
新能源产业	核电、风电、太阳能光伏和热利用、生物质发电
新材料产业	新型功能材料、先进结构材料和复合材料
新能源汽车产业	高性能动力电池、电机等关键零部件和材料核心技术

资料来源:"十二五"国家战略性新兴产业发展规划。

(二) 加强产业自主创新能力建设

自主创新能力建设是战略性新兴产业培育和发展的关键,是提升产业竞争力的核心。强调企业作为创新主体作用的发挥。以企业为主体，市场为导向，产学研相结合的技术创新体系建设进一步具体化，强调发挥企业作为技术创新主体的作用，建立由骨干企业牵头组织、科研机构和高校共同参与实施的有效机制；强调建立由骨干企业组织，围绕关键核心技术的研发和系统集成，建设具有世界先进水平的工程化平台，最终实现科研成果的产业化。例如，《节能与新能源汽车产业发展规划（2012~2020)》对动力电池产业的发展尤为重视，并指出重点任务是建设形成完整的汽车产业体系，重点建设动力电池产业聚集区域。"积极推进动力电池规模化生产，加快培育和发展一批具有持续创新能力的动力电池生产企业，力争形成2~3家产销规模超过百亿瓦时、具有关键材料研发生产能力的龙头企业，并在正负极、隔膜、电解质等关键材料领域分别形成2~3家骨干生产企业。"

（三）强调自主创新环境的建设

战略性新兴产业自主创新能力建设的环境涉及四个方面：一是实施产业创新工程，发挥规模化引领带动作用；二是加强产业关键核心技术和前沿技术研究，发挥基础技术支撑作用；三是建设产业创新支撑体系和产业集聚区公共技术服务平台，发挥技术创新中介服务作用；四是加快落实人才强国战略和知识产权战略，发挥人才和制度保障作用。

（四）加快战略性新兴产业市场培育

在战略性新兴产业发展初期，将面临技术和市场双重不成熟。从技术成果开发成功到实现产业化之间存在巨大的"鸿沟"，市场培育是跨越"鸿沟"的重要桥梁。技术的发展需要市场需求创造机会，需要在市场应用中不断得到完善，同时技术完善也进一步推动市场的成熟。《节能与新能源汽车产业发展规划（2012~2020)》提出的主要目标之一是产业化取得重大进展。到2015年，纯电动汽车和插电式混合动力汽车累计产销量力争达到50万辆；到2020年，纯电动汽车和插电式混合动力汽车生产能力达200万辆、累计产销量超过500万辆，燃料电池汽车、车用氢能源产业与国际同步发展。

（五）财政、税收和金融政策支持

通过财政、税收和金融相关配套政策的制定和实施，为战略性新兴产业发展创造良好的发展环境。

通过以上政策的实施，促进了战略性新兴产业的快速发展。目前，全国多数省（市）已就战略性新兴产业发展做出具体规划部署，明确了"十二五"期间的发展重点和方向。

表11-3 "十二五"部分省（市）战略性新兴产业发展重点

省（市）	"十二五"发展重点
北京	积极发展新一代信息技术、生物医药、新能源、节能环保、新能源汽车、新材料、高端装备制造和航空航天等产业
上海	重点发展新一代信息技术、高端装备制造、生物、新能源、新材料等主导产业；积极培育节能环保、新能源汽车两大先导产业
重庆	加快发展以信息产业为主要支柱的战略性新兴产业，实施"2+10"建设方案
天津	加快培育和发展航空航天、新一代信息技术、生物技术与健康、新能源、新材料、节能环保、高端装备制造等战略性新兴产业
广东	大力发展高端新型电子信息、新能源汽车、半导体照明、节能环保、太阳能光伏、核电装备、风电、生物医药、新材料、航空航天和海洋等新兴产业
浙江	重点培育发展生物、物联网、新能源、新材料、节能环保、高端装备制造、海洋新兴、新能源汽车和核电等战略性新兴产业
江苏	深入实施新兴产业倍增计划，重点发展新能源、新材料、生物技术和新医药、节能环保、软件和服务外包、物联网和新一代信息技术等六大新兴产业，同时大力发展高端装备制造、光电、智能电网等新兴产业
湖南	先进装备制造、新材料、文化创意3大产业成为全省经济的支柱产业
安徽	实施战略性新兴产业"千百十工程"，促进电子信息、节能环保、新能源、生物、高端装备制造、新材料、新能源汽车、公共安全产业快速发展
陕西	重点发展航空航天、新材料、新能源、新一代信息技术、生物技术、节能环保等战略性新兴产业，着力突破激光、创新药物、信息通讯、太阳能光伏和半导体照明等一批关键核心技术

资料来源：课题组整理。

二、未来战略性新兴产业培育政策措施

新兴技术的本质特征是不确定性。新兴产业存在共性，即市场风险和技术风险，新兴技术和产业面对的市场不确定、商业模式不成熟、技术路径不确定。此外，我国战略性新兴产业的发展还存在一定的紧迫性。到2020年，我国要进入创新型国家行列。我国是制造业大国，已经具备很强的制造能力,但仍然不是制造业强国,总体上还处于国际分工和产业链的中低端,根本原因就是企业创新能力不强。如果能在"中国制造"前面再加上"中国设计"、"中国创造",我国的经济和产业格局就会发生根本性变化。

在"低端制造业—高端制造业—创造业"的发展路径和阶段中,我国必须加大在基础科学领域的投入,把握住下一个科技时代的脉络,通过发展战略性新兴产业,带动企业的创新能力。在七大战略性新兴产业领域,选择技术路线相对成熟的产业,加快实施产业创新发展工程,培育一批战略性新兴产业骨干企业和示范基地,加速产业规模化发展。此外,加强政策引导和支持,建立健全产业发展的体制和机制保障,强化产业发展公共创新平台建设。

(一) 加快实施产业创新发展工程

国家科技重大专项实施以来,在部分核心技术领域实现了重大突破,为战略性新兴产业发展提供了有利支撑。但从科技创新成果到实现产业化还有较长的一段路要走,需要统筹考虑整个创新链条,依托相关的工程,促进科技创新与产业化的紧密结合,促进产学研用各方的紧密结合。未来,可以通过组织实施若干重大产业创新发展工程的方式,依托优势企业、产业集聚区和重大项目,统筹技术开发、工程化、标准制定、应用示范等环节,支持商业模式创新和市场拓展,培育一批战略性新兴产业骨干企业和示范基地,加速产业规模化发展。

表11-4 "十二五"战略性新兴产业创新发展工程

产 业	内 容
节能环保产业	实施节能环保重大示范工程,推进高效节能、先进环保和资源循环利用产业化
新一代信息技术产业	建设新一代移动通信网、下一代互联网和数字广播电视网,建设物联网应用示范工程,实施网络产业产业化专项,建设集成电路、平板显示、软件和信息服务等产业基地
生物产业	建设医药、重要动植物、工业微生物菌种等基因资源信息库,建设生物药物和生物医学工程产品研发与产业化基地,建设生物育种研发、试验、检测及良种繁育基地
高端装备制造产业	建设新型国产干支线飞机、通用飞机、直升机产业化平台,建设导航、遥感、通信等卫星组成的空间基础设施框架,发展智能控制系统、高端数控机床、高速列车及城市轨道交通

续表

产　业	内　容
新能源产业	建设新一代核电装备、大型风力发电机组及零部件、高效太阳能发电和热利用新组件、生物质能转换利用技术和智能电网装备等产业基地，实施海上风电、太阳能发电和生物质能规模化应用示范工程
新材料产业	推进航空航天、能源资源、交通运输、重大装备领域急需的碳纤维、半导体纤维、高温合金材料、超导材料、高性能稀土材料、纳米材料等研发及产业化
新能源汽车产业	开展插电式混合动力汽车、纯电动汽车研发及大规模商业化示范工程，推进产业化应用

资料来源："十二五"规划纲要。

（二）加强政策引导和支持

进一步强化产业政策同财税、投融资、政府采购等其他经济政策的协调配合，引导和促进各种要素向战略性新兴产业集中。加快建立有利于战略性新兴产业发展的行业标准和重要产品技术标准体系。支持新产品应用的配套基础设施建设，为培育和拓展市场需求创造良好环境。开展战略性新兴产业统计监测调查，建立信息交流公共平台，对产业发展提供"窗口信息"指导，防止盲目发展和重复建设。

（三）建立健全产业发展的体制和机制保障

进一步推进体制机制创新，消除战略性新兴产业发展中存在的跨部门、跨行业和跨地区障碍。促进与战略性新兴产业发展相关政府管理部门之间的沟通和协调；促进不同行业之间的融合发展；促进不同区域之间的产业分工和合作。深化重点领域的改革，完善战略性新兴产业发展的新制度和新机制，为产业发展创造有利的制度环境。健全战略性新兴产业发展中知识产权管理的相关法律和制度，促进科技创新成果转化。

（四）强化产业发展公共创新平台建设

以产业发展创新能力建设为导向，加快战略性新兴产业发展公共创新平台建设。在共性核心技术平台、区域创新平台、创业和风险投资平台建设方面，要发挥中央和地方政府作为产业引导者和公共产品提供者作用。通过搭建公共创新平台营造鼓励产业创新发展的氛围，适应战略性新兴产业"涌现式发展"需要，降低产业发展的风险和不确定性，注重长期、持续创新能力的培育，形成战略性新兴产业发展的创新体系支撑。

第十二章 进一步发挥国有企业在建设创新型国家中的带动引领作用

就实践而言，国有企业作为一类特殊的企业，其开展技术创新的意义不仅在于自身发展，更是增强国家竞争力的需要。然而，事实却是：一方面，我国在绝大部分核心技术领域仍处于劣势，还未掌握核心技术的自主知识产权；另一方面，真正具有国际竞争力的大型国有企业（集团）仍是凤毛麟角。因此，必须明确国有企业在国家创新系统中的定位，识别国有企业的不同类型，实现技术创新与制度创新的协同效应，才能充分发挥国有企业应有的作用，提升企业乃至国家的国际竞争力。

国有企业是我国建设创新型国家的主导力量，是我国国家创新体系的重要组成部分。为进一步发挥国有企业在建设创新型国家中的带动引领作用，首先，应明确国有企业在国家创新体系中的基本定位和主要作用，即国有企业是国家创新体系的主力军、风向标和驱动器。其次，应依靠制度创新解决国有企业自主创新动力不足问题，重点是完善创新型科技人才激励机制，以及健全自主知识产权保护机制。最后，应发挥国有企业自主创新活动的带动引领作用，为此提出三个方面的政策建议：一是提升国有企业科技资源利用效率；二是推动国有企业广泛开展创新合作；三是加大国有资产出资人的监管力度。

一、明确国有企业在国家创新体系中的定位和作用

国有企业不仅是我国国民经济的核心支柱，也是我国建设创新型国家

的主导力量，以及我国国家创新体系的重要组成部分。一般而言，国家创新体系主要由四部分组成，即政府部门、企业、大学和科研机构、科技中介组织。其中，政府部门的主要职能是制定国家自主创新战略，引导技术创新和产业创新方向，配置国家科技资源；企业的主要职能是开展应用研究和技术开发，并实现科技成果转化；大学和科研机构的主要职能是开展基础研究，培养科技人才，提供科技知识储备；科技中介机构主要包括投融资机构、技术咨询机构等，他们的主要职能是为技术转移和技术扩散提供便利服务。在四类主体当中，企业是自主创新活动的主体，是将新技术转化为新产品并创造价值的重要载体，也是实现自主创新活动最终目标的重要载体。

与其他类型的企业相比，国有企业，尤其是大型、特大型国有企业，在国家创新体系中具有独特的地位，发挥着关键性的作用，主要体现在以下三个方面：

（一）国有企业是国家创新体系中的主力军

国有企业主要集中在关系国家安全和国民经济命脉的重要行业和关键领域，这些行业和领域对技术创新的需求比一般性行业更多，创新成果对经济发展和社会进步的带动效应也更大。同时，国有企业掌握的科技资源也更多，参与的国家级科技创新项目也更多，理应成为自主创新活动的主力军。此外，国有企业，尤其是大型国有企业，已经具备较强的国际竞争力和自主创新能力，适合开展前沿性、系统性、长期性的技术创新活动。

（二）国有企业是国家创新体系中的风向标

国有企业在国民经济中的特殊地位，使其承担了大多数前沿技术和关键技术的创新活动，因此，其技术创新方向对其他创新主体具有一种引导作用，这突出体现在那些规模较小、资源较少、实力较弱的企业。目前，我国为数众多的中小型民营企业中，有许多企业采取"跟随战略"，以大型国有企业的自主创新方向为风向标，确定自身的技术创新战略。可以说，国有企业的自主创新活动，在一定程度上引领了整个国家自主创新的方向。

(三) 国有企业是国家创新体系中的驱动器

国有企业不仅在创新方向引导上对其他企业有影响，同时，在创新能力提升上也对其他企业有带动作用。国有企业的自主创新活动较为活跃，在此过程中，会通过知识外溢、技术外溢、创新合作等方式，促进其他企业开展技术创新活动、提升技术创新能力。此外，国有企业创新活动的顺利开展，需要政府部门、中介机构等的支持与配合，也能带动这些主体参与到创新型国家建设当中。因此，国有企业实际上扮演了国家创新体系驱动器的角色。

二、依靠制度创新增强国有企业自主创新动力

(一) 完善创新型科技人才激励机制

企业技术创新活动背后真正的驱动力实际上是制度创新。只有设计并实施有效的激励制度，才能为企业的技术创新活动赋予源源不断的动力。对于大型国有企业而言，由于管理体制、分配机制等制度原因，普遍存在员工激励不足的问题。尤其是针对创新型科技人才的引进、培养和激励，无法适应日益激烈的稀缺创新资源的竞争环境，造成大量创新型人才引进困难或者核心人才流失。然而，人才是企业自主创新活动中发挥最核心作用的驱动因素，激励机制不完善非常不利于企业创新活动的可持续性。

当前，导致国有企业创新型人才激励机制效果不理想的主要问题在于，难以掌握合理的薪酬差距。创新型科技人才一般都是高知识、高技能的稀缺人才，理应获得较高的报酬和晋升的机会。如果他们与普通员工的薪酬差距太小，就无法对创新型科技人才起到有效的激励作用；如果他们与普通员工的薪酬差距过大，就可能引发其他员工的不满情绪，影响企业内部安定和谐的文化氛围。除此之外，员工对创新活动的贡献较难定量衡量，也是造成激励制度不完善的主要原因之一。

为了改变这种局面，建议国有企业采取以下几种方式，进一步加强对创新型科技人才的吸引和激励：第一，扩大企业博士后科研流动站的范围

和规模,对于站内博士后采取单独管理、独立考核、特殊激励的方式,既能将高端科技人才的专业知识与企业研发活动实际紧密结合,又能在保障企业内部和谐的基础上达到最佳激励效果。第二,充分借助"外脑"的研发支撑力量,采用"不为所有,但为所用"的灵活用人机制,甚至可以为了攻克某一项技术难题,"一次性"地聘请该领域的顶尖专家参与研发或者给予指导。由于"外脑"的薪酬与员工薪酬不在同一系统内,即使薪酬差距较大,也比较容易被员工所接受。第三,尽量选择长期激励而不是短期激励,例如采取股权激励和期权激励的方式。一方面,能够保证创新活动的可持续性;另一方面,这种共同利益也能激发创新型科技人才的积极性和主动性。第四,改变考核原则和标准,从结果导向转变为过程导向,针对不同的任务难度和研发投入程度,设定不同的考核标准,以"打分"的月度考评方式代替"定性"的年度考评方式。

(二) 健全自主知识产权保护机制

知识产权保护特别是专利制度是自主创新的核心制度,也是最重要的激励制度,因为这决定了创新主体对创新成果的可收益性。从国际上看,知识产权在各国经济竞争中的地位日益重要,甚至许多国家的企业为此频频发生法律争端。当前,已经有越来越多的国家制定并实施了知识产权战略,同时不断完善知识产权保护相关法律法规。在当今的知识经济时代,知识产权保护已经成为一种时代潮流,对于自主创新活动的意义更加凸显。

我国在知识产权保护方面的进程明显滞后于发达国家,由于知识产权保护不力造成了很多问题。例如,成本很低的模仿创新大大削弱了企业自主创新的动力。再比如,我国企业由于知识产权保护意识较弱,在国际市场上屡屡遭受挫败。在建设创新型国家的宏伟目标下,健全自主知识产权保护机制已经刻不容缓。

为此,提出以下政策建议:第一,进一步完善自主知识产权保护的相关法律法规,在《知识产权法》、《专利法》及相关法律法规的基础上,继续完善自主知识产权保护法律法规体系,真正实现科技成果保护的法制化;第二,控制合理的自主知识产权保护力度,既要保证知识产权保护起到应有的作用,又要防止因过度保护而抑制创新活动的开展和技术知识的扩散,可以针对不同的细分行业特征和专利转让对象,制定差异化的专利保护年限等措施;第三,加大对国有企业在国际化过程中的知识产权保护辅

第十二章 进一步发挥国有企业在建设创新型国家中的带动引领作用

导,通过加强信息平台建设、开展相关宣贯活动或发布相关管理意见等方式,提升国有企业的自主知识产权保护意识,避免企业在实施"走出去"战略时,遭遇知识产权保护不足带来的瓶颈和教训。

三、发挥国有企业自主创新活动的带动引领作用

(一) 提升国有企业科技资源利用效率

中国早期的科技创新活动有"集中力量办大事"的成功经验,其核心在于通过科技资源的高度集中,全力以赴实现关键技术的突破。尽管近年来的科技体制改革逐渐打破了这种垄断格局,但是,国有企业仍然占据着相当大规模的科技资源,包括人才、技术和资金等。如何实现这些科技资源的最优配置和高效利用,是国有企业必须深刻思考和尽快解决的重要问题。出于这种考虑,提出以下三方面建议:第一,加强国有企业科技基础设施建设。促进国有企业承担国家重点实验室、国家工程技术研究中心等科技基础设施建设任务,发挥其科技资源丰富的优势,促进资源高效利用。第二,加强国有企业创新成果转化。技术创新成果只有成功实现产业化,才能转化为生产力,创造经济价值和社会价值。国有企业从事大量前沿技术和关键技术的研发工作,应当大力推动创新成果转化,如促使国有企业加强产业链创新等。第三,加强国有企业创新成果推广应用。国有企业自主创新的意义不在于自身,而是整个国家。因此,应当努力扩大国有企业创新成果推广应用范围,使更多的社会大众享受创新成果带来的益处,同时也提升了科技资源的利用效率。

(二) 推动国有企业广泛开展创新合作

国家创新体系的高效运作,需要创新体系中各部门之间的紧密合作。国有企业在我国国家创新体系中居于核心地位,与其他创新主体之间存在密切关系。为了最大限度地发挥国有企业的创新带动引领作用,建议政府部门大力推动国有企业广泛开展创新合作。第一,加强国有企业与政府部

门之间的创新合作。政府部门的核心职能是把握国家技术创新方向，使有限的创新资源发挥最大的作用。因此，政府部门与国有企业之间的合作尤为重要，合作重点是确定自主创新战略，选择关键技术方向，制定引导和扶持政策等。第二，加强国有企业与大学和科研机构之间的创新合作。大学和科研机构是企业创新活动的主要知识来源，而企业是把这些基础知识转化为新技术、新产品的载体，二者之间的联系相当紧密。因此，应当通过人才交流、长期合作等多种方式，加强知识基础部门和技术创新主体之间的创新合作，关键在于设计有效的利益分配机制。第三，加强国有企业与科技中介机构之间的创新合作。融资机构、技术咨询机构等科技中介机构，对于国有企业顺利开展自主创新活动非常重要，因为它们是促进科技成果转化的催化剂。因此，应当大力发展科技中介机构，拓展新兴的、差异化的科技服务内容和方式，确保不同类型、不同需求的国有企业都能得到最有效的服务。第四，加强国有企业与民营企业之间的创新合作。国有企业与民营企业之间的关系，始终是人们关注的焦点问题。在自主创新领域，无论是资源控制角度还是政策支持角度，国有企业都比民营企业处于相对强势的地位，这与它们承担的特殊使命密切相关。然而，国有企业与民营企业之间并不是绝对对立的关系，政府部门应当大力倡导双方开展创新合作，在解决民营企业创新资源不足问题的同时，还能加快国有企业向民营企业的知识转移和技术转移。

（三）加大国有资产出资人的监管力度

国有资产出资人是国有企业的监管者，应当行使对国有企业自主创新活动的监管作用。然而，当前我国国有企业的监管力度普遍不足，尤其是对自主创新领域的监管力度不够，而这种监管对于创新动力不足的国有企业尤为重要。因此，建议从以下几个方面加强对国有企业的监管：第一，优化国有企业业绩考评制度和干部任用制度。国有资产出资人对国有企业的业绩考评指标和标准，对国有企业的创新意识和创新行为有直接影响。因此，建议在国有企业业绩考评指标体系中，加入反映自主创新意识和行为的相关指标。与此同时，国有企业主要领导人的创新意识和目标导向，直接决定着企业创新投入、创新活动和创新绩效。因此，建议在国有企业干部任用和考核过程中，纳入与自主创新相关的指标和因素，从而最大限度地发挥企业主要领导对创新活动的推动作用。第二，促使国有企业建立有利于自主创新的企业文化。创新资源的投入对于自主创新活动固然重要，但是，对于一个企业而言，鼓励创新的企业文化所产生的作用也不容忽视。作为一种无形的软制度约束，企业文化对员工培养创新意识具有重要作用。因此，建议国资委在企业文化建设中融入自主创新理念，组织开展创新文化的宣贯和实践活动，从而提升国有企业的自主创新意识，优化国有企业的自主创新氛围。第三，深化国有企业改革，促使国有企业成为真正的市场主体。尽管我国国有企业改革已经走过了30多年的路程，但是，我们必须清醒地认识到，国企改革仍然任重道远。建议下一步改革真正落实分类改革的思想，在之前公司制股份制的基础上，促使国有企业成为真正的市场主体。其中，要把自主创新能力提升作为改革成功的重要标志之一，引导和扶持国有企业加大创新投入、提升创新能力、加快技术扩散，使其真正发挥在国家创新体系中的带动引领作用。

第十三章 区域共性技术供给模式的选择与政策建议

共性技术,也称技术平台,是区域工业竞争优势的基础,形成共性技术供给机制是区域可持续发展能力的重要内容。加强区域的共性技术供给能力,推动共性技术在企业中扩散,促进共性技术和企业专有技术的融合,从而最大可能地发挥共性技术的规模经济效应和范围经济效应,对于区域特别是高技术产业集群的发展具有重要的意义。

一、区域共性技术供给的基本模式

(一) 优势企业供给型

由区域中的某个具有较好技术基础和相对技术优势的企业进行共性技术研发是目前我国大多数区域中普遍存在的共性技术供给方式。该企业不仅技术水平领先,而且通常也是区域中规模最大、管理水平最高的企业。规模大决定了该企业具有技术创新的规模经济优势,管理水平最高意味着该企业具有较强的新技术工程化和商业化的能力,因而能够将技术创新收益尽可能内部化,这两个方面的因素使得主导企业成为区域中进行共性技术研发激励最强的经济主体。当然更为直接的原因,其他的企业可能根本不具备进行共性技术研发的能力,因而只能采取跟踪模仿的技术战略。因此,优势企业供给型的共性技术供给机制在寡头型市场结构的区域中更为常见。在这种供给制度安排下,主导企业成为区域中的共性技术平台。由于主导企业具有较强的技术能力(至少是相对的技术能力),因此区域创新政策的功能主要是解决优势企业创新激励不足的问题。政府在这种制度安排下的首要功能通过"资金支持"增强优势企业的共性技术投资激励。

（二）技术联盟型

当区域的市场结构为垄断竞争型且优势企业间的技术能力较为对称时，由某个优势企业单独进行共性技术的生产和供给就会缺乏经济上的合理性：首先，无论哪个企业可能都不具备独自进行共性技术研发的能力。其次，外部性使得供给者的选择变得更加困难。最后，共性技术创新主体更不愿意新技术在企业之间扩散。这时，由区域内具有技术优势的企业组成共性技术联盟、合作进行共性技术研发会呈现出诸多良好的经济学特征：①可以利用企业之间技术知识、设备和非技术能力之间的互补性，实现创新的范围经济。②技术创新的风险可以在联盟内的成员企业间分担，从而降低每个企业的创新成本。③由于有足够数量的企业直接参与了共性技术的研发过程，避免了事后企业为吸收共性技术进行投资的成本，因而技术扩散变得更有效率。针对区域不同的产业结构，技术联盟通常有"垂直技术联盟"和"水平技术联盟"两种形式，前者是上下游供应链上企业组成的技术联盟，技术的互补性是促进这类联盟形成的主要原因；"水平技术联盟"是同业企业组成的合作研发形式，风险和成本分担是企业参与这类联盟的主要考虑。在共性技术供给的技术联盟模式下，地方政府（或代理地方政府功能的技术平台）的首要功能仍然是资金支持。

（三）独立公共研发机构型

当区域内企业没有能力进行共性技术研发或者区域内企业虽然具有研发能力但合作成本太高时，由地方政府出资成立独立公共研发机构（如省级工业技术研究院）直接进行共性技术的研发和供给成为一种可能的替代性制度安排。在以独立公共研发机构为核心的区域共性技术创新网络结构中，独立公共研发机构是共性技术的生产者和促进共性技术在区域内扩散的加速器。

（四）外部获取型

当区域中企业或公共技术平台都没有能力从事共性技术研发或者技术联盟和公共技术平台的制度成本都太高而无法组织时，区域的共性技术通常从区域外部的科研院所或企业购买。区域技术平台并不承担主要的共性技术研发职能，区域中的某种非企业组织（通常是地方行业协会或商会，也可能是地方政府）成为本地企业与外部共性技术供给者的"中介"（intermediary）。中介的本质功能是帮助本地创新系统接入国家创新系统，帮助区域内的企业利用国家的科学和技术基础设施，从而获得国家或产业层面的公共技术服务，并实现技术扩展。

二、不同共性技术供给模式的效率比较

我们从有利于共性技术创新和扩散的角度出发，提出有利于区域共性技术生产和供给的六个制度效率评价标准：①投入强度标准：对共性技术研发项目投入资金和人力的积极性。②投资效率标准：使用研发资源的效率。③互补性标准：有利于利用不同主体间知识的互补性。④项目选择标准：在项目的先进性和适用性的选择以及研发过程中投资方向的选择方面，是否有利于区域整体的收益最大化。⑤共享标准：技术成果在区域内扩散的有效性。⑥持续性标准：共性技术研发的连续性包含技术连续性和经济持续性两个方面，前者指的是技术知识在时间上的累积性和互补性，后者指的是制度设计要具有稳定性，如果机会主义等因素导致的制度成本足够高，制度安排就缺乏经济上的持续性，制度持续性是技术连续性的必要条件。其中，前三个标准是有利于共性技术创新的标准，第四、五个标准是有利于共性技术推广和应用的标准，最后一个标准是有利于实现技术累积、保证共性技术持续供给的标准。

投入强度标准如下：①优势企业供给型。在满足前面提到的政府资金支持的条件下，政府资金能够发挥带动优势企业共性技术投资的"杠杆"效应，企业具有很强的对共性技术进行资金或人力资源投资的激励。②技术联盟型。这种模式通常要对成员企业的资源投入进行事前约定，特别在政府参与监督合约执行的情况下，共性技术研发的资源投入能够得到一定的保障。③独立公共研发机构型。由于存在地方政府的信用承诺，因此公共平台的基本资源投入能够得到保障，但地方政府将研发支出与地区 GDP 或财政收入挂钩的预算机制的特点决定了资源投入约束会因地方经济发展

水平而不同程度地存在。④外部获取型。外部的共性技术供给主体根据合约进行研发资源投入，资源投入强度由合约设计决定。

投资效率标准如下：①优势企业供给型。由于企业对共性技术进行了私人投资且投资结果与企业自身的私人收益挂钩，因此创新者能够有效地利用研发资源。②技术联盟型。由于投入资源会成为准公共资源，因此研发资源的使用效率并不高。③独立公共研发机构型。由于机构的公共性，公共平台的目标可能是成本最大化，而不是区域社会福利的最大化，此外还可能存在较为严重的 X 非效率。④外部获取型。资源使用效率由共性技术供给主体的制度决定，市场化主体通常较科研院所的资源利用效率更高。

知识互补性标准如下：①优势企业供给型。由于在共性技术研发过程中没有区域内其他企业的参与，因此这种模式下企业间的互动是最少的，知识互补性是最弱的。②技术联盟形式下，技术联盟的知识互补效果取决于技术联盟的组织形式，如果技术联盟设立了由成员企业研发人员共同参与的、实体性的共性技术研发机构，则这种正式的合作和互动能够提高创新过程中的知识互补性。但如果技术联盟不依托于实体平台，而是基于非正式的、非日常的交流活动，则知识互动的深度会受到影响。③独立公共研发机构型。由于共性技术研发主要由独立的共性技术平台提供，本地区企业并不直接参与共性技术的研发，技术互动主要发生在平台内部而不是本地企业之间。④外部获取型。企业和地方平台通常仅提出对共性技术的绩效需求，同时由于受到空间距离和文化差异的限制，知识交流和互动少。

项目选择标准如下：①优势企业供给型。在项目选择和投资方向确定方面，企业自身利益最大化是优势企业决策的唯一原则，因此共性技术的技术标准往往并不是区域总体层面最优的。②技术联盟型。项目选择是成员企业之间讨价还价的结果，项目选择更有利于市场化（Romer，1993），更有利于俱乐部收益的最大化，虽然也不是区域利益最大化的，但较优势企业供给型已经大大提高了技术的"公共性"特征。③独立公共研发机构型。公共平台可以根据有利于区域经济利益最大化的标准选择共性技术项目，但是由于缺乏对应用技术和产品市场的充分理解，公共平台在技术项目选择时也可能存在偏差。④外部获取型。项目选择由委托方确定，但在投资过程中外部研发者可能向有利于自身（如风险更低）的技术路径偏离。

知识成果共享标准如下：①优势企业供给型。为了提高技术创新的私人收益，优势企业可能采取策略性的机制，如减少对技术的解码、推迟技术公开等手段，阻碍共性技术的扩散，因此这种模式是最不利于技术推广的。②技术联盟型。俱乐部成员共同参与共性技术研发，有利于共性技术在成员企业之间的推广和应用。③独立公共研发机构型。共性技术平台通常将共性技术以公共产品的形式提供给本地区企业，并通过技术指导和培训等方式加快技术的推广，因此在区域层次共性技术扩散的效果是最好的。④外部获取型。一旦共性技术研发成功，就成为区域的公共产品，区域企业可以低成本获得利用共性技术的权利，但由于研发的针对性弱，区域企业要对技术吸收进行较大规模的投资。

持续性标准如下：①优势企业供给型。由于研发充分利用了企业既有的技术基础，因此这种模式的持续性较好。②技术联盟型。由于技术联盟中普遍存在的"搭便车"和机会主义行为，因此技术联盟这种制度安排的持续性是最差的。③独立公共研发机构型。基于独立、正式机构的共性技术研发能够充分利用既有的知识基础，只要平台自身的制度设计得当，共性技术研发具有较好的技术上和经济上的持续性。④外部获取型。与一般产学研合作不同，由于涉及多方委托和多层代理，因此外部获取型的共性技术供给机制具有较高的制度成本，由于缺乏制度上的持续性和技术交易的长期性，缺乏本地企业和公共机构对研发过程的参与和学习，因而这种模式不利于区域技术能力的形成和提升。

对区域共性技术各种网络结构和供给机制的比较分析表明，并不存在理论上绝对占优的网络治理机制，最优的网络治理机制一定是相机的。影响最优共性技术供给机制的因素很多，其中最重要的两个因素是市场结构和技术范式：①区域的市场结构。当区域的技术能力主要分布于少数企业时，优势企业供给和技术联盟就成为可行的共性技术供给方式，当区域缺乏有足够技术能力的企业时，共性技术供给就必须依赖公共技术平台供给或外部获取，当区域整体缺乏技术能力且缺乏形成合作所必需的制度条件和社会资本时，共性技术供给失败就会发生。②共性技术的技术范式。当共性技术主要体现为具有排他性的技术设备时，优势企业具有提供共性技术的激励；当共性技术主要体现为隐含性的知识时，技术联盟或公共技术平台等有利于交流和互动的网络形式更有利于技术创新和扩散，且公共平台或地方政府在共性技术供给中的活动和参与会更加积极。

转型：建设创新型国家问题调研

三、区域共性技术平台建设的政策建议

共性技术供给不足是区域被技术锁定的重要原因，共性技术特殊的技术属性决定了共性技术创新和扩散所面临的市场失灵和区域创新系统失灵要较一般的技术创新更加严重，因而制度设计的复杂性也更高。优势企业供给、地区企业技术联盟、独立研发机构和外部获取是区域共性技术供给最常见的四种机制。在不同的机制下，创新网络的结构、主体的功能和相应的制度设计都存在显著的差异。从有利于共性技术创新和扩散的效率标准判断，并没有绝对占优的共性技术供给机制，最优的共性技术供给机制受到区域市场结构和共性技术技术范式的影响。对于中国这样一个工业部门完整、区域差异显著的发展中大国，共性技术平台必然是一个包含多层次、多维度内容的技术创新基础设施概念，即共性技术平台既包含国家层面的、旨在前沿共性技术突破的公共平台，也包含区域性的、旨在解决本地区特定共性技术问题的公共平台；在区域层面，由于省、市、县在技术资源、经济规模和产业结构方面的差异性，因而不同行政区域其共性技术供给的组织方式也存在差异。

但也必须看到，目前国内各地区普遍采用的优势企业供给型和外部获取型的共性技术供给方式，虽然符合我国市场结构相对分散、多数企业技术研发水平落后的现状，因而具有经济上的合理性，但是从多维度的经济效率判断，这两种模式存在诸多效率上的损失——在前一种模式下，优势企业在项目选择更有利于企业自身私人收益，而不是区域社会收益的最大化，共性技术研发过程缺乏本地区企业的充分交流和互动，共性技术扩散受到优势的策略性阻碍；在后一种模式下，由于缺乏技术投资的连续性和制度的持续性，区域创新能力的培育和提升受到制约。因此，无论从共性技术创新还是从共性技术扩散的角度看，优势企业供给型和外部获取型都存在严重的缺陷，我国区域共性技术供给策略需要根据竞争环境的要求逐渐向适合自身条件的技术联盟型或独立研发主体型模式转变。

从不同的行政区域角度看，我们认为，省级层面区域在供给和协调技术资源、技术应用领域范围等方面都具有明显优势，因此更加适宜采用独立研发主体的共性技术供给方式。目前，各省正在大力建设的工业技术研究院正是该理论合理性的呼应和践行。在市、县层面，由于可以投入的资金和技术资源有限且产业规模相对有限，因此更应当根据本地区的经济发展阶段采取更加多样、灵活的共性技术供给方式。对于这些地区，地区共性技术机构应该以整合外部科技资源、促进技术扩散和服务本地企业而不是共性技术研发本身为核心功能。

第十四章 加快企业跨国经营方式转变、提升对外开放水平的政策建议

中国企业进行国际化经营既是转变经济发展方式的内在要求，也是加快转变经济发展方式的重要途径。在我国不断扩大对外开放、提升对外开放水平和层次的背景下，我国企业国际化经营正在从单一的市场国际化走向要素国际化、品牌国际化和市场国际化并举的全面国际化阶段，出口、技术许可和对外直接投资成为工业企业跨国经营的主要方式。我国对出口贸易政策的调整，本质上是通过国际贸易传导机制倒逼企业进行转型升级的重要举措；而我国鼓励企业对外投资以获得海外资源与技术的政策导向，则为企业提升自身技术水平和全球资源配置能力提供了机遇。此外，海外直接投资也迫使企业进行治理规范和管理创新，加速企业经营方式转型。从行业和宏观层面来看，企业国际化经营的群体行为，便成为加快转变经济发展方式的重要推力。

"十二五"开局以来，我国企业的国际化在震荡中寻找机遇。2011年，受国际形势影响，我国企业出口增速有所放缓，技术密集型产品出口增速显著下降，劳动密集型产品出口增长基本稳定；对新兴市场出口快速增长，出口市场更加多元化；受多方面因素影响。随着国际经营环境出现新的变化，中国企业"走出去"面临全新挑战，对外直接投资增速创金融危机以来新低。世界经济缓慢复苏，市场导向的跨国经营受到严峻考验；在经济波动较大的环境中，中国企业全球价值链整合能力明显不足；中小企业跨国经营能力与外部风险的不对称性更趋明显；此外，针对中国企业的贸易保护主义和投资保护主义愈演愈烈。在此背景下，尽快创新管理体制，出台相关政策，促进企业跨国经营方式转变，已经势在必行。建议建立鼓励性对外投资管理体制，加大对中小海外投资的融资支持，建立对外投资风险担保体系，强化贸易保护主义和投资保护主义的反制措施，以及

提高政府对企业海外投资的宏观指导和信息咨询等，以降低企业国际化经营风险，提高企业国际化经营水平。

一、建立鼓励性对外投资管理体制，推动企业国际化

促进中国企业对外投资，不仅能够释放部分因出口受阻而荒废的生产能力，还能够规避贸易壁垒，缩小贸易顺差，实现"威胁"的交换，降低过高的对外贸易依存度，纠正外资引进和对外投资的极度不平衡；同时，一些主动的对外投资还能够带动相关产业的发展，为中国经济的发展注入新的动力和活力。然而，我国改革开放初期确立的对外直接投资管理体制，是战略性贸易政策的组成部分，当时的政策以扩大出口为主要目标，受外汇储备和国家产业发展政策的影响，国家并不鼓励企业对外投资；随着我国对外投资战略的变化，管理体制的改革则表现出相对的"惰性"，不能满足中国企业加速国际化的需要。因此，从国家产业长远发展的战略高度，重新审视对外投资管理制度，建立鼓励性对外投资管理体制势在必行。

二、加强对外投资立法，规范和保护企业海外投资

发达国家大多对企业海外投资进行立法保护。美国是世界上最早通过立法对企业海外直接投资经营进行法律保护和支持的国家。1948年美国国会通过了《经济合作法案》，确立了对外投资者给予"安全保证"的基本原则。美国还制定了《对外援助法》、《共同安全法》等有关法律。日本也出台了一系列鼓励对外投资的法律法规。相比之下，我国一直缺乏一部完整系统的海外投资法规，导致对海外企业的投资主体、法律地位、监管和收益分配等方面"无法可依、无章可循"。在投资主体方面，国有企业和民营企业在许多环节还存在政策差异，例如，在融资支持、外交支持和人员

出入境等方面都存在不同程度的待遇差别。在监管方面，某些国有企业对外投资中的驻外人员存在不同程度的内部"寻租"和"败德行为"，为国有资产的流失埋下了隐患，这些都需要专门的立法加以规范。随着中国企业对外投资需求的上升，建立海外投资法规势在必行。

三、加大对中小企业海外投资的融资支持

融资难是制约中小企业走出去的重要原因。由于中小企业的信用基础相对薄弱，获取贷款比较困难，政府可借鉴国际经验，建立为中小企业提供金融支持的政策性金融机构，为具备一定技术实力的中小企业提供优惠的对外投资融资支持。政策性银行可设立中小企业海外拓展专项资金，用于扶持境外贸易营销网络建设、生产性投资和对外承包工程；鼓励企业开展各类国际标准认证工作，并给予一定的经费补助。另一方面，推动中小企业利用国际资本市场融资。鼓励中小企业到海外上市，不仅有利于企业在全球范围内融通资金，还有助于企业改善股权结构，提升国际影响力，**更快地开展国际化战略**。当前，应简化企业海外直接上市的审批程序，适当降低企业上市门槛，为企业海外融资创造有利条件。

四、加强对境外经贸合作区的宏观指导，提高企业抱团出海的成功率

2006年，商务部启动了境外经贸合作区项目，至今已先后批准设立了19家境外经贸合作区。这些经贸合作区通常选在要素成本低、资源丰富的国家（地区），由企业主导开发，吸引中国企业入驻投资。目前，大部分合作区运营情况良好，但也有个别项目暴露出定位不清晰、园区内产业关联度不高等问题。今后，国家可重点加强区域布局指导和国别风险指导，避免重复投资和盲目投资；重点支持龙头带动型和集群支撑型产业集聚区项目，为中国企业尤其是中小企业营造海外投资的产业支撑环境，充

分发挥集群投资的产业链优势，提高企业海外经营的成功率。尤其是对于国内一些相对产能过剩和能源紧缺的产业，要出台优惠政策，鼓励其以集群方式对外投资。

五、建立完备的对外直接投资风险担保体系

对外直接投资存在巨大风险，有些风险是企业自身难以抵御和承担的。因此，国外政府纷纷建立境外投资风险保障机制，以政府之力量为企业跨国经营解除后顾之忧。对我国企业而言，一些发展中国家和地区为它们"走出去"提供了广阔的市场，但同时巨大的发展空间往往伴随着很高的风险特别是政治风险，这一问题显得特别突出。中兴通讯曾在刚果（金）投资一个项目，合同签订后刚果（金）发生政变，签好的合同也作废了。因缺乏海外投资保险制度，盈利固然无从谈起，而且投入的资金也损失殆尽。因此，我国应借鉴国际经验，尽早建立海外直接投资风险防范与保障体系。一方面，以官方委托的方式，依托中介组织编制海外投资风险评级报告，并建立基金形式的风险保证金；另一方面，制定引导政策，鼓励商业性保险公司开展海外投资保险业务。

六、针对某些国家的贸易保护主义和投资保护主义，实施必要的反制措施

美国等国家动辄以国家安全为由对中国企业进入美国肆意干涉，以各种贸易壁垒为由对中国产品进入美国市场设置种种障碍。现实情况表明，所谓的"国家安全"、"双反"都只不过是一个幌子，其本意在于通过各种手段保护本国产业和核心技术，遏制中国相关产业的成长壮大。例如，2010年5月，华为斥资200万美元收购了3Leaf System（三叶系统）公司资产，但事后该交易被美国外国投资委员会（CFIUS）以国家安全为由建议双方终止交易。迫于美国政府的压力，2011年2月19日，华为正式宣

布放弃收购 3Leaf System。如此小规模的收购也被扣上了"国家安全"的大帽子,美国对中国企业的防范可见一斑。面对不断增加的贸易壁垒和投资保护主义,仅仅通过政治交涉、谈判磋商、法律抗辩等手段来应对是不够的,建议商务部等国家部门必要时启动反制措施,如反补贴调查、产业损害调查等,充分应用《反垄断法》,向美国企业施加压力,以保护本国企业的合理利益。

七、充分发挥行业协会等社会化服务组织的作用,推动企业有序"走出去"

目前,一些地区的行业协会或同业公会在促进海外投资活动方面成效显著。这些社会化中介组织熟悉本行业情况,掌握投资地信息比较快捷,可以协调行业内不同企业可能出现的利益冲突,在与投资地政府交涉、沟通、谈判方面也具有优势。为此,在推动企业"走出去"战略时,要充分发挥商会等民间组织的力量,将其作为公共服务体系的一个重要组成部分,鼓励和支持其积极发挥作用,引导、协调和帮助企业有组织、有秩序地走出去,发挥产业协同聚集效应,消除内部恶性竞争。

八、增强政府对企业海外投资的信息咨询服务

企业投资之前的信息咨询服务也应该纳入政府的服务范围。建议由商务部定期派遣投资环境考察团,调查国外投资环境,编制中国企业海外投资数据库,建设统一的政府海外投资信息平台,为企业提供海外投资环境的相关信息。通过驻外使馆,设立经济商业情报中心,为企业对外投资提供信息情报等服务。同时帮助企业交流海外直接投资经验,协助进行投资分析,把握投资机会以及负责咨询等服务。鼓励企业参加国际会议,开展海外技术交流活动,扩大国际交流的范围。依托高等院校、法律中介机构及其他民间组织,积极发展咨询服务机构,广泛开展信息收集、分析研究、咨询和培训服务,为企业和政府有关部门提供专业咨询和法律咨询服务。

第十五章 以企业为技术创新主体、加快创新驱动发展的政策建议

准确理解"以企业为创新主体"、"引导创新要素向企业集聚"等基本问题，对当前主流的政策思路进行认真整理和冷静反思，决定战略方向，关乎国家命运。

一、"企业是创新主体"切勿矫枉过正

企业是创新体系中的重要主体，但仅仅是创新体系众多主体中的一类。中国的创新型国家建设事业必然是多主体学习、互动的过程，是科学主体、共性技术主体、技术主体等多主体集体努力的过程。其中科学主体主要是研究型大学；共性技术主体主要是各行业的专业科研院所和近期各地方正在大力建设发展的工业技术研究院，但共性技术中的工程集成技术主要应依靠具有精细制造能力的制造企业；一般的专有性技术创新的主体则必须是企业。企业是创新主体的本质，不是强调科技资源要向企业集中，而是强调技术创新的市场导向，即科技创新成果不能沉睡在实验室里，要通过进一步的工程化和商业化实现科技投入的经济回报。提出企业是创新主体的政策主张是一种历史进步，但绝不能把这种观点绝对化、普适化。

首先，让企业成为创新主体，解决科研和创新"两张皮"的问题，绝不能影响大学和科研院所的"元"功能，不能让大学和科研机构"越位"。企业是创新主体提出的一个背景，是过去我国创新体系长期存在的"科学"和"技术""两张皮"的问题。应该注意到的是，我国创新能力不足确

实有科技成果转化不力的问题，但更有科学和共性技术本身创新能力弱即"两张皮"自身质量都不高的问题。高校和科研院所自身在基础科学、共性技术方面突破能力不足，是企业不愿意寻求与校所合作的主要原因。近年来我们的调研发现，只要高校和科研院所有合适的科技成果，企业特别是沿海民营企业总有各种机制和办法对这些科技成果进行转化。当前，各类主管部门和各级政府为加强科技成果转化，有针对性地出台实施了一系列政策，这些政策虽然对促进产业化起到一定作用，但同时也对我国高校和科研院所的科研环境和科研人员的行为造成比较严重的扭曲，基础性研究追求"短平快"、研究人员"走穴"的现象日益严重。加强产学研合作，必须是以公共研究机构提供高质量的科技成果为前提的合作。美国、日本以及欧洲成熟的市场经济国家，都是在已经建立了完善的研究型大学制度和公共科研制度的前提下再讨论如何加强科技成果转化的，即便如此，这些国家在加强产学研合作的同时，仍然会出台跟进一系列避免公共研究人员过度参与商业化活动的政策安排，这一点对于中国今天的科技体制改革非常重要。

其次，企业成为创新主体不是要将创新资源向各个行业的一两家企业集中，在主导技术不明确的前沿技术和战略性新兴技术领域，这种"一两家"企业思维尤其危险。当前，主要经济、科技管理部门甚至很多著名经济学家都持这样的观点，企业为创新主体就是以少数具有明显技术优势的大企业为主体。集中资源办大事是后发国家技术赶超的普遍做法，是社会主义经济技术发展的优势，但集中资源不能违背科技自身发展的规律。前沿技术和新兴技术最大的特点是，技术路线具有不确定性。发展前沿技术和新兴技术，当然要依靠大企业，但同时要注意依赖不同技术路线的、不同规模层次的企业间的竞争和多元化的探索。以太阳能为例，美国的战略是支持包括晶硅电池、薄膜电池等多种技术路线的共同探索和竞争，反观国内，我们几乎单一依赖晶硅电池技术路线，对其他技术路线的关注和投入严重不足；未来一旦其他技术路线成为主导技术，不仅前期的巨大投入沉没，更会危及国家的产业安全和能源安全。

最后，企业是创新主体不等于一定要由企业牵头承担国家的重点科技攻关项目。近来有关管理部门纷纷把自己管理的科技项目有多少项由企业牵头作为政策目标和项目立项的评价标准。科技项目具体由谁牵头、如何组织最有效，根本上要由技术本身的性质以及各参与单位的技术能力决定。让企业牵头科技研发项目并不是科技成果成功转化的必要条件，工程集成技术和后续应用技术的连续投入和进一步开发才是促进科技成果转化的根本原因，而后者与企业牵头没有任何必然关系。只要政府科技项目立项中的部门割裂、工程化和产业化科技项目支持不足的问题不解决，只要只扶持奖励、不评估惩罚的项目管理方式不变，无论谁牵头，政府资金的使用效率都不会高。事实上，我们在近年的调研中发现，一些政府支持的科研项目之所以让企业牵头、参与，一是为了迎合当前政府管理部门在科技扶持中让企业组织牵头的"政策偏好"；二是可以利用企业在立项前就已经有的产品，便于项目顺利结项。这种情况下，政府支持产业化的资金实际上支持的是已经产业化或基本成熟了的技术，这样的企业牵头和参与当然也就没有实际意义。如果仅仅是为了保证基础研究和共性技术研究的市场应用导向，完全可以通过加强企业在题目拟定、立项评审、过程控制和结项中的参与来解决，而不一定要企业参与项目本身的研发。

二、企业成为创新主体的关键是形成内在创新动力

企业成为创新主体的根本是企业要具有创新的内在动力，创新要素向企业集聚的前提是企业能够更高效率地使用创新资源。公共科技资源向企业集中是一个"政策实施过程"，但创新效率提升却一定是一个"环境建设过程"。只有将"让企业成为创新主体"转变为"企业要成为创新主体"，才能从根本上解决资源集中和效率提升的问题。只要企业没有创新的动力和压力，政府大规模的科技投入就只会变成"填钱"，当然也更谈不上发挥国外科技政策特别强调的政府资金的"杠杆"作用，即一单位的政府投入"带动"了多少单位企业的研发投入。在企业创新环境建设方面，除了各界已经关注到的加强知识产权保护、改善市场竞争秩序、加快对国际高端市场占领等问题外，企业内在动力机制的完善是基础和前提。

对于国有企业来说，在基本的产权架构不变的前提下，我国国有企业创新动力不足的根本问题在于，作为公众企业其运行缺乏透明度，董事长一言堂，董事会缺乏独立性。当前，国有企业在创新方面表现出两种极端

的倾向：一种是把创新当做促进领导人升迁的"形象工程"，完全不考虑科技项目的经济效益；另一种是完全不重视战略性的科技投入，把资源和精力过度投入横向规模扩张和纵向产业链延伸。这两种倾向本质上一样，都是领导人缺乏对企业长远发展和长期利益的关切。我国国有企业在治理机构设置上是完善的，问题出在企业的治理"机制"上。如果要把国有企业改造成为真正的创新主体，就必须坚定不移地推进以建设"创新型企业"为导向的、更高要求的国有企业第三次体制改革！

而对于民营企业，创新型企业缺乏的问题有发展阶段的问题，但主要是创新环境不完善的问题。今天我国已经具备一定规模和能力的民营企业基本上都是20世纪80年代中后期和90年代以后创业成长起来的企业，这一代企业家目前大多集中于50~60岁的年龄段，由于其特殊的成长背景，这一批企业家具有异常敏锐的"市场感觉"，但"创新意识"相对缺乏。同时，受过良好教育和创新意识且具有一定市场经验的第二代企业家又没有完全接班。随着第二代新型企业家的成长，民营企业的机会主义问题一定程度上会得到解决。但从长期看，民营企业作为创新体系中最具活力、最有希望的一个群体的出现，关键是加强创新环境建设。只要"做实业不如炒房地产，做创新不如搞模仿、做环保不如搞污染"的基本环境不变，民营企业就不可能由机会主义和剽窃模仿走向自主创新。

三、政策建议

结合以上我们对中国自主创新问题的基本认识，提出以下政策建议：

（1）以省级工研院为载体，大力推进省级层面的共性技术供给机构建设。共性技术中的"共性"既是一个"技术"意义的概念（具有广泛应用领域的技术），又是一个"经济"意义的概念（某些企业虽然能够突破该技术），但一旦技术突破成功，其他企业就很容易掌握该技术（可能是由于技术本身难以用知识产权保护，也可能是技术本身易于被逆向工程），所以没有哪家企业有动力从事共性技术的投资和研发。因此，共性技术应当像国防、公路一样由公共机构来主导技术的研发和推广应用。虽然行业中的优势企业有共性技术突破的能力，但这些企业一定没有"推广"技术

第十五章 以企业为技术创新主体、加快创新驱动发展的政策建议

的动力。只要技术不能有效扩散，它实际上也就没有发挥"共性"的功能。以省级工研院建设为抓手完善中国共性技术供给体系的好处有两个：一是有利于调动地方政府的积极性，而地方竞争有利于保证资源投入，有利于多元化的探索和经验积累；二是省级（而不是市/县级）区域具有足够的资源和技术能力，能够建设高水平的公共研究机构，市/县级技术服务机构应当主要从事技术的推广。在工研院的体制设计时要注意，既要承认其独立的利益诉求，又要保障其技术服务的公共性（我们认为广东省工研院在这方面已经有很多很好的做法），两方面缺一不可。

（2）大力推进国有企业的治理结构改革和完善，提高中央企业运营的透明度，提高国有企业董事会的独立性，发挥国有企业的创新功能。一是加强中央企业的重大投资和财务信息披露，形成全社会监督、约束公众企业的局面。二是加强国有企业董事会独立性建设，加强对董事长和董事会的受托责任的监督和约束。从有利于创新的角度看，我国国有企业治理机制的根本症结，不在于大家普遍诟病的"企业家的政治身份"，而在于董事长"一言堂"、董事会缺乏"独立性"不够。苹果、英特尔、微软等创新型企业也是企业家精英主导的，企业发展带有深刻的企业家个人风格的烙印，但这些当今国际上最活跃的大型创新型企业与我国大型国有企业"老总一言堂"的最大区别在于，一旦其企业家不能胜任，董事会就能够启动工作程序、实施解聘董事长或总经理的权力。我国既有的国有企业产权框架不能把有能力的董事长任命到企业中的问题有效解决，但只要加强董事的受托责任建设，加强董事会独立性建设，国有企业在自主创新方面同样能够呈现完全不同的面貌。

（3）加快自主创新环境建设，营造全社会协力发展精细制造的政策和舆论氛围。要营造有利的分配、要素环境，坚定民营企业家发展实体经济的决心和信心。在夯实实体经济的背景下，进一步鼓励民营企业大力发展精细制造。过去30年的开放过程中，我们承接了大量的制造，但最核心的精细制造我们没有承接，更没有掌握精细制造的核心能力。当前，美国上下协力推进的"再工业化"所指的制造业，不是一般的制造，而是以机器人、人工智能和数字制造为基础的现代制造、精细制造。美国的再工业化不是要替代我们的一般制造，而是要遏制我国向精细制造的跃升。自主创新不等于只建实验室，不等于不搞制造，精细制造道路是中国资源禀赋、产业基础和自主创新的最佳结合点和平台。"制造大国"是中国经济最

基本的事实。民营企业只有走"精细"制造的路,才能真正对技术创新产生内生的需求;只有有了需求,民营企业才会真正走自主创新的道路;只要有了需求,民营企业就一定能走出具有中国特色的自主创新道路。

(4) 有部署、有步骤地推进我国的知识产权战略,加快制定政策细则,让企业形成加强专利建设和保护的明确预期。我国专利竞争的"短板"在于发明专利的缺乏,而发明专利竞争的"短板"又在于基础专利的缺乏,基础专利和技术标准一起构成国家间技术竞争的制高点。要以重点产业的技术创新战略和技术路线图为依据,加强专利的战略"布局",引导重点领域形成基础性专利,建立有利于实现重点产业技术创新突破的专利池和知识产权支撑系统。

第十六章 完善国家创新体系、建设创新型国家的政策建议

到2020年,我国将要基本建成适应社会主义市场经济体制、符合科技发展规律的中国特色国家创新体系,进入创新型国家行列。创新型国家应具有创新体系健全、创新能力强的特征。

完善国家创新体系是建设创新型国家的必要条件。《国家中长期科学和技术发展规划纲要(2006~2020年)》(以下简称《规划》)指出,国家科技创新体系是以政府为主导、充分发挥市场配置资源的基础性作用、各类科技创新主体紧密联系和有效互动的社会系统。目前,我国基本形成了政府、企业、科研院所及高校、技术创新支撑服务体系四角相倚的创新体系。《规划》明确指出了我国创新体系建设的五个重点,分别强调企业、研究机构、国防科技、区域、中介服务体系的重要作用。在平衡好各个主体之间关系的同时,国家创新体系的完善还需要注意以下几个方面:

一、推动企业成为技术创新主体,增强企业创新能力

这是一项事关国家长远发展的基础性、全局性、战略性的重大任务。企业强则国家强。我国是制造业大国,已经具备很强的制造能力,但仍然不是制造业强国,总体上还处于国际分工和产业链的中低端,根本原因就是企业创新能力不强。如果能在"中国制造"前面再加上"中国设计"、"中国创造",我国的经济和产业格局就会发生根本性变化。企业的创新能力在很大程度上决定我国经济的发展前景。

（一）增强创新能力，建立以企业为核心的创新体系

企业创新能力是建设国家创新体系的中心环节。我国初步完成了从科研机构和高等院校为核心的国家创新体系向企业为核心的国家创新体系的转变。总体而言，我国产业和企业创新能力仍然比较薄弱，与现代化强国相比差距更大，缺乏有国际影响力的创新型行业领军企业，难以有效吸纳全球创新资源特别是国内科研成果，从而引领我国科研发展方向和人才发展方向。建设以企业为主体、市场为导向、产学研相结合的技术创新体系，使企业真正成为研究开发投入的主体、技术创新活动的主体和创新成果应用的主体，全面提升企业的自主创新能力。

（二）发挥优势企业带动，建设企业垂直创新网络

产业链也是一条技术链，处于产业链上游的组织不仅仅向下游组织提供原材料和中间品，同时也传递技术。处于产业链核心地位的优势企业不仅对上下游组织的生产经营活动产生影响，其创新活动和技术能力也是整个产业的标杆。企业垂直创新网络的建设要以产业链中的优势企业为中心，突出产业链创新优势，同时，优势企业的影响力也能够将创新动力扩展到整个行业。

（三）发展技术联盟，建设专利和技术标准网络

以企业为主体构建的技术联盟包含了分担研发费用，承担研发风险，知识产权分配机制，是目前行之有效的创新手段和方式之一。我国技术联盟发展的状况并不乐观，主要原因是作为联盟成员的企业之间没有将彼此之间的技术关系和产品关系区别对待。发展技术联盟，保障联盟内利益分配的公平性，能够促进企业间的创新合作，提升产业竞争力。

二、提高自主创新能力，大力培育和发展战略性新兴产业

大力培育和发展战略性新兴产业，需要注意市场调节与政府引导相结

合，新兴产业和传统产业发展相结合，科技创新和产业化相结合，国内和国际资源相结合。

（一）市场调节与政府引导相结合

要充分发挥我国市场资源比较优势，通过创新和转变消费模式，加快新兴市场的培育，调动企业主体的积极性，促进产学研用结合。同时，发挥政府引导作用，尤其是对关系战略新兴产业发展的重要领域和关键环节，要发挥政府作为产业引导者和公共产品提供者作用，营造鼓励产业创新发展的环境，降低战略性新兴产业发展的风险和不确定性。

（二）新兴产业和传统产业发展相结合

战略性新兴产业与传统产业发展密不可分。一方面，传统产业是战略性新兴产业发展的基础，既为战略性新兴产业提供一定的配套，又提出新的产业需求；另一方面，战略性新兴产业发展将会带动传统产业的技术改造和升级，提升传统产业技术水平。在战略性新兴产业培育和发展壮大的过程中，要以产业融合发展观念强化两者的互动和结合。

（三）科技创新与产业化的紧密结合

战略性新兴产业发展既离不开科技创新的推动，也离不开产业化的牵引，需要两者紧密结合。一方面，科技创新为产业化发展引领方向，并提供知识和技术成果支持；另一方面，产业化又为科技创新提出更加具体的需求，为科技创新指明方向，使技术创新成果不断完善，并最终转化为现实生产力。

（四）国内和国际创新资源相结合

战略性新兴产业培育和发展是在开放环境下进行的，面对国内和国际两种创新资源。要真正利用好国内和国际两种创新资源，一方面，需要提升技术引进、消化、吸收、再创新和集成创新能力，整合利用好国内外创新资源；另一方面，需要充分认识到，决定战略性新兴产业未来竞争制高点的原始创新和核心技术必须依靠自身创新能力提升来解决。

三、发挥区域优势,构建特点鲜明的区域创新体系

国家创新战略要落实到实际工作中去,必然要经过国家创新政策的区域化过程,必定需要地方政策在创新引导方面的配合。加紧研究区域创新体系构建战略,是贯彻落实科学发展观,实现国家中长期科技发展规划的必要举措。

(一)培育产业集群,提升区域创新能力

以提高产业集群竞争力为直接目标来构建区域创新系统,通过提高产业集群竞争力来提升区域竞争力,促进区域经济发展。构建区域创新系统的核心在于通过产业政策和科技政策的融合,实现经济与科技的结合。明确区域创新的重点支持行业,加大对集群创新机构和创新项目的支持,促进集群共性技术的开发和扩散。

(二)针对区域特点,构建集群创新体系

针对区域内产业集群创新系统的不同特点来构建区域创新体系。例如,以科学规划和区域协作为特点的江苏省新能源产业集群,以及以国有龙头企业引领为特点的辽宁先进装备制造产业集群。

(三)企业与政府互动,完善区域创新体系

企业是产业集群的主体,也是区域创新系统的主体。政府对区域创新系统中的公共机构建设、创新环境建设方面具有重要作用。企业、政府和公共机构的互动是区域创新系统以及产业集群创新系统建设的重要环节。政府要以建设产业网为平台,整合各类技术、风险投资、商业与政策信息等,为相关参与者提供全方位服务。推动境内外创业投资基金和创业投资企业的设立与发展。鼓励和引导产业技术研究院、技术创新服务中心、科技企业孵化基地、国家大学科技园、生产力促进中心等各类创新服务机构的发展。

四、深化科技体制改革，建立科技资源开放共享机制

进一步深化科技体制改革，着力强化企业技术创新主体地位，提高科研院所和高等学校服务经济社会发展能力，推动创新体系协调发展，强化科技资源开放共享，深化科技管理体制改革。

（一）强化科技资源开放共享，深化科技管理体制改革

科技资源配置模式必须与科技发展目标、科技发展水平和科研活动特点相一致。深化科技体制改革，应强化企业技术创新主体地位，具体应从以下三个方面着手：一是改革国家科技计划体系，强化国家重大科技专项的战略性、前瞻性和应用性目标导向，加大基础科学和前沿技术探索投入规模，鼓励国家自然科学基金与行业龙头企业联合设立专项基金，引导社会资金加大前沿技术投入。二是改革科技评审制度，建立公正、公平、公开和鼓励创新的评审机制和评审专家信用制度，公开公共财政资助项目评审、进展及成果信息，促进知识共享。三是改革科研绩效评价制度，建立价值导向的科技评估监督机制，分类评价公共财政资助项目，引导科研活动聚焦国家目标导向的科学价值、技术价值、经济价值、社会价值和文化价值创造。

（二）加快共性技术平台建设，促进技术共享和扩散

需要对三种类型的共性技术给予高度关注：一是战略共性技术。战略共性技术具有广泛的应用领域和前景，如信息、生物、新材料等领域的基础研究和应用研究所形成的技术。二是关键共性技术，即涉及某一行业技术发展和技术升级的关键技术。三是基础共性技术，例如测量、测试、标准等技术，能够为某一技术领域技术发展或竞争技术开发提供支撑。

（三）强化创新活动的分工，建设产学研创新网络

大学要发挥在基础研究上的优势，而企业更注重与市场结合的应用研

转型：建设创新型国家问题调研

究和实验发展。科研机构要有"公益类研究机构"和"开发类研究机构"之分。要改变大学和政府兴办的科研机构的科研立项制度，加强对基础研究的自主力度，逐步转变大学和科研机构过多承担企业委托课题的状况。建设科学研究与高等教育有机结合的知识创新体系，高效利用科研机构和高等院校的科技资源，稳定支持从事基础研究、前沿高技术研究和社会公益研究的科研机构，集中力量形成若干优势学科领域、研究基地和人才队伍。在创新活动分工的基础上，加强产学研之间的结合，设计基础研究成果和共性技术的转移制度，使得大学和科研机构的创新成果能够迅速被企业所掌握，同时又保护前者的经济利益。

五、优化创新环境建设，创造公平开放的市场环境

创新环境的建设和优化，需要从政策、人才和知识产权等方面，创造出公平、开放的市场竞争环境。

（一）财政、税收和金融政策支持

创造公平开放的市场环境，使各类企业公平获得创新资源。完善和落实促进科技成果转化应用的政策措施，促进科技和金融结合。通过财政、税收和金融相关配套政策的制定和实施，为企业技术创新创造良好的发展环境。在政策扶持对象的选择上，应弱化所有制观念，突出民族企业和本土企业的观念，弱化企业规模标准，强化技术先进性标准。在扶持方式上，应增加必要的约束和激励。

（二）加强创新人才环境建设

人才竞争正成为国际竞争的一个焦点。无论是发达国家还是发展中的大国，都把科技人力资源视为战略资源和提升国家竞争力的核心因素，大力加强科技人力资源能力建设；进一步完善人才发展机制，坚持尊重劳动、尊重知识、尊重人才、尊重创造的价值观；建立和完善人才专项资金，加大高层次创新创业人才引进和培育力度，逐步造就一批掌握核心技术和具备世界影响力的"科技精英"和优秀创业团队。

（三）完善知识产权保护政策环境

加强知识产权创造、运用、保护、管理，建设规范的知识产权市场体系；加强政府和企业层面知识产权管理，为技术交易、转移、合作等奠定基础，保障相关企业研发投入的获利性；加强企业研发过程中的专利等知识产权申请和保护。同时，进一步扩大科技开放合作，提高我国科技发展国际化水平，在更高起点上推进自主创新。

主要参考文献

[1] 北京市人民政府：《北京加快培育和发展战略性新兴产业实施意见印发》，北京市发改委网站，2011年。

[2] 陈晓雪等：《苏南民营经济发展研究》，中国经济出版社2011年版。

[3] 程爵浩：《我国游艇经济发展的多维解析》，《船舶工业技术经济信息》，2005年第7期。

[4] 崔园园、张璟：《国内外游艇产业研究综述》，《世界海运》，2010年第10期。

[5] 范道宠：《我国科技基础条件平台的运行机理与机制建设研究》，《当代经济》，2010年第21期。

[6] 葛慧丽：《科技资源共享活动中的政府作用研究》，《科技管理研究》，2010年第24期。

[7] 工信部产业政策司：《中国产业发展和产业政策报告（2011）》，中信出版社2011年版。

[8] 国家电网公司：《2011国家电网社会责任报告》，2012年。

[9] 国家发展改革委高技术产业司：《我国重大科技基础设施管理的对策建议》，《中国经贸导刊》，2008年第7期。

[10] 国网能源研究院：《2011国内外智能电网发展分析报告》，中国电力出版社2011年版。

[11] 国务院：《"十二五"国家战略性新兴产业发展规划》，2012年。

[12] 国务院：《节能与新能源汽车产业发展规划（2012~2020年）》，2012年。

[13] 贺贵才、于永达：《知识产权保护与技术创新关系的理论分析》，《科研管理》，2011年第11期。

[14] 贺俊、吕铁：《战略性新兴产业，从政策概念到理论问题》，《财

贸经济》，2012年第5期。

[15] 贺俊：《科学的生产与转化，制度分析》，经济管理出版社2010年版。

[16] 黄速建、刘建丽、王钦：《国际金融危机对中国工业企业的影响》，《经济管理》，2009年第4期。

[17] 黄速建、王欣等：《开放式系统创新模式研究——以天士力集团为例》，《中国工业经济》，2010年第2期。

[18] 黄速建：《中国产业集群创新发展报告（2010~2011）》，经济管理出版社2011年版。

[19] 江苏省统计局：《江苏统计年鉴（2011）》，2012年。

[20] 江耘、何蒋勇：《余姚塑料：产业升级迫在眉睫》，《中国质量万里行》，2008年第12期。

[21] 科技部：《国家科技计划年度报告》，2011年。

[22] 溧阳经济开发区管委会：《溧阳经济开发区统计年鉴》，相关年份。

[23] 刘建丽：《中国制造业企业海外市场进入模式选择》，经济管理出版社2009年版。

[24] 刘建丽、王欣：《"十一五"时期我国利用外资新进展及对"十二五"的展望》，《财贸经济》，2010年第7期。

[25] 刘玉满：《提高乳品质量安全需要奶业科学发展》，《中国动物保健》，2009年第1期。

[26] 刘振亚：《坚强智能电网：现代社会发展的中枢》，《国家电网报》，2010年7月27日。

[27] 柳卸林等：《中国区域创新能力报告2011：区域创新与战略性新兴产业发展》，科学出版社2011年版。

[28] 罗杰、任端平、杨云霞：《我国食品安全监管体制的缺陷与完善》，《食品科学》，2006年第7期。

[29] 吕铁等：《北京市战略性新兴产业的成长路径和培育机制》，内部报告，2012年2月。

[30] 欧阳玉秀、李国静、顾寄南：《基于服务体系构建的科技基础设施建设研究——以镇江市发展科技基础设施建设为视角》，《经济研究导刊》，2011年第21期。

[31] 裴长洪：《中国贸易政策调整与出口结构变化分析：2006~2008》，

《经济研究》，2009 年第 4 期。

[32] 彭洁、涂勇：《基于系统论的科技基础设施概念模型研究》，《科学学与科学技术管理》，2008 年第 9 期。

[33] 漆雁斌、陈卫洪、陈家伟：《问题奶粉事件对中国乳制品产业的影响》，《农村经济》，2009 年第 1 期。

[34] 史本叶、李俊江：《提高国有企业创新能力——基于国家创新体系的视角》，《经济社会体制比较》，2010 年第 6 期。

[35] 史丹等：《溧阳经济开发区"十二五"发展规划》，《内部报告》，2011 年。

[36] 孙耀武：《"三鹿奶粉"等食品安全事件原因分析及对策》，《新疆农垦经济》，2009 年第 1 期。

[37] 陶虎、于仁竹：《国有资产监管机制对国有企业自主创新作用的实证研究》，《经济与管理研究》，2008 年第 10 期。

[38] 国家统计局：《江苏省统计年鉴》，相关年份。

[39] 国家统计局：《中国高技术产业统计年鉴》，2011 年。

[40] 国家统计局：《中国科技统计年鉴》，2011 年。

[41] 王钦：《技术范式、学习机制和集群创新能力》，《中国工业经济》，2011 年第 10 期。

[42] 王胜利：《大型国有企业创新型科技人才激励模式探讨》，《科学学研究》，2007 年第 6 期。

[43] 王欣：《合作研发对企业自主创新战略的支持作用研究》，中国社会科学院研究生院博士学位论文，2010 年。

[44] 王中亮：《我国食品安全管理的问题与对策》，《经济纵横》，2007 第 11 期。

[45] 张春霖等：《中国，促进以企业为主体的创新》，中信出版社 2009 年版。

[46] 郑秋鹏、张兰威：《中国乳业现状及发展建议》，《中国乳品工业》，2008 年第 10 期。

[47] 钟书华等：《企业技术联盟导论》，经济管理出版社 2004 年版。

[48] 周小刚、李丽清、贾仁安：《我国垄断性国有企业科技创新制约机制反馈分析和管理对策研究》，《科技进步与对策》，2011 年第 11 期。

[49] 周晓明、张玉赋：《全球视野下江苏新能源产业研究报告》，东南

大学出版社 2010 年版。

[50] [英] 笛德、[英] 本珊特、[英] 帕维特著：《创新管理，技术变革、市场变革和组织变革的整合》(第 3 版)，王跃红、李伟立译，清华大学出版社 2008 年版。

[51] Almeida P., Kogut B. The Exploration of Technological Diversity and Geographic Localization in Innovation: Start-up Firms in the Semi-conductor Industry. Small Business Economics 1997, 9 (1): 21-31.

[52] Baum, J.A.C., Haveman, H.A. Love Neighbor? Differentiation and Agglomeration in the Manhattan Hotel Industry, 1898-1990. Administrative Science Quarterly, 1997, 42: 304-338.

[53] Bredahl, L., Determinants of Consumer Attitudes and Purchase Intentions with Regard to Genetically Modified Foods -results of A Cross-national Survey, Journal of Consumer Policy, Vol.24, 2001, 23-61.

[54] Bresnahan, T., Gambardella, A., Saxenian, A. Old Economy Inputs for 'New Economy' Outcomes: Cluster Formation in the New Silicon Valleys. Industrial and Corporate Change, 2001, 10: 835-860.

[55] Chesbrough, H. Open Business Models: How to Thrive in the New Innovation Landscape, Harvard Business School Press, 2006.

[56] Chesbrough, H. Open Innovation: The New Imperative for Creating and Profiting from Technology, Harvard Business School Press, 2003.

[57] Chesbrough, H., Vanhaverbeke, W., West, J. Open Innovation: Researching A New Paradigm, Oxford University Press, 2006.

[58] Cohen, W.M., Levinthal, D.A. Fortune Favors the Prepared Firm. Management Science, 1994, 40: 227-251.

[59] Cohen, W.M., Levinthal, D.A. Innovation and Learning: The Two Faces of R&D. Economic Journal, 1989, 99 (9): 569-596.

[60] Cooke P. and Schienstock G. Structural Competitiveness and Learning Regions. Enterprise and Innovation Management Studies, 2000, 1 (3): 265-280.

[61] Cooke, P. Regional Innovation Systems: Competitive Regulation in the New Europe. Geoforum, 1992, 23 (3): 365-382.

[62] Furman, J.L. Location and Organizing Strategy: Exploring the

Influence of Location on the Organization of Pharmaceutical Research. Advances in Strategic Management, 2003, 20: 49-88.

[63] Furman, J.L. et al. The Determinants of National Innovative Capacity, Research Policy, 2002, 31: 899-933.

[64] Gilbert BA, McDougall P.P., Audretsch DB. Clusters, Knowledge Spillovers and New Venture Performance: An Empirical Examination, Journal of Business Venturing, 2008, 23: 405-422.

[65] Giuliani E. Cluster Absorptive Capability: An Evolutionary Approach for Industrial Cluster in Developing Countries, Paper Presented at the DRUID Summer Conference, Copenhagen/Elsinore, 2002.

[66] Giuliani E. and Bell M. The Micro-determinants of Meso-level Learning and Innovation: Evidence from A Chilean Wine Cluster, Research Policy, 2005, 34: 47-68.

[67] Maskell P. and Malmberg A. Localized Learning and Industrial Competitiveness, Cambridge Journal of Economics, 1999, 2.

[68] McEvily S.K., Chakravarthy B. The Persistence of Knowledge-based Advantage: An Empirical Test for Product Performance and Technological Knowledge. Strategic Management Journal, 2002, 23 (4): 285-305.

[69] Niosi, J., Bas, T.G. The Competencies of Regions—Canada's Clusters in Biotechnology. Small Business Economics, 2001, 17: 31-42.

[70] Padmore T. and Gibson H., Modelling Systems of Innovation: II. A Framework For Industrial Cluster Analysis in Regions, Research Policy, 1998, 26: 625-641.

[71] Pavitt K. Sectoral Patterns of Technical Change: Towards A Taxomony and A Theory, Research Policy, 1984, 13.

[72] Porter, Competitive Advantage of Nations. Harvard Business Review, 1991, 68 (2): 82.

[73] Rosenkopf, L., Nerkar, A. Beyond Local Search: Boundary-spanning, Exploration and Impact in the Optical Disc Industry. Strategic Management Journal, 2001, 22: 287-306.

[74] Tassey, Gregory. Underinvestment in Public Good Technologies, Journal of Technology Transfer, 2005, 30: 89-113.

[75] Tassey, Gregory. The Economics of R&D Policy, The Greenwood Publishing Group, 1997.

[76] Verner Wheeelock, J. Food Quality and Consumer Choice, British Food Journal, Vol. 94, No.3, 1992, 39-43.

[77] Woolthuis, Klein, Lankhuizen, M., Gilsing, V. A System Failure Framework for Innovation Policy Design, Technovation, 2005, 25: 609-619.